D1867034

Bernd Weidenmann – Update für Trainer

Bernd Weidenmann

Update für Trainer

Inspirierende Ideen und Methoden für moderne Seminare

managerSeminare Verlags GmbH – Edition Training aktuell

Bernd Weidenmann

Update für Trainer

Inspirierende Ideen und Methoden für moderne Seminare

© 2011 managerSeminare Verlags GmbH

2. Auflage 2014
Endenicher Str. 41, D-53115 Bonn
Tel: 0228-97791-0, Fax: 0228-616164
info@managerseminare.de
www.managerseminare.de/shop

Der Verlag hat sich bemüht, die Copyright-Inhaber aller verwendeten Zitate, Texte, Abbildungen und Illustrationen zu ermitteln. Sollten wir jemanden übersehen haben, so bitten wir den Copyright-Inhaber, sich mit uns in Verbindung zu setzen.

Alle Rechte, insbesondere das Recht der Vervielfältigung und der Verbreitung sowie der Übersetzung vorbehalten.

Printed in Germany

ISBN: 978-3-941965-17-1

Herausgeber der Edition Training aktuell:
Ralf Muskatewitz, Jürgen Graf, Nicole Bußmann

Lektorat: Jürgen Graf, Michael Busch
Cover: Sebastian Thanner, fotolia
Illustrationen: Eva Maria Gnettner, München
Druck: Kösel GmbH und Co. KG, Krugzell

Inhalt

Vorwort

Liebe Trainerin, lieber Trainer,

mit diesem Buch geht es mir wie Eltern, die fünf wohl geratene Kinder haben und beschließen: „Jetzt ist es gut." Doch dann kommt überraschend noch ein Nachzügler. Nach fünf in der Trainerszene beliebten Büchern („Erfolgreiche Kurse und Seminare", „Handbuch Active Training", „Handbuch Kreativität",„100 Tipps und Tricks für Pinnwand und Flipchart", „Gesprächs- und Vortragstechnik für alle Trainer, Lehrer, Kursleiter und Dozenten") dachte ich auch: „Jetzt ist es gut." Doch in den vergangenen Jahren habe ich mein Train-the-Trainer-Seminar umgebaut, ihm ein neues Design verpasst, es „upgedatet". Genau gesagt, war es nicht nur mein Train-the-Trainer-Seminar, das upgedatet wurde, sondern auch meine Idee des perfekten Trainings und des perfekten Trainers.

Warum updaten?

Es ging mir nach dem „Update" wie einem Hausbesitzer nach einem gelungenen Umbau. Das Neue animiert, gibt Energie und macht Freude. Nach dieser Erfahrung wuchs im vergangenen Jahr der Gedanke, mein eigenes Update auch den Trainerkolleginnen und -kollegen anzubieten. Viele sind ja wie ich seit Jahren im Geschäft, haben Erfahrungen und ein beachtliches Methodenrepertoire angesammelt und sind inzwischen routiniert genug, um auch in unerwarteten Seminarsituationen souverän zu agieren. Aber gerade als routinierte Trainerin oder Trainer ist man sich sicher, dass alles im grünen Bereich ist. Warum also updaten? Auch wenn man sein Haus umbaut, gibt es meistens einen Ehepartner, der sagt „Wieso? Es ist doch alles so schön. Warum sollen wir uns diesen Aufwand zumuten?" Doch wenn alles vorüber ist, kann keiner mehr verstehen, warum man das nicht schon viel früher gemacht hat. „Das Bessere ist der Feind des Guten."

Ich möchte Ihre Neugier wecken: Prüfen Sie, ob und was Ihr Training und Sie persönlich als Trainer durch ein Update gewinnen könnten. Gibt es vielleicht neue Ideen, wie Sie Ihre Teilnehmer besser verstehen, wie Sie Ihr Training nachhaltiger gestalten, wie Sie das Seminarklima steuern? Wie können Sie als Trainerin oder Trainer trotz Ihrer Routine noch kreativ sein und sich sowie Ihre Teilnehmer überraschen?

Wir sind nur inspirierende Trainer, wenn wir inspiriert sind.

Mir hat das Update nicht nur neue Einsichten und neue Methoden gebracht (in diesem Buch finden Sie 115 frische Methoden für alle möglichen Trainingssituationen). Mir ist dabei auch das Allerwichtigste für uns Profitrainer wieder einmal klar geworden: Wir sind nur inspirierende Trainer, wenn wir inspiriert sind. Ohne Zweifel müssen wir perfekte Handwerker sein, doch die exzellenten Trainer unterscheiden sich von den guten in Einem: Die exzellenten haben zusätzlich zum fachlichen und methodischen Können den „Spirit", die Wachheit der Sinne für Teilnehmer und Prozess, die Offenheit für das Neue und die Freude daran, immer und immer wieder „umzubauen", Neues zu probieren.

Jetzt wissen Sie, warum es doch noch zu einem sechsten Trainerbuch gekommen ist. Sie haben es gerade in der Hand. Ich bin gespannt, was es mit Ihnen anstellt.

Ihr Bernd Weidenmann

Teil I

Arbeiten Sie im Seminar wirklich so, wie Ihre Teilnehmer „ticken"?

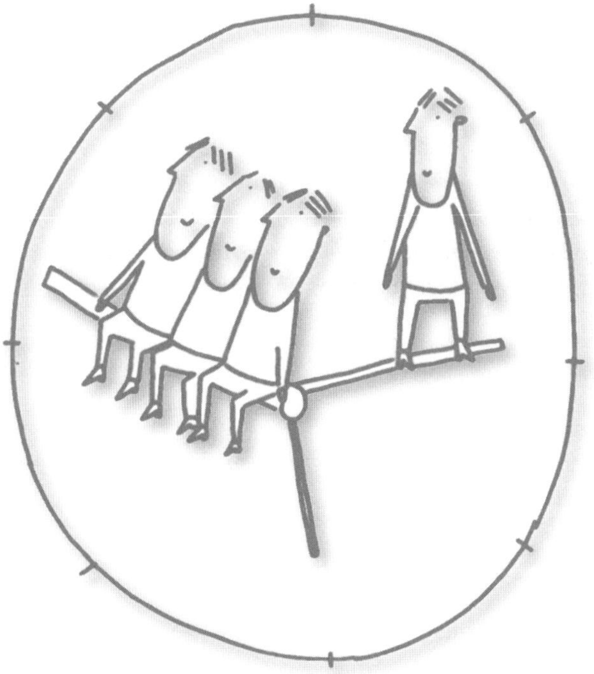

© managerSeminare

Checkfragen vorab ...

Bevor Sie in die Inhalte einsteigen, stellen Sie sich doch bitte einmal vorab folgende Checkfragen zu diesem Teil:

- **Wären Sie gerne Teilnehmer in Ihrem Seminar?**
- **Welches Lernen wollen Sie den Teilnehmern ermöglichen?**
- **Können Sie jede Maßnahme begründen, für die Sie sich in Ihrem Seminar entschieden haben?**

Oder:

– Verlassen Sie sich nur auf Ihre Erfahrungen und Ihr Gefühl, wenn Sie ein Seminar vorbereiten und durchführen?

- **Wie steht es um Ihr Hintergrundwissen zum Lernen Erwachsener?**
- **Kennen Sie Lernkonzepte wie Konstruktivistische Didaktik, Accelerated Learning, Problemorientiertes Lernen, Active Training?**

Oder:

– Meinen Sie, dass Sie auch ohne solches Wissen ein professioneller Trainer sind?

- **Sind Sie über Beiträge der modernen Hirnforschung zum Lernen informiert?**
- **Haben Sie eine Idee, was „hirngerechtes Lernen" heißt?**
- **Wissen Sie, welche Methoden „hirngerecht" sind und weshalb?**

Oder:

– Lehnen Sie solche Ansätze ab, weil sie nicht zu Ihrem Menschenbild passen?

- ***Lernen Ihre Teilnehmer das, was sie lernen sollen?***

Oder:

- *Erwerben sie nur Bruchstücke des Lernangebots? Erreichen sie wichtige Lernziele nicht?*
- *Haben die Teilnehmer die Inhalte nur zum Teil verstanden?*
- *Verlassen sie das Training mit „Scheinwissen"? Geben sie sich der Täuschung hin, sie hätten alles oder zumindest alles Wichtige gelernt?*

- ***Können die Teilnehmer das Gelernte in ihrem Alltag anwenden?***
- ***Erweitern und adaptieren sie das Gelernte durch die Erfahrungen, die sie beim Anwenden machen?***

Oder:

- *Fällt es ihnen schwer, das Gelernte erfolgreich anzuwenden?*
- *Fallen sie nach wenigen Anwendungsversuchen wieder in ihre Routinen vor dem Training zurück?*

Im ersten Kapitel finden Sie ...

Wissen Sie, wie Ihre Teilnehmer lernen?

Im Jahr 2008 platzt ein provokantes Buch in die Trainerszene. Es trägt den Titel *„Die Weiterbildungslüge"* (Campus Verlag). Der Untertitel legt noch eine Schippe drauf: „Warum Seminare und Trainings Kapital vernichten und Karrieren knicken." Als Autor firmiert Dr. Richard Gris. Schnell stellt sich heraus, dass der wahre Autor hinter einem Pseudonym Schutz gesucht hat. Inzwischen hat er sich geoutet. Es handelt sich um Dr. Axel Koch, Diplom-Psychologe, Trainer, Berater und Coach.

Das Buch „Die Weiterbildungslüge" findet in der ersten Zeit nach Erscheinen eine hohe Resonanz in der Presse. In den ersten beiden Monaten nach Erscheinen wird es im Harvard Business Manager, in der Financial Times Deutschland, in der Wirtschaftswoche und im manager magazin besprochen. Die Reaktionen sind widersprüchlich. Die Einen bewundern den Mut, ein Tabu zu brechen: „Mit mutigen Thesen und bissiger Ironie schreibt der Autor gegen die herrschende Weiterbildungsdoktrin von Politikern und Personalentwicklern an" (Wirtschaftswoche) und „Ein furioser Rundumschlag gegen die wuchernde Branche der betrieblichen Weiterbildung" (manager magazin). Auf der anderen Seite melden sich die Angegriffenen: „Der arme Herr Gris, ich glaube, er hat die Schnauze vom Trainieren ziemlich voll, vielleicht hätte er einfach kein Trainer werden sollen" (aus einer Leserrezension bei amazon.de).

Witzigerweise hat sich der Autor Axel Koch kurz nach Erscheinen des Buches (als sein Pseudonym Richard Gris noch nicht gelüftet war) in einem Blog des Human-Resource-Management-Netzwerks unter echtem Namen als betroffener Trainer ausgegeben. Er schreibt: „Vielleicht kennen Sie das polarisierende Buch ‚Die Weiterbildungslüge', über das im August auch im Nachrichtenmagazin Focus berichtet wurde. Der Autor vertritt die These: Weiterbildung bringt nichts, weil die Gesetze von Lernen und Veränderung missachtet werden. Als Trainer finde ich, dass dieses Buch eine ganze Branche in Schutt und Asche tritt."

Provokante Thesen, verbrannte Erde oder viel Rauch um nichts?

„Schutt und Asche" passt zu der Volksweisheit „Wo Rauch ist, ist auch Feuer". Und unter den Rauchwolken der „Weiterbildungslüge" brennt tatsächlich manches vertrocknete Holz. Ich möchte Sie anregen, sich die provokanten Thesen von Axel Koch zu den „Weiterbildungslügen" anzusehen und kritisch zu prüfen.

Sieben Lügen und Wahrheiten

Axel Koch hat die „Weiterbildungslügen und -wahrheiten" auf seiner Homepage (www. weiterbildungslüge.de) wie folgt zusammengefasst:

1. **Lüge:** Lernen und Veränderung geht ganz schnell, einfach und ohne Anstrengung. Mitarbeiter sind nach einem ein- bis zweitägigen Verhaltenstraining kompetent und verhalten sich in der gewünschten Weise.

   Wahrheit: Um Gewohnheiten zu ändern, muss man erst einmal reflektieren, wie das bisherige Verhalten aussieht, und dann Schritt für Schritt mit Training und Feedback neue Verhaltensweisen aufbauen, bis diese genauso automatisch ablaufen wie die alten Gewohnheiten. Das alles braucht Zeit, Arbeit, Motivation und Disziplin.

2. **Lüge:** Einstellungen lassen sich „mal eben" in einem Seminar verändern.

   Wahrheit: Viele Einstellungen sind durch Lebenserfahrungen tief verankert und stellen für den Betroffenen oft sogar persönliche Erfolgsmuster dar. Die Arbeit an fundamentalen Einstellungen ist daher Millimeterarbeit.

3. **Lüge:** Der Trainer ist dafür verantwortlich, dass die Teilnehmer etwas lernen und in die Praxis umsetzen.

   Wahrheit: Man kann andere Menschen nicht verändern. Das können sie nur selbst tun. Man kann höchstens geeignete Rahmenbedingungen schaffen.

4. **Lüge:** Die Umsetzung von Seminarinhalten in die Praxis läuft unbewusst und automatisch ab. Wissen muss man nicht pauken, wiederholen oder gleich anwenden, sondern es bleibt von allein haften. Im Bedarfsfall ist es sofort abrufbar.

   Wahrheit: Nach 24 Stunden sind 80 Prozent der Details vergessen. Über einen Zeitraum von zwei Tagen, einer Woche, einem Monat und vier Monaten geht die Erinnerung an Gelerntes ohne Wiederholung und häufige Anwendung rapide gegen Null.

5. **Lüge:** Vorgesetzte brauchen sich nicht darum kümmern, dass Mitarbeiter Seminarinhalte umsetzen. Mitarbeiter machen das ganz allein in Selbstverantwortung.

   Wahrheit: Menschen brauchen ein unterstützendes Umfeld, um neue Denk- und Verhaltensweisen in die Tat umzusetzen und zu stabilisieren. Denn Rückfälle in alte Denk- und Verhaltensweisen sind normal. Und die Bereitschaft des Menschen, Mängel zu ertragen, ist größer als seine Bereitschaft, Mängel abzustellen.

6. **Lüge:** Man kann alles lernen, wenn man nur will.

   Wahrheit: Genetische Eigenschaften und die eigene Biographie entscheiden, wie viel ein Mensch wirklich lernen kann. Es gibt natürliche Grenzen. Deshalb ist es besser, die Talente und Stärken eines Menschen zu erkennen und zu nutzen, anstatt aus ihm etwas machen zu wollen, was er nicht ist.

7. **Lüge:** Zufriedenheitsfragebögen am Ende eines Seminars sind das am meisten verbreitete Evaluationsinstrument zur Erfassung eines Seminarerfolgs. Die Annahme, die dahinter steckt: Wenn überall Einsen als beste Bewertung stehen, ist damit der Lernerfolg für die Praxis sichergestellt.

Wahrheit: Trainer, die humorvoll, unterhaltsam, kompetent und praxisnah wirken, können Teilnehmer begeistern und damit in Zufriedenheitsfragebögen eine optimale Punktzahl erreichen. Mit Umsetzungserfolg hat das nichts zu tun. Denn die Trainingseuphorie verfliegt genauso schnell wie gute Vorsätze zu Silvester.

Was ist dran an den Lügen und Wahrheiten?

Eine Lüge in vielen Variationen

Haben Sie sich Ihre Meinung zu der Liste von Axel Koch gebildet? Sicher ist Ihnen aufgefallen, dass die sieben Lügen vor allem Variationen einer einzigen sind: dass nämlich Lernen in Seminaren – vorausgesetzt man hat den richtigen Trainer – wunderbar effektiv, schnell und so gut wie mühelos funktioniert. Das hören Auftraggeber und Teilnehmer gerne. Dazu gesellen sich noch zwei spezielle Lügen: dass sich der Transfer des Gelernten in der Praxis quasi von selbst einstellt und dass die Seminarbewertung durch die Teilnehmer (Feedback-Bogen) ein valides Urteil über die Qualität des Trainings erlaubt.

Ich meine, dass der Lügendetektor von Axel Koch zu Recht Alarm geschlagen hat. Die genannten Lügen sind in diesen Formulierungen tatsächlich Lügen. Mein Frage ist nur: Welche Konsequenzen hat die Diagnose? Wird sie gutgläubige Kunden und Teilnehmer kritischer machen? Erreicht Axel Koch mit seinem Buch, dass Trainerinnen und Trainer künftig seriöse Versprechungen abgeben? Offen ist auch, wie viele Trainer es sind, die diese „Lügen" propagieren. Gibt es viele oder nur wenige schwarze Schafe?

Es gibt mehr Wahrheiten als Lügen.

Es führt wohl nicht weiter, wenn man sich – wie es das Buch „Die Weiterbildungslüge" tut – auf die Lügen konzentriert. Wenn man es besser machen will, muss man sich die Wahrheiten ansehen. Die oben genannten sieben Wahrheiten kann ich alle unterschreiben. Doch ich vermisse zweierlei:

- Wie setzt man diese „Wahrheiten" in konkrete Maßnahmen zur Verbesserung von Trainings um?
- Und: Die genannten sieben Wahrheiten sind nur ein Teil der Wahrheit. Es fehlen wichtige „Wahrheiten" für effektive und nachhaltige Trainings.

Zum ersten Punkt ist nicht Axel Koch, sondern bereits im Jahr 2000 der amerikanische Trainer Dave Meier zum Anchorman geworden. Mit seinem „*The Accelerated Learning Handbook: A Creative Guide to Designing and Delivering Faster, More Effective Training Programs*" (erschienen bei McGraw-Hill, deutsch 2004 bei managerSeminare) hat er ein griffiges Label für den Wunschtraum vom leichten und schnellen Lernen geprägt, den Koch als „Lüge" brandmarkt. Es kam an. Dave Meier vermarktet sein „Accelerated Learning" überaus erfolgreich mit einem Center for Accelerated Learning (gegründet 1980), zahlreichen Trainings- und Lernunterlagen, DVDs, Trainings und Tagungen in aller Welt.

Accelerated Learning: Erfolgsrezept – oder auch eine „Lüge"?

Wenn Sie Ihren Blick mit Axel Kochs Diagnose von „Weiterbildungslügen" geschärft haben, werden Sie Dave Meiers Anpreisungen auf der Homepage seines schon 1980 gegründeten Instituts (www.alcenter.com) mit einer Portion Skepsis lesen: „Accelerated Learning (A.L.) is the most advanced teaching and learning method in use today. It's a total system for speeding and enhancing both the design process and the learning processes. Based on the latest brain research, it has proven again and again to increase learning effectiveness while saving time and money in the process."

„Fortschrittlichste Methode", „umfassendes System, um die Planung von Seminaren und das Lernen im Seminar schneller und wirkungsvoller zu machen", „modernste Gehirnforschung", das klingt wieder nach vollmundigen Versprechungen, wie Koch sie anprangert. Was steckt dahinter?

Prinzipien des Accelerated Learning

Hier sehen Sie die wichtigsten Prinzipien des „Accelerated Learning", wie sie im genannten Buch und auf der Homepage von Dave Meier beschrieben werden:

- Lernen bezieht den gesamten Körper und Geist ein.
  Denn: Lernen ist nicht nur Sache des Verstandes, sondern umfasst alle Sinne.

- Lernen ist schöpferisches Tun, nicht Konsum.
  Denn: Lernen ist nicht „etwas aufnehmen", sondern ein aktives

Einbauen von Neuem in die Struktur des Selbst. Lerner schaffen aktiv neue Bedeutungen, es entstehen neue neuronale Netzwerke und Zusammenhänge.

- Zusammenarbeit unterstützt Lernen.
  Denn: Erfolgreiches Lernen hat eine soziale Grundlage. Durch die Interaktion und Kooperation mit anderen lernt man. Konkurrenz und Wettbewerb verschlechtern allerdings das Lernen.

- Lernen geschieht gleichzeitig auf verschiedenen Ebenen.
  Denn: Das Gehirn arbeitet simultan, nicht Schritt für Schritt. Vielfalt beim Lernen aktiviert alle Sinne und erreicht alle Lernstile.

- Man lernt durch eigenes Tun in einem realistischen Kontext und durch Feedback.
  Denn: Schwimmen lernt man, indem man schwimmt. Lernen ohne Kontext vergisst man schnell.

- Positive Emotionen verbessern und beschleunigen das Lernen.
  Denn: Negative Emotionen hemmen, positive fördern Lernen. Am besten gelingt Lernen in einem stimulierenden und entspannten Lernklima.

- Das Bilderhirn nimmt Informationen sofort und automatisch auf.
  Denn: Konkret Bildhaftes wird schneller erfasst und besser behalten als abstrakte Sprache. Abstraktes muss in konkret Anschauliches „übersetzt" werden, um das Lernen zu beschleunigen und besser erinnerbar zu machen.

Mit diesen Prinzipien wird Dave Meier, ebenso wie Axel Koch mit seinen Wahrheiten, bei Profitrainern Zustimmung ernten (Das heißt nicht, dass jeder Profitrainer sich daran hält!). Nur – Dave Meier hat diese Prinzipien keineswegs erfunden. Sie sind weitgehend identisch mit den Prinzipien der „Konstruktivistischen Didaktik", die seit vielen Jahren in der Erziehungswissenschaft und Lehr-/Lernpsychologie bekannt ist. Das wertet den Beitrag von Dave Meier keineswegs ab. Der Erfolg des „Accelerated Learning" zeigt lediglich einmal mehr, dass eine gute Idee sich nicht von allein durchsetzt, sondern von cleverem Marketing profitiert.

Kernannahmen der Konstruktivistischen Didaktik sind:

Thesen der konstruktivistischen Didaktik

- Lernen ist Konstruieren.
  Lerner bauen sich aus dem Material des Lernangebots ihr eigenes Wissen und Können.

- Weil Lernen individuell und „selbstorganisiert" verläuft, ist es nur begrenzt vorhersagbar und von außen beeinflussbar.
  Trainer und andere Lehrende können Lernen nicht direkt „bewirken". Sie können es allerdings fördern: durch das Design des Lernangebots (Lernmaterial, Medien), der Lernformen (Methoden usw.) und der Lernumgebung (Klima usw.). Die Lehrenden sind „facilitators", also Lern-Ermöglicher.

- Lernen soll „situiert" sein.
  Neue Inhalte werden am besten gelernt, wenn sie in konkreten Situationen präsentiert und angewendet werden. So entsteht verfügbares Wissen. Das kontextfrei erworbene Wissen – wie es etwa in der Schule üblich ist – kann man zwar, z.B. bei Abfragen, wiedergeben. Es ist aber „träge" und in der Praxis kaum verfügbar.

- Lernen soll „multiperspektivisch" erfolgen.
  Die Lerner sollen mit einem Inhalt unterschiedliche Prozesse ausführen. Das lässt „bewegliches Wissen" entstehen, das man flexibel anwenden und adaptieren kann.

- Lernen soll „problemorientiert" sein.
  Bei der Arbeit an konkreten, bedeutungsvollen und realistischen Aufgaben kommt der „Konstruktionsprozess" in Gang. Der Lerner erlebt auch ein Feedback zu den Folgen seines Tuns und gewinnt dadurch Erfahrung. Das Wissen wird auf diese Weise fortlaufend erprobt und verbessert. Dazu kommen motivierende Erfahrungen der eigenen Wirksamkeit und des persönlichen Erfolgs.

- Lernen soll im Miteinander stattfinden.
  Man lernt voneinander, erkennt Unterschiede, klärt und testet das eigene Wissen durch Darüberreden und erlebt die Vorteile von Teamwork. So ist zum Beispiel „Lernen durch Lehren" eine effek-

---

* Eine Einführung in die konstruktivistische Didaktik liefert das Taschenbuch von Horst Siebert: „Pädagogischer Konstruktivismus", 3. Auflage 2005, Beltz Verlag.

tive Methode. Indem man anderen etwas beibringt, vertieft man das eigene Wissen und Verstehen.

Sie sehen nun die Übereinstimmung mit den Prinzipien des „Accelerated Learning" von Dave Meier. Bei Meier gibt es allerdings noch ein neugierig machendes Additiv: das Einschalten des „Bilderhirns". Denn Accelerated Learning basiert ja „auf der neuesten Hirnforschung".

Beide Hirnhälften nutzen und zum Superlerner werden?

Das Gehirn arbeitet mit spezialisierten Zentren ...

Schon lange weiß die Gehirnforschung, dass die beiden Großhirnhälften zwar gleich aussehen, aber nicht identisch arbeiten. Vor allem die großen Kriege mit den zahlreichen Gehirnläsionen waren für die Gehirnforschung wie ein gigantisches Forschungslabor. Heute machen es die immer präziseren bildgebenden Verfahren (PET = Positronen-Emissions-Tomographie, MRT = Kernspin-Resonanz-Tomographie) möglich, dem Gehirn bei der Arbeit zuzusehen. Zumindest lässt sich am Computerbildschirm verfolgen, welche Gehirnareale bei einer Person aktiviert werden, wenn sie zum Beispiel eine Rechenaufgabe löst, ein Bild betrachtet oder etwas erzählt. Es stellte sich heraus, dass manche spezialisierten Zentren eher in der linken Großhirnhälfte lokalisiert sind, andere in der rechten. Allerdings zeigte sich auch eine große Varianz, bedingt zum Beispiel durch Geschlecht, Kultur usw.

... aber nicht mal rechts-, mal linkshirnig.

Die Befunde locken etwa seit den 80er-Jahren des vorigen Jahrhunderts vor allem in den USA scharenweise Autoren an, die glauben, den Schlüssel zum effektiven Lernen in der Gehirnforschung gefunden zu haben. Als Nicht-Mediziner gehen sie mit den Daten allerdings sehr großzügig um. Die rechte Großhirnhälfte wird unversehens zum „Bilderhirn", zum Spezialisten für Musisches und Räumliches, intuitiv und ganzheitlich arbeitend, von Gefühlen bestimmt und spontan. Die linke Großhirnhälfte wird beschrieben als vom Verstand gesteuert, Spezialist für Wörter und Zahlen, linear vorgehend und Sitz der Logik. Rechts sei das „warme Denken" zu Hause, links das „kalte Denken". Links gehe es digital zu, rechts analog.

Bestsellertauglich wird dieses plakativ vereinfachte Modell unserer Gehirnfunktionen besonders dann, wenn man als Autor lautstark beklagt, dass beim Lernen in unseren Schulen und Universitäten einseitig die linke Gehirnhälfte genutzt und trainiert werde, die rechte aber verkümmere. Das „neue Lernen" soll nun gezielt die rechte Gehirnhälfte mit einschalten. Dann nutze man beide Hälften und erschließe das volle Potenzial seines Gehirns. „Use both sides of your brain!" ist die Parole (und der Titel eines Buches von Tony Buzan, dem Erfinder der Mind-Map, erschienen 1991 bei Plume).

Die Tipps für die Aktivierung des Rechtshirns und zur Integration beider Hirnhälften reichen vom Visualisieren bis zu Körperübungen wie Braingym und Edu-Kinesiologie. Auch Dave Meiers „Accelerated Learning" zielt (siehe oben) darauf ab, beim Lernen beide Hirnhälften zu aktivieren und damit erstaunliche Lerneffekte zu erzielen. Das Gleiche haben schon die Suggestopädie und das Superlearning (wieder so ein Marketing-Label) versprochen.

Das Gehirn arbeitet komplexer, als manche Gehirntrainer meinen.

Auf die neueste Gehirnforschung sollten sich diese Euphoriker allerdings nicht berufen. Wie man mit Neuroimaging nachweisen kann, sind schon bei einfachen Tätigkeiten beide Gehirnhälften übergreifend aktiv. Wenn Sie etwa ein Bild betrachten, schaltet die linke Hirnhälfte mitnichten auf Stand-by. Sie ist hellwach und voll in Betrieb, auch wenn kein Text zum Bild gelesen wird. Dass man durch zusätzliches „Einschalten" der rechten Großhirnhälfte und ein systematisches Synchronisieren mit der linken Hemisphäre sein Gehirnpotenzial drastisch steigern kann, ist eher Werbung als „neueste Gehirnforschung". Auch die Behauptung, je aktiver das Gehirn sei, desto besser würde es arbeiten, stimmt nicht. Bei besonders intelligenten Menschen lässt sich beobachten, dass ihr Gehirn bei Aufgaben nicht mehr, sondern weniger Aufwand betreibt als ein Laienhirn. Albert Einstein äußerte sich zum Thema bescheidener und witziger als die volltönenden Gehirntrainer: „Die meisten Menschen nutzen nur fünf bis sechs Prozent ihrer Gehirnkapazität. Ich nutze sieben Prozent!"

Nicht die Hirnhälften sind wichtig, sondern wie sie (ver-)arbeiten

Wenn eine Information von außen (über die Sinnesorgane) oder von innen (Gedanken, Erinnerungen) in unseren Arbeitsspeicher kommt, ist sie schon vielfach verarbeitet worden. Diese Verarbeitung erfolgte ohne unser Bewusstsein. Stellen Sie sich Ihren Arbeitsspeicher als einen Monitor vor. Was dort auftaucht, ist Ihnen bewusst. Wenn Sie zum Beispiel diesen Text lesen, versucht Ihr Gehirn, aus den schwarzen Zeichen auf hellem Grund etwas Sinnvolles, Bedeutungshaltiges zu machen. Aus Daten wird Wissen. Wenn das Wissen für Sie Neues enthält, lernen Sie. Die Wissenspsychologen nehmen an, dass Verarbeitungsprozesse „Gedächtnisspuren" hinterlassen. So kann man sich später daran erinnern. Nehmen wir an, Sie hätten zum ersten Mal den Vergleich des Arbeitsspeichers mit einem Monitor gelesen. Dann haben Sie jetzt eine klarere Vorstellung davon, was „Arbeitsspeicher" bedeutet. Nehmen wir außerdem an, Sie würden den Monitor-Vergleich jemandem erzählen. Dann ist wissenspsychologisch Folgendes passiert:

Wie Lernen im Gedächtnis Spuren hinterlässt

- Ihre Sprachzentren haben die Buchstaben und Worte so entschlüsselt, dass Sie die Aussagen im Text über den Monitor erfasst haben.
- Der Vergleich hat aus Ihrem Langzeitspeicher Wissen über Monitore und Erfahrungen mit Monitoren in den Arbeitsspeicher geladen. Vielleicht ist eine bildhafte Vorstellung eines Monitors entstanden.
- Es haben sich eine oder mehrere Gedächtnisspuren gebildet. Deshalb konnten Sie über den Vergleich mit anderen reden.

Viele Experimente der Wissens- und Lernpsychologen sprechen dafür, dass etwas umso besser behalten wird, je mehr und je vielfältiger das Gehirn mit diesem Inhalt gearbeitet hat. Jedesmal scheint eine neue Gedächtnisspur zu entstehen. Wenn diese außerdem sinnvoll miteinander verlinkt sind, ist die Chance sehr hoch, dass man sich erinnert und das Wissen „verfügbar" ist. Wer übrigens Gedächtnisspuren immer wieder „auffrischt" – memorieren, Wissen häufig anwenden – trägt dazu bei, dass sie nicht „verblassen" und schneller gefunden werden, wenn man sie braucht.

Das Trara um die Gehirnhälften lenkt also vom Wesentlichen ab. Es kommt nicht darauf an, beide Gehirnhälften „einzuschalten". Ziel für erfolgreiches Lernen ist vielmehr, das Gehirn anzuregen, möglichst viele und verschiedene Prozeduren mit einem zu lernenden Inhalt auszuführen. Ob die jeweiligen Zentren und anderen mentalen Systeme, die diese Arbeit leisten, links oder rechts, vorne oder hinten im Gehirn sitzen, ist für das Lernen unwichtig.

Unser Arbeitsspeicher ist ein Witz

Bewusstes Lernen spielt sich im Arbeitsspeicher ab, auf unserem „inneren Monitor". Wenn Sie einen Computer kaufen, achten Sie darauf, dass der Arbeitsspeicher eine möglichst große Kapazität aufweist. Dann können Sie auch aufwendige Programme gleichzeitig nutzen, ohne dass die Fehlermeldung kommt: „Für diese Anwendung ist nicht genügend Arbeitsspeicher verfügbar." Leider ist der menschliche Arbeitsspeicher lächerlich mickrig ausgelegt. Er kann lediglich etwa sieben einzelne Einheiten präsent halten. Allerdings gibt es Möglichkeiten, diesen Minispeicher besonders effizient zu nutzen. So kann das Gehirn mehrere Informationen, die es schon kennt, in nur einen Speicherplatz zusammenpacken.

Effizienter lernen: Informationen zu Mustern und Schemata bündeln

Wolfgang Amadeus Mozart berichtet in einem Brief, dass er ganze Partituren im Kopf komponieren und überblicken konnte. Gute Schachspieler können sich komplette Stellungen, ja ganze Partien merken. Diese hochtrainierten Gehirne packen die vielen Einzeldaten in Schemata und andere übergeordnete Muster. Gedächtniskünstler arbeiten mit speziellen Techniken, die ihren Arbeitsspeicher effizienter machen. Erweitern können sie ihn nicht. Im Alltagsbetrieb unserer Durchschnittsgehirne sorgt der präfrontale Cortex dafür, dass möglichst nur gefilterte und von Überflüssigem und Unwichtigem entlastete Informationen in den Arbeitsspeicher gelangen.

Wie im Computer beim RAM (random access memory) sind auch die Informationen im Arbeitsspeicher des Gehirns flüchtig. Nur wenn besondere Prozesse – man vermutet chemische – stattfinden, werden die Inhalte langfristig gespeichert. Diese Prozesse brauchen etwas Zeit. Wenn jedoch in hohem Tempo immer neue Informationen den Arbeitsspeicher fluten, werden die aktuellen Inhalte des Arbeitsspeichers fortlaufend „überschrieben" und dann vergessen. Diese Gefahr droht bei Informationsquellen, die sequenziell senden, also wenn Sie jemanden beim Reden zuhören oder einen Film ansehen. Dann werden Sie beobachten, dass Sie am Ende wenig behalten haben. Bei einem nicht-sequenziellen Medium ist das anders. Ein Bild oder einen gedruckten Text können Sie in aller Ruhe aufnehmen, manches mehrmals mustern oder lesen. Sie bestimmen hier das Tempo der Verarbeitung, nicht die Informationsquelle.

Simultane Informationen überfordern das Gehirn.

Übrigens zeigt die moderne Gehirnforschung, dass es kein bestimmtes Areal im Gehirn gibt, wo der Arbeitsspeicher angesiedelt ist. Was wir Arbeitsspeicher nennen, ist über das Gehirn verteilt. Und jedes Zentrum, das Informationen verarbeitet, hat quasi seinen eigenen Arbeitsspeicher: zum Beispiel Zentren für Sprache, für Bildhaftes, für Zahlen, für Bewegungsabläufe. Und diese Zentren haben wieder spezialisierte Teilzentren, die zusammenarbeiten. So werden etwa beim Betrachten eines Fotos die Farben von einem anderen Teilzentrum verarbeitet als die Formen. Die begrenzten Kapazitäten der einzelnen Zentren haben Konsequenzen. Lesen Sie beim Frühstück gerne die Zeitung? Dann ist Ihnen sicher schon aufgefallen, dass es Sie stört, wenn gleichzeitig im Radio oder Fernsehen Nachrichten laufen. Musik im Hintergrund behindert Sie dagegen kein bisschen bei der Lektüre. Warum?

Wenn Sie Text lesen, landen die Informationen in einem dafür spezialisierten Sprachzentrum. Wenn Sie Nachrichten hören, werden auch diese Informationen ins Sprachzentrum geschickt. Dort ist also Hochbetrieb. Das geht länger gut, wenn der Text, den Sie lesen, und die Nachrichten, die Sie hören, Altbekanntes enthalten.

Aber je mehr Neues simultan über Augen und Ohren in Ihr Sprachzentrum strömt und je schneller die Informationen aufeinander folgen, desto schneller ist der Arbeitsspeicher voll. Das Gehirn versucht dann, zwischen den konkurrierenden Sprachquellen in hoher Frequenz hin- und herzuschalten oder eine Quelle – Zeitung oder Radio – ganz auszublenden. Das ist aber recht anstrengend und Sie werden sich dabei unwohl fühlen. Ganz zu schweigen von der lückenhaften Erinnerung an Text und Gehörtes nach einiger Zeit.

Schonen Sie den Arbeitsspeicher Ihrer Teilnehmer!

Trainer und Referenten, die neue Informationen darbieten, sollten der Devise folgen: „Schone den Arbeitsspeicher deiner Teilnehmer!" Folter für den Arbeitsspeicher ist aus den beschriebenen Gründen:

- rasches Sprechen (weil die neuen Informationen die aktuellen überschreiben)
- schnelle Abfolge von Folien und Charts
- Informationen ohne erkennbaren Zusammenhang (jede ist dann „neu" und verbraucht einen ganzen Speicherplatz; die Informationen können nicht „gepackt" werden)
- Informationen werden nicht gut erklärt (wie eben: Neues braucht mehr Speicherplatz)
- keine Wiederholungen, Beispiele, Zusammenfassungen usw. (dem Gehirn bleibt keine Zeit für eine Umwandlung in eine länger dauernde Speicherform)
- Doppelbelastung von Zentren (z.B. Sprachzentrum: man zeigt Folien mit viel Text und liefert gleichzeitig einen komplexen Kommentar dazu ab).

! *Hier droht Informationsüberlastung!*

Der „Lohnt-es-sich?"-Sensor ist unerbittlich

Die Erfindung der Fernbedienung war eine Katastrophe für die Fernsehsender. Früher, als es nur zwei Programme gab, musste man immer aufstehen und am Apparat auf den anderen Kanal umschalten, wenn einem das eine Programm nicht gefiel. Heute hat man die Fernbedienung in der Hand und zappt bequem die Kanäle rauf und runter. Bei jedem Werbeblock zittern die Sender, dass die Zuschauer das Programm verlassen und nicht mehr wiederkommen. Da hilft auch das bittende „Bleiben Sie bei uns" wenig, das Talkshowmaster vor Werbeeinblendungen gerne in die Kamera lächeln. Wann zappen wir weg? Wenn uns etwas nicht oder nicht mehr interessiert und wenn wir hoffen, woanders eine Alternative zu finden. Unser Gehirn will Abwechslung, aber nicht viel Anstrengung. Dafür ist das Fernsehen ideal.

Unser Gehirn will Abwechslung ohne Anstrengung.

In Lernveranstaltungen verhält sich das Gehirn eines Teilnehmers nicht anders. Es ist „dabei", solange die Mischung aus Abwechslung und Aufwand im grünen Bereich liegt. Wenn es langweilig wird und wenn das Gehirn zu wenig oder zu viel gefordert wird, fühlt es sich nicht mehr wohl und will etwas anderes. Nun gibt es aber im Seminar keine Fernbedienung, mit der man als Teilnehmer den Trainer oder die ganze Veranstaltung wegzappen kann. Es geht auch nicht, dass man seine Sachen packt und wegfährt. Also bleibt man als Teilnehmer sitzen, geht aber in Gedanken auf Reisen.

In Seminaren schaltet das Gehirn einen ebenso wachsamen wie für Sie unbequemen Sensor ein, den Sie als Trainer kennen und ernst nehmen müssen. Dieser Sensor wird aktiv, weil die Teilnahme an der Veranstaltung für die Lernenden eine Investition bedeutet. Auch wenn die Firma die Kosten übernimmt, investieren die Teilnehmer Zeit und Energie. Der besagte Sensor registriert nun fortlaufend, ob das aktuelle Angebot diese Investition wert ist. In den Köpfen der Teilnehmer läuft also permanent ein „Lohnt-es-sich?"-Check, von der ersten bis zur letzten Minute.

Ist der Teilnehmer „schwierig" oder der Lernstoff schlecht aufbereitet?

Sobald der „Es-lohnt-sich"-Wert eine kritische Schwelle unterschreitet, schlägt der Sensor Alarm. Man wird unruhig und ungeduldig. Ärger kommt auf, weil man unzufrieden ist, aber nichts ändern kann. Mit der Zeit geht einem immer mehr auf die Nerven: Trainer, andere Teilnehmer, Folien, Gruppenarbeiten. Etwas Fatales passiert: Die Aufmerksamkeit wendet sich vom Lerngegenstand ab. Man hört nicht mehr richtig zu, man denkt nicht mehr mit, man engagiert sich nicht mehr. Stürzt der „Es-lohnt-sich"-Wert vollends ab, kommt es zu offenem Widerstand, lauter Kritik und Aggressivität. Trainer machen es sich gerne leicht und sehen im Unzufriedenen einen „schwierigen Teilnehmer", einen Störfall. Ein Störfall ist es tatsächlich. Doch nicht die Person ist der Störfall, sondern der vom Sensor als viel zu gering gemeldete „Es-lohnt-sich"-Wert.

Diese Erkenntnis hat Folgen. Wer den Teilnehmer als Störfall sieht, wird Strategien überlegen, um diese Person zu entschärfen, als ob sie eine Mine wäre. Wer dagegen den „Lohnt-es-sich?"-Sensor in den Blick nimmt, wird alles daran setzen, den „Es-lohnt-sich"-Wert zu erhöhen.

Beispiel

Stellen Sie sich nun ein Gespräch zwischen Trainer und Teilnehmer nach dem einen oder anderen Modell vor. Im ersten Fall könnte es so klingen:

- *„Was ist denn mit Ihnen los? Jeder merkt doch, dass Sie nicht mehr bei der Sache sind. Wollen Sie sich nicht wieder mehr einbringen? Dann haben Sie auch was vom Seminar. Sie sind doch hier, weil Sie möglichst viel lernen wollen, oder?"*

Im zweiten Fall hört es sich eher so an:

Den „Lohnt-es-sich?"-Sensor des Teilnehmers ansprechen

- *„Ich denke, Sie sind nicht recht zufrieden mit dem Seminar. Stört Sie etwas? Fehlt Ihnen etwas?" – „Allerdings." – „Was ist es denn?" – „Wollen Sie das wirklich wissen?" – „Ich bitte darum." – „Tja, ich finde zum Beispiel, dass Sie alles viel zu langatmig erklären. Es geht mir zu langsam voran. Ich hab was beim ersten Mal verstanden und dann wird es noch ein paar Mal durchgekaut." – „Meinen Sie, den anderen geht es auch so? Oder brauchen einige doch Wiederholungen und noch ein paar Beispiele mehr?" – „Weiß ich nicht. Aber das kann man ja rausfinden." – „Was hätten Sie noch gerne anders?" – „Sie lassen uns zu wenig selber tun. Die meiste Zeit reden Sie." – „Aber ich stelle doch immer wieder Fragen." – „Mag sein, aber dann antwortet einer und das war's dann."*

Im ersten Fall appelliert der Trainer an die Person des Teilnehmers, doch bitte auf den Pfad der Seminartugend zurückzukehren. Im zweiten Beispiel unterhält sich der Trainer mit dem „Lohnt-es-sich?"-Sensor. Im ersten Fall macht sich der Trainer vom Ja oder Nein des Teilnehmers abhängig. Im zweiten Fall gewinnt er Informationen, um selbst aktiv zu werden. Den Sensor kann er nicht beeinflussen, aber er kann einiges tun, damit der „Es-lohnt-sich"-Wert wieder stimmt. Dann ist der Teilnehmer wieder arbeitsfähig und der Trainer hat einen guten Job gemacht.

Das Gehirn ist faul, aber clever und manchmal zu vorschnell

Wir müssen uns unser Gehirn als ein System vorstellen, das vor allem auf Energiesparen trainiert ist. Wenn wir wahrnehmen, denken, erinnern, ist alles auf größtmögliche Vereinfachung programmiert. Das spart Zeit und Energie.

Beispiel

Jemand erzählt Ihnen: *„Gestern ist mir einer hinten drauf gefahren."* In Sekundenbruchteilen spielt Ihnen Ihr Gehirn aus dem Langzeitspeicher die passenden Informationen zu Auffahrunfällen ein. Sie sehen vielleicht zwei Autos verkeilt, Blechteile auf der Straße, Polizei, Zaungäste. Alles Dinge, die man Ihnen nicht mehr erzählen muss. Nur eines wollen Sie noch wissen: *„Hat sich jemand verletzt?"* Da lacht der Andere und sagt: *„Ich habe mich umgedreht und meinem kleinen Sohn gesagt: Wenn du mit dem Dreirad herum-*

fährst, musst du aufpassen, dass du keine Leute rammst." Ihr Gehirn wechselt nun sofort die Szene.

Das blitzschnelle Ergänzen der Informationen durch bereits gespeicherte Erfahrungen ist clever. Das Gehirn muss die Informationen nicht Punkt für Punkt entschlüsseln und nach und nach zu etwas Sinnvollem zusammensetzen. Es pickt sich stattdessen die erste Information heraus, die nach „Bedeutsamkeit" wirkt, und reichert sie mit schon Bekanntem an. Das Prinzip heißt: „Ich arbeite erst mal mit dem, was ich schon kenne. Zumindest versuchsweise. Wenn es klappt, habe ich eine Menge Zeit und Mühe gespart."

Die Tücke des schnellen Vergleichs

Hin und wieder kann diese Strategie auch schiefgehen (siehe das Beispiel mit dem Dreirad). Man glaubt vorschnell: „Ist doch alles klar." Wenn man dann eines Besseren belehrt wird, ist das für unser cleveres Gehirn ein kleiner Schock. Man ist verblüfft oder man muss lachen. Witze funktionieren auf diese Weise. Der Trick ist, dass man als Zuhörer auf eine falsche Fährte gelockt wird. Man glaubt zu wissen, wie es weitergeht. Die Pointe pulverisiert diese Erwartung schlagartig. Der „Schock" entlädt sich im Lachen. Ein guter Witz enthält deshalb nur Szenen, die man sich plastisch vorstellen kann. Die guten Erzähler beschreiben das auch „zum Anfassen" anschaulich. Nur dann kann die Pointe alle überraschen.

Beispiele

Zwei Beispiele für eine unerwartete Fortsetzung:

- Mann an der Bar: *„20 Jahre waren meine Frau und ich so glücklich."* Barmixer: *„Und dann?"* Mann: *„Dann haben wir uns kennengelernt."*
- Was denkt eine Frau, die morgens in den Spiegel schaut? *„Das geschieht ihm recht!"*

Im ersten Beispiel spielt unser Gehirn ein Paar nach zwanzig Ehejahren ins Bewusstsein. Das Wort „waren" macht klar, dass die Krise kam. Und dann das Szenarium „allein an der Bar". Alles klar, oder?

Im zweiten Beispiel ist nach dem ersten Satz auch alles klar: „Die arme Frau wird alt. Sie fühlt sich unattraktiv. Ihr Selbstbewusstsein ist dahin." Und dann diese Pointe!

Erfahrungen können unsere Wahrnehmung täuschen.

Wie die Cleverness unseres Gehirns in die Irre führen kann, zeigen eindrucksvoll die optischen Täuschungen. Da gibt es zum Beispiel Adelsons Schachbrett-Täuschung (siehe Abb. unten). Auf einem Schachbrett steht ein Zylinder und wirft einen Schatten. Sie nehmen nun ein Feld des Schachbretts dunkler wahr, wenn es nicht im Schattenbereich liegt. Tatsächlich sind beide Felder gleich hell oder dunkel. Wie kommt diese Illusion zustande? Unser Gehirn „weiß" aus Erfahrung, dass das eine Feld durch den Schatten wohl dunkler wirkt, als es tatsächlich ist. Blitzschnell rechnet es in der Wahrnehmung diesen vermuteten Dunkelfaktor heraus. Von dieser Korrektur bekommen wir bewusst nichts mit. Wir sehen nur das Ergebnis: Das Feld im Schatten sieht heller aus, als es in Wirklichkeit ist. In den meisten Fällen der natürlichen Umwelt ist diese Wahrnehmungsverfälschung korrekt. Aber bei dieser Abbildung führt sie zu einem Wahrnehmungsfehler.

Das Gehirn vertraut Bekanntem.

Der Zwang unseres Gehirns, Neues so rasch wie möglich mit bereits Bekanntem auf die Reihe zu bekommen und dann die Verarbeitung abzuschließen, ist die Ursache für zahlreiche Wahrnehmungsfehler, auf die wir im Alltag immer wieder hereinfallen. So neigen wir dazu, den ersten Eindruck von einer Person oder einem Problem möglichst lange beizubehalten. Wir nehmen dann von zusätzlichen Informationen bevorzugt solche auf, die diesen ersten Eindruck bestätigen. Dem gleichen Prinzip folgen wir, wenn wir eine Entscheidung getroffen haben. Kunden lesen zum Beispiel nach dem Kauf eines Produkts bevorzugt die Werbung für das Erworbene, nicht für

Abb.: Die Schachbrett-Schatten-Täuschung

© managerSeminare

Konkurrenzprodukte. Wieder zeigt sich: Das Gehirn will alles Neue schnell und mit möglichst geringem Aufwand „normalisieren" und danach keine weiteren Korrekturen vornehmen.

Neue Lerninhalte fordern das Gehirn zur Höchstleistung.

Das ist ein Mechanismus, der automatisch abläuft. Auch beim Lernen. Denn beim Lernen geht es immer um Neues! Im Unterschied zum Neuen bei einem Actionfilm oder einer Abenteuerreise werden dem Gehirn beim Lernen aber häufig Inhalte präsentiert, die sich nicht so schnell mit Vorwissen und Vorerfahrungen einordnen lassen. Für unser auf Energiesparen getrimmtes Gehirn ist das die Höchststrafe.

Da lernt zum Beispiel jemand Chinesisch. Das europäische Gehirn kann erst einmal nichts verwenden, was es schon weiß. Die Schriftzeichen sind neu, die Worte, die Aussprache, die Grammatik. Jedes Zeichen, jedes Wort, jede Regel muss einzeln „eingelesen" und abgespeichert werden. Nichts lässt sich „packen" oder wegen einer Ähnlichkeit mit Bekanntem an Vorhandenes andocken. Das kostet enorm viel mentale Energie und Zeit. Das ungeduldige Gehirn will daher immer wieder aussteigen, diese aufwendige Prozedur abbrechen. Es sendet Signale des Unwillens und des Unbehagens in unser Bewusstsein. Wer jetzt nicht eine hohe Motivation hat, Chinesisch zu lernen, wird früher oder später dem „faulen" Gehirn nachgeben und das Lernen einstellen.

Auch der prominente Gehirnforscher Gerhard Roth bestätigt diese Sichtweise: Lernen bedeutet für das Gehirn, neue Verknüpfungen anzulegen – und das kostet viel Energie. Das Gehirn aber versucht, Anstrengung zu minimieren.

Für eine solche Meuterei des Gehirns braucht es kein Chinesisch. Diese droht immer, wenn Lernende nur „Bahnhof verstehen". In Seminaren kann das schnell passieren, wenn zum Beispiel die Trainerin oder der Trainer ...

Hier meutert das Gehirn im Seminar:

- Fachbegriffe durch weitere Fachbegriffe „erklärt",
- auf einer hohen Abstraktionsebene argumentiert,
- Wissen voraussetzt, das man als Zuhörer nicht hat,
- keinem roten Faden folgt (fehlende Kohärenz).

Die entsprechenden Symptome bei Teilnehmern kennen Sie: geistige Abwesenheit, schlechte Laune, Unverständnis. Die Arbeitsfähigkeit nähert sich der Nulllinie. Ein Gehirn, dem man es schwer macht, Neues rasch und ohne allzu große Anstrengung zu verstehen, wird bockig.

Etwas gehirnfreundlich zu erklären, gilt aber im deutschen Kulturkreis (ganz anders als im anglo-amerikanischen) als verdächtig. „Man darf die Lernenden nicht verwöhnen", lautet die Warnung. Das ist blanker Unsinn. Das Gehirn funktioniert nun einmal so, wie eben beschrieben. Will man erfolgreiches Lernen, dann muss man sich diesen Tatsachen stellen. Das hat mit Verwöhnen nichts zu tun. Oder verwöhnen Sie Ihre Ohren, wenn sie den Ton beim Fernsehen so laut stellen, dass Sie bequem hören können? Verwöhnen Sie Ihren Magen, wenn Sie Ihr Essen gut kauen? Solche Parolen sind nichts anderes als Schutzbehauptungen von Lehrenden, die ihr Handwerk nicht verstehen. Sorry.

Allerdings gibt es gerade bei guten Erklärungen eine Gefahr: Das Gehirn kann zu schnell meinen, alles verstanden zu haben. Diese „Wissensillusion" ist deshalb so heimtückisch, weil die Lernenden sich in Sicherheit wiegen und gar nicht auf die Idee kommen, dass sie sich dabei etwas vormachen. So entsteht Scheinwissen.

Beispiele für Wissensillusionen

In meinem Buch „Gesprächs- und Vortragstechnik für alle Trainer, Lehrer, Kursleiter und Dozenten" habe ich einige Beispiele angeführt:

- Die meisten Leute „wissen", wie die Mondphasen zustande kommen: weil die Erde je nach Stand der Sonne einen Schatten auf den Mond wirft. Aber warum kann man bei allen Mondphasen Sonne und Mond gleichzeitig am Himmel sehen?
- Warum zieht ein Magnet Eisenspäne an? Wir wissen es: weil er Kraftlinien hat. Aber was sind Kraftlinien?
- Warum ist Licht hell? Antwort: Weil es aus Strahlen besteht. Aber was sind Strahlen?
- Viele andere physikalische Phänomene glauben wir zu verstehen, weil wir eine Formel dazu kennen. Aber wie entstanden diese Formeln?

Als Trainer haben wir bei der Wissensvermittlung also auf zwei Gefahren zu achten: Einerseits, dass die Gehirne der Teilnehmer meutern, weil wir es ihnen zu schwer machen. Andererseits, dass die Gehirne zu früh die Arbeit einstellen, weil sie vorschnell meinen,

Strategie der Wissensvermittlung

alles verstanden zu haben. Die Strategie ist klar: Wir müssen den Gehirnen das Verstehen so einfach wie möglich machen, sie dann aber mit dem neuen Wissen möglichst viel tun lassen. Dann fliegt eine mögliche Wissensillusion schnell auf und kann repariert werden. Dazu später mehr.

Unser Gehirn ist Spezialist für Situationen

Seit unserer tierischen Vergangenheit ist die Hauptaufgabe unseres Gehirns, unser Überleben zu sichern. Es ist in Millionen Jahren darauf trainiert, Situationen zutreffend einzuschätzen und in Situationen die richtigen Entscheidungen zu treffen. Abstrakte Symbole (zum Beispiel Sprache, Zahlen), Denken mit Symbolen, Logik usw. sind erst viel später hinzugekommen. Als intelligentes System sammelt es ab den ersten Tagen nach der Geburt Erfahrungen mit Situationen und wertet sie aus.

Im Laufe der Jahre wächst der Vorrat an Weltwissen. So „weiß" das Gehirn immer besser, was in einer bestimmten Situation am besten zu tun ist. Es ist ein Situations-Spezialist geworden. Dass unser Gehirn auch noch ein Lexikon, eine Rechenmaschine, einen Sprachcomputer und anderes zu bieten hat, ist dagegen zweitrangig. Situationen zu „lesen" und zu wissen, was zu tun ist, haben, wie schon in der frühen Steinzeit, die höchste Priorität.

Lerninhalte mit situativem Kontext verbinden

Dass dem Gehirn Situationen ganz besonders liegen, können Sie daran erkennen, dass Teilnehmer sofort „dabei" sind, wenn Sie ein Erlebnis erzählen, ein Video zeigen oder auf andere Weise Situationen und Szenen aus dem Alltag zum Thema machen. Das Gehirn reagiert aufmerksamer auf Situationen, erfasst sie rascher und behält sie besser als alles sogenannte Abstrakte. Genauer müsste man statt „abstrakt" sagen: „ohne situativen Kontext".

Erfolgreiche Trainer „situieren" deshalb, wo immer es geht:

- beim Präsentieren von neuen Lerninhalten,
- beim Anwenden von Gelerntem,
- beim Überprüfen des Gelernten.

Am besten eignen sich Situationen, die „authentisch" sind. Sie stammen aus dem Alltag der Teilnehmer. Situiertes Trainieren findet in einem Kontext statt, den die Lernenden kennen oder den sie sich plastisch vorstellen können. Das Gehirn fühlt sich dann wohl. Auf das Agieren in Situationen ist es eingestellt. Situiertes Lernen macht für die Teilnehmer Sinn. Der „Lohnt-es-sich?"-Sensor (siehe oben) springt auf Grün.

Active Training

Unser Navi-Gehirn ist nicht nur auf Situationen getrimmt, sondern ebenso auf Handeln. Um im Bild zu bleiben: Beim Navi registriert der Satellit genau, wie sich das Fahrzeug bewegt und stimmt die Signale darauf ab. Wenn das Fahrzeug steht, gibt es nichts zu navigieren. Auch unser Gehirn ist darauf ausgerichtet, dass wir uns aktiv verhalten. Es nimmt aufmerksam wahr, welche Veränderungen und Auswirkungen unser Verhalten auslöst und reagiert darauf. Das ist die Hauptquelle für menschliches Lernen.

Ohne aktives Tun entsteht träges Wissen.

Natürlich lernt man auch, wenn man sich nicht bewegt, sondern zum Beispiel still und stumm einer Referentin zuhört oder einen Text in einem Lehrbuch liest. Das Gehirn ist auch dann aktiv. Doch die Person handelt nicht und erzeugt keine Handlungsfolgen. Damit entgehen dem Lernenden wichtige Erfahrungen. Der Lernerfolg ist begrenzt. Typischerweise produziert das rezeptive Lernen ohne eigenes Handeln „träges Wissen". Man kann es zwar beschreiben, wenn man danach gefragt wird, aber man kann es nicht oder nur ungeschickt einsetzen, wenn man es in einer Situation braucht. Das Gehirn hat zwar für diese Inhalte eine Gedächtnisspur angelegt, aber sie nicht mit Handeln und Situationen verlinkt.

Das Konzept des „Active Training" zielt auf bewegliches, wirklich verfügbares Wissen. Man darf Active Training indes nicht mit dem alten pädagogischen Prinzip „Erst Theorie, dann Praxis" oder „Erst Wissen, dann Anwenden" verwechseln. Unser Gehirn tickt nämlich keineswegs nach diesem Zwei-Stufen-Schema, das nur unser recht künstliches Bildungssystem prägt. Denn schon wenn unser Gehirn Neues lernen soll, will es einen Kontext sehen. Und es will Handeln in diesem Kontext starten und die Folgen auswerten. Active Training will Lernsituationen konsequent so gestalten, dass sie diesem angeborenen Lernmodell des Gehirns optimal entsprechen. Wenn Teilnehmer in Kontexten (authentischen Situationen) handelnd lernen, regnet es Belohnungen, z.B.:

„Belohnungen“ durch Active Training

- Das neue Wissen wird vielfach verknüpft und gespeichert.
- Man macht Fehler und lernt daraus.
- Man findet Lösungen und lernt daraus.
- Man versteht die Inhalte besser, weil man mit ihnen etwas getan, Fehler gemacht und Lösungen gefunden hat.
- Man genießt positive Gefühle: Stolz, weil das Handeln erfolgreich war; Zufriedenheit, weil man etwas kann und verstanden hat; Selbstvertrauen, weil man Schwierigkeiten meisterte; man erlebt „Sinn“, weil man den Wert des Wissens erkannt hat.
- Man entwickelt wegen der guten Erfahrungen und Gefühle beim Lernen nach und nach Interesse an den Lerninhalten. Interesse ist so etwas wie eine Freundschaft, aber nicht zu einer Person, sondern zu einem Thema. Ist das Interesse einmal gewachsen, führt man die Beschäftigung mit dem Bereich auch nach dem Seminar in Eigenregie weiter und wird immer mehr zum Experten.

Fazit für Trainer: Schließen Sie Freundschaft mit den Gehirnen Ihrer Teilnehmer

Im Schnelldurchgang haben Sie nun wichtige Ansätze zum Lernen Erwachsener aufgesucht: Axel Koch alias Richard Gris mit seiner Kritik an den Weiterbildungslügen und seinen eigenen Wahrheiten, Dave Meier mit seinen Vorschlägen für Accelerated Learning und die Konstruktivisten mit ihrer Didaktik des problemorientierten authentischen und kooperativen Lernens.

Danach habe ich Ihnen einige Besonderheiten des lernenden Gehirns beschrieben: die Codierung der Informationen durch spezialisierte vernetzte Zentren und die Vorteile einer Multicodierung der Lerninhalte, den schwachen Arbeitsspeicher und die Strategien des Gehirns zum Sparen von Energie, den „Lohnt-es-sich?“-Sensor, den Drang unseres Gehirns nach rascher Einordnung alles Neuen und dem Festhalten an einmal gefundenen Ergebnissen, die Gefahr der

---

* In meinem „Handbuch Active Training“ im Beltz Verlag finden Sie ein Repertoire von Methoden dazu.

Wissensillusion, die Vorliebe unseres Gehirns für Situationen und Ereignisse, die enge Bindung der mentalen Prozesse an aktives Handeln, die Auswertung der Handlungsfolgen als wichtige Lernquelle, das darauf zugeschnittene Active Training und dessen Vorzüge.

Jetzt liegt es an Ihnen, diese Erkenntnisse für einen Update-Check Ihrer Seminargestaltung zu verwenden.

Prüfen Sie für jede der Checkfragen auf der folgenden Seite, ob Ihren Seminaren dazu ein Update guttun würde. Wenn ja, gibt es im Folgenden zu jedem Update nach einer Einleitung Downloads in Form von Tipps und Methoden.

Check ▶

Die Checkliste
für hirnfreundliche Kurse und Seminare

Thema „Multicodierung" *(siehe Update 2):*

- *Was kann ich tun, damit die Gehirne der Teilnehmer den Lerninhalt möglichst vielseitig codieren und abspeichern?*

Thema „Arbeitsspeicher" *(siehe Update 3):*

- *Wie kann ich den miserablen Arbeitsspeicher meiner Teilnehmer entlasten, wenn sie Neues lernen sollen?*

Thema „Faules und ungeduldiges Gehirn" *(siehe Update 4):*

- *Wie kann ich einerseits dem Wunsch des Lerner-Gehirns nach rascher und müheloser Einordnung des Neuen entgegenkommen und andererseits zu frühes Abbrechen der Lernarbeit („Ist doch alles klar!"), Scheinwissen und Wissensillusion verhindern?*

Thema „Lohnt-es-sich?"-Sensor *(siehe Update 5):*

- *Mit welchen Maßnahmen gelingt es, diesen Sensor immer im grünen Bereich zu halten?*

Thema „Situieren" *(siehe Update 6):*

- *Wie lassen sich die Lerninhalte mit möglichst authentischen Situationen, Szenen, Ereignissen aus dem Leben der Teilnehmer verbinden?*

Thema „Active Training" *(siehe Update 7):*

- *An welchen Stellen in meinem Seminar kann ich die Teilnehmer selber handeln lassen? In welchen Formen? Wie kann ich erreichen, dass sie die Erfahrungen ihres Handeln lernförderlich auswerten?*

Thema „Miteinander lernen" *(siehe ebenfalls Update 7):*

- *Wann, wo und wie im Seminar können die Teilnehmer kooperieren und ihre Erfahrungen austauschen?*

Fördern Ihre Inputs Multicodierung?

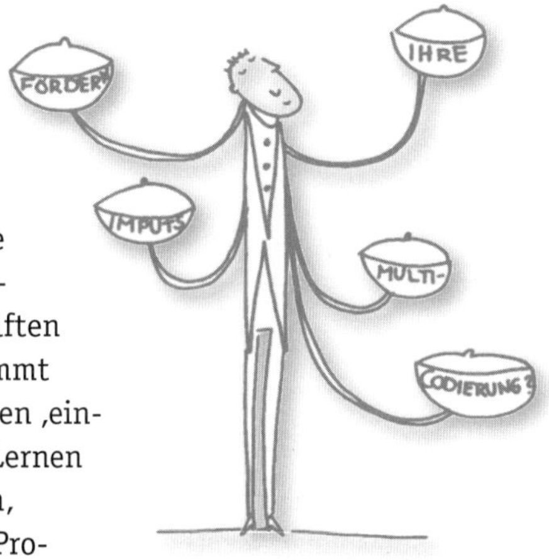

Im vorigen Kapitel haben Sie diese Erklärung für „Multicodierung" gelesen: „Das Trara um die Gehirnhälften lenkt vom Wesentlichen ab. Es kommt nicht darauf an, beide Gehirnhälften ‚einzuschalten'. Ziel für erfolgreiches Lernen ist vielmehr, das Gehirn anzuregen, möglichst viele und verschiedene Prozeduren mit einem zu lernenden Inhalt auszuführen." Das führt dazu, dass Gedächtnisspuren zu ein- und demselben Inhalt in unterschiedlichen Codierungen angelegt werden. Solche Spuren sind besser vor dem Vergessen geschützt und bei Bedarf leichter abzurufen.

Downloads zur Multicodierung

Kopfkino

Geschichten, Anekdoten, Erlebnisse ...

Unser Gehirn liebt es, Szenen zu erleben. Es muss sich dabei nicht anstrengen und wird schön unterhalten. Füttern Sie also Ihre Teilnehmer mit Geschichten, Anekdoten, Beschreibungen, Erlebnissen. Dann öffnet sich in den Köpfen der Vorhang und ein Film beginnt zu laufen. Die Gedächtnisspur dazu ist hochgradig multicodiert, als Mix aus Sprache, Bildern, Szenen, spannendem Verlauf.

Beim Film gibt es gute und schlechte Regisseure und Kameraleute. Auch Kopfkino kann man gut machen oder es versemmeln. Für Ihre Fähigkeiten als Kopfkino-Regisseur gibt es einen einfachen Test:

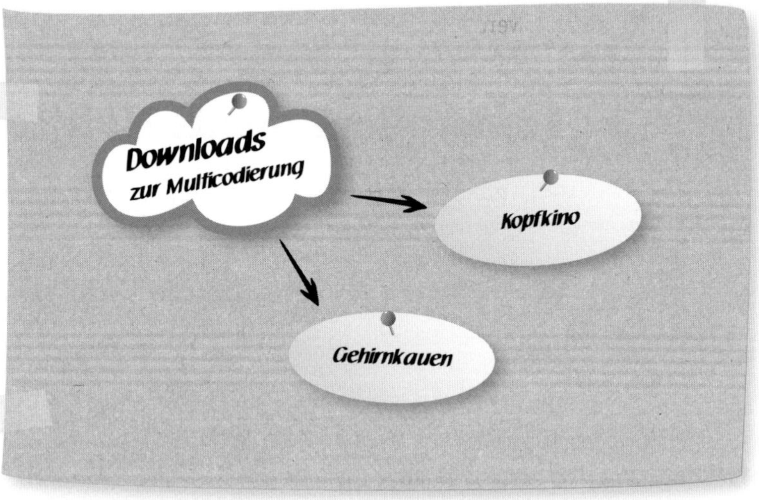

Erzählen Sie Witze. Die begnadeten Witze-Erzähler erkennen Sie daran:

Beispiel

- Mit wenigen Worte zu Beginn machen sie die Szene lebendig. Beispiel: *„Nachts um Eins fährt ein Handwerker vom Kegelabend heim. Kein Mensch auf der Straße. Plötzlich stoppt ihn eine Polizeistreife."*

- Kleine Details machen das „innere Bild" deutlicher und bunter. Beispiel: *„Der Autofahrer schafft es gerade noch auszusteigen. Der Polizist schaut verdutzt, greift sich ein Röhrchen und sagt: ‚Bitte blasen Sie da rein.' Der Fahrer schüttelt den Kopf und lallt: ‚Kann nicht, bin Asthmatiker.'"*

- Die Story wird ab jetzt gradlinig weitererzählt. Direkt am roten Faden entlang. Zügig und präzise. Die Zuhörer haben ja das Szenario bereits lebhaft vor ihrem inneren Auge.
  Beispiel: *„Dann müssen wir eine Blutprobe machen." – „Geht nicht. Bin Bluter." – „Dann gehen Sie mal auf dem Mittelstreifen geradeaus." – „Geht nicht." – „Jetzt reicht's aber! Warum nicht?" – „Bin viel zu besoffen."*

Noch einmal in Zeitlupe: Die ersten Worte haben nur die Aufgabe, das Szenario lebendig zu machen. Es ist wie eine Kurzreportage, gewürzt mit einigen anschaulichen Details. Ist das Vorstellungsbild der Szene geschaffen, kann und muss der weitere Verlauf klar und schnörkellos erzählt werden. Bei Witzen, die auf eine Pointe zulaufen, beschleunigt sich das Tempo sogar (nicht das Sprechtempo, sondern das Ablauftempo).

Was Sie noch von guten Erzählern lernen können, sind Pausen an den richtigen Stellen. Bei Witzen reicht in der Regel eine Pause, am besten vor der Pointe. Im Beispielwitz wäre das der Moment vor dem „Bin viel zu besoffen." In solchen Pausen dreht das Gehirn der Zuhörer den Film von selbst weiter. Umso überraschender wirkt dann die Pointe.

Bildhaft einsteigen, schnörkellos erzählen ...

Dieses Rezept für lebhaftes Kopfkino gilt nicht nur für Witze, sondern für alle Geschichten, die Sie als Trainer erzählen. Zuerst die Szene vor dem inneren Auge entstehen lassen, dann die Story abspulen. Hier und dort mal ein farbiges Detail, hier und dort eine kleine Spannungspause. Das wär's.

Wenn man eine Geschichte erzählt, die man selbst erlebt hat, neigt man dazu, den ganzen Reichtum an Personen und Details auszubreiten, der einem wieder in Erinnerung kommt. Damit machen Sie Ihre Geschichte ungenießbar. Auch wenn es schwerfällt: Lassen Sie alles weg, was die Story nicht unbedingt braucht. Halten Sie sich an den Rat von Kurt Vonnegut: „Gehen Sie mit der Zeit eines wildfremden Menschen so um, dass er nicht das Gefühl hat, die Zeit verplempert zu haben."

... Sympathieträger kreieren

Und noch ein weiterer Tipp von Vonnegut (ersetzen Sie bitte „Leser" durch „Zuhörer"): „Geben Sie dem Leser mindestens eine Figur, der er die Daumen drücken kann." Der arme Autofahrer im Beispiel ist eine solche Figur. Und wenn es eine selbst erlebte Geschichte ist, dann basteln Sie sie so, dass die Seminarteilnehmer Ihnen oder einer anderen beteiligten Figur die Daumen drücken. Dann kommen Gefühle ins Spiel. Das ist eine weitere „Codierung". Emotionen scheinen eine Gedächtnisspur erst recht nachhaltig zu machen.

Gehirnkauen

Bringen Sie die Gehirne Ihrer Teilnehmer dazu, das Neue sorgfältig zu kauen. Beim Essen soll man ja mindestens zehnmal (manche sagen sogar zwanzigmal) kauen, bevor man schluckt. Wenn Sie gleich lesen, was dabei abläuft, werden Sie sehen, dass „Kauen" eine erstklassige Metapher für das Verarbeiten von Informationen ist. „Kauen ist ein mechanischer Vorgang, der zur Zerkleinerung der Nahrung und deren ersten enzymatischen Aufspaltung (Verdauung) dient. Hierbei kommt es zur ‚Auf-ab-Bewegung‘ in Kombination mit einer Seitwärtsbewegung des Unterkiefers. Dadurch wird die im Mund befindliche Nahrung mit der Zunge zwischen die Backenzähne befördert und von diesen zermahlen. Beim Kauen wird die Nahrung mit dem Speichel vermischt.“ (www.wikipedia.de).

Lerninhalte portionieren, Perspektiven wechseln

Übertragen auf die Verstehensarbeit des Gehirns heißt das: Die neuen Informationen werden in Portionen aufgenommen, in sinnvolle Einzelheiten zerlegt, mal in diese, mal in jene Perspektive gebracht, im Verlauf immer besser verstanden und erst dann als verwertbares Wissen abgespeichert. Wichtig ist das Hin und Her, das „etwas mal so, mal so sehen“. Das ist Multiperspektivität. Sie schafft zum gleichen Inhalt immer neue „Gedächtnisspuren“ und Codierungen.

Beispiel Confirmation Bias

Hier ein Beispiel: In einem Training zur Fehlerkultur wollen Sie, dass Ihre Teilnehmer den „Confirmation Bias“ verstehen und die Bedeutung dieser Fehlerquelle für ihren Alltag begreifen. Gemeint ist das Phänomen, dass man zu etwas eine Meinung, eine Überzeugung („Confirmation“) gebildet hat und nun selektiv solche Informationen beachtet und auswertet, die diese Meinung bestätigen. Andere Informationen, die nicht zu dieser Meinung passen, blendet man aus. Man ist nicht mehr offen, sondern in einer Richtung befangen („Bias“). Die Realität wird verzerrt, damit sie zu den eigenen Annahmen passt. Dieser Mechanismus sorgt dafür, dass die Meinung scheinbar immer wieder bekräftigt wird: „Ich hab's doch gewusst!“

Wie könnten Sie diesen Inhalt nun so präsentieren, dass die Gehirne Ihrer Teilnehmer ihn eifrig kauen, bevor sie ihn „schlucken“? Hier einige Anregungen:

- Sie schreiben „Confirmation Bias“ an das Flipchart. Darunter zeichnen Sie diese Zahlenreihe: 2, 4, 8, 16, ...? Sie sagen dazu: *„Ich habe eine Regel für diese Reihe. Hier sind vier Möglichkeiten, wie die Reihe weitergehen kann.“* Nun schreiben Sie untereinander 17, 28, 32 und fragen: *„Was ist die nächste Zahl nach der 16?“* Ein Teilnehmer wird sofort „32“ vorschlagen. Sie fragen nach der Regel und werden als Antwort „Verdoppelung nach jeder Zahl“ hören. Sie sagen: *„Die 32 ist okay, aber das ist nicht* *meine Regel. Nach meiner Regel sind alle drei korrekt."* Die Teilnehmer schauen ratlos und hören Ihre Erklärung: *„Meine Regel ist ganz einfach: Die nächste Zahl ist größer als die vorherige."* Sie fügen hinzu: *„Sie waren so überzeugt, dass die Verdoppelung die Regel ist, dass Sie andere Möglichkeiten keine Sekunde in Betracht gezogen haben. Sie haben nicht gefragt: Könnte es eine Regel geben, nach der auch die 17 oder die 28 richtig wären?"* Darum geht es beim „Confirmation Bias". Jetzt erklären Sie das Wesen dieser Fehlerquelle.

- Sie lassen die Teilnehmer Beispiele dazu finden und klären auf, wenn ein Beispiel nicht den „Confirmation Bias", sondern eine andere Fehlertendenz illustriert.

- Sie sagen: *„Vielleicht ist der Confirmation Bias so verbreitet, weil unser Gehirn Vorteile davon hat. Was fällt Ihnen dazu ein?"* Mögliche Antworten: Es spart Zeit, muss die Informationen nicht genau prüfen. Es muss die bisherige Meinung nicht korrigieren.

- Sie regen an: *„Es sieht so aus, dass unser Gehirn den Confirmation Bias gerne in Kauf nimmt. Haben Sie Ideen, wie man dem Confirmation Bias trotzdem Contra geben könnte?"* (Antworten z.B.: Warnlampe anschalten, wenn man sich bei komplexeren Themen zu schnell zu sicher ist. Sich fragen, was gegen die eigenen Erwartungen und Überzeugungen sprechen könnte. Andere einbeziehen, die eine andere Meinung haben als man selbst.)

- Zum Schluss sagen Sie: *„Stellen Sie sich vor, Sie müssten eine Kampagne gegen den Confirmation Bias entwerfen. Fällt Ihnen ein guter Slogan dazu ein?"*

Gekaute Lernstoffe sind gut zu verdauen.

Egal ob Ihnen diese Ideen im Einzelnen gefallen oder nicht – wenn eine Seminarphase so abläuft, haben die Teilnehmer mit dem Inhalt Vielfältiges angestellt. Sie haben den Confirmation Bias wahrlich „gekaut", vom einen Hirnwinkel in den anderen geschoben und mit eigenen Zutaten eingespeichelt.

Es gab multiple Perspektiven: Selbsterkenntnis und vielleicht etwas Betroffenheit (Zahlenreihe), Alltagserfahrungen, Abgrenzung des Confirmation Bias von anderen Fehlertendenzen (schärft das Begriffsverständnis), mögliche Gründe für den Confirmation Bias (Funktionen und Gewinne), Gegenstrategien, Slogans (Verdichtung,

© managerSeminare

Appell). Und die Gedächtnisspuren werden in dieser Lernphase vielfältig kodiert. Es gibt Zahlen, innere Bilder, konzeptuelle Vorstellungen, eigene Sprachformen (Slogan) usw. Das schafft bewegliches Wissen über den Confirmation Bias, gut abrufbar und anwendbar.

Jetzt kann man zu Recht sagen: „Die Teilnehmer haben es geschluckt." Erst jetzt ist es Zeit, die nächste Portion einzuschieben.

Entlasten Sie den Arbeitsspeicher?

Sie erinnern sich: Unser Arbeitsspeicher ist so mickrig, dass man deswegen reklamieren müsste, wenn man nur wüsste, bei wem. Er schafft es gerade noch, dass wir gleichzeitig eine Orange schälen und die Tagesschau ansehen können. Doch wenn wir zusätzlich noch eine Rechenaufgabe lösen sollten, wäre seine Kapazität überfordert.

Die Behaltensleistung des Gehirns ist schnell erschöpft.

Wenn in Ihrem Seminar ein Teilnehmer Ihren Ausführungen folgt und das Thema neu für ihn ist (typisch für Lernen), läuft dessen Arbeitsspeicher ebenfalls schnell voll. Da erklären Sie einen neuen Begriff und das Gehirn der Teilnehmer versucht, ihn zu verstehen. Wenn Sie nun im zweiten Satz erneut einen unbekannten Begriff einführen, kommt der Arbeitsspeicher ins Trudeln, denn seine Kapazität wird noch gebraucht, um die erste Ausführung zu verarbeiten. Für den zweiten Fachbegriff sind keine Sprach- und andere verarbeitende Zentren mehr frei. Und während die Zentren am Limit arbeiten, reden Sie weiter und weiter. Das ist der Grund, warum die Behaltensleistungen von neuen Inhalten nach Referaten, Vorlesungen und anderen Inputs „von vorne" so bescheiden sind.

Geht es aber um Bereiche, zu denen die Zuhörer schon gute Vorkenntnisse haben, benötigen Arbeitsspeicher und beteiligte Zentren nur wenig Aufwand, denn die passenden Daten werden blitzschnell aus dem Langzeitspeicher (Gedächtnis, Wissen) eingespielt. Wir können uns darauf beschränken, nur noch die wirklich neuen Informationen zu verarbeiten. Deshalb strengt uns die Tagesschau kaum an, ein Vortrag über die Proteinsynthese in der Leber (für Nichtmediziner) oder über den Begriff der Selbst-Destruktion bei Jacques Derrida (für Nichtphilosophen) aber sehr.

Pflichtaufgabe für Trainer: den Arbeitsspeicher schonen

Als Trainer sind Sie also gut beraten, wenn Sie mit dem Arbeitsspeicher Ihrer Teilnehmer – vor allem dann, wenn es um neue Inhalte geht – so umgehen, wie man es mit einem Patienten in der Rekonvaleszenz tut: schonen, schonen, schonen.

Oben habe ich aufgezählt, was der schwächliche Arbeitsspeicher auf keinen Fall verträgt:

- rasches Sprechen (weil die neuen Informationen die aktuellen überschreiben),
- schnelle Abfolge von Folien und Charts,
- Informationen ohne erkennbaren Zusammenhang (jede ist dann „neu" und verbraucht einen ganzen Speicherplatz; die Informationen können nicht „gepackt" werden),
- Informationen werden nicht gut erklärt (dito: Neues braucht mehr Speicherplatz),
- keine Wiederholungen, Beispiele, Zusammenfassungen usw. (dem Gehirn bleibt keine Zeit für eine Umwandlung in eine länger dauernde Speicherform),
- Doppelbelastung von Zentren (z.B. Sprachzentrum: Man zeigt Folien mit viel Text und liefert gleichzeitig einen komplexen Kommentar dazu ab).

Legen Sie Ersatzspeicher an.

Die folgenden Downloads konzentrieren sich auf eine besonders wirksame Entlastung des Arbeitsspeichers: Trainer und/oder Lernende legen parallel zum flüchtigen Informationsstrom der Rede nichtflüchtige Ersatzspeicher an. Dann ist es nicht mehr schlimm, wenn der Arbeitsspeicher der Teilnehmer einmal ins Schwimmen kommt und den einen oder anderen Inhalt, der gerade vorüberfließt, nicht verarbeiten kann. Denn sobald die Krise vorüber ist, kann man den Ersatzspeicher abrufen und in Ruhe nachlesen oder betrachten, wozu vorher die Kapazität nicht ausreichte. Leider arbeiten auch routinierte Trainer zu wenig mit Ersatzspeichern, wenn sie etwas verbal vortragen, erklären, präsentieren. Und wenn sie es tun, produzieren sie nicht selten Ersatzspeicher, die nicht viel wert sind. Die folgenden Seiten geben also einen Anstoß, um sich zu fragen, wie man es als Trainer mit der so wichtigen Methode des Ersatzspeichers hält.

Downloads zur Entlastung des Arbeitsspeichers

Als externe Hilfsspeicher für unseren eingebauten Arbeitsspeicher nutzen Trainer vor allem Beamer, Flipchart und Pinnwand. Ein modernes Hochleistungsgerät ist das interaktive Whiteboard (iWB) oder Smartboard, das Funktionen von Overheadprojektor, Beamer, Computermonitor, Fernsehgerät usw. in sich vereint. Man kann damit nicht nur Folien und viele andere Dateien, Dokumente und Internetseiten präsentieren, sondern direkt am Touchscreen per Stift oder Finger aktiv werden, also schreiben, markieren, anklicken, verändern und vieles mehr. Der eingebaute Rekorder zeichnet auf.

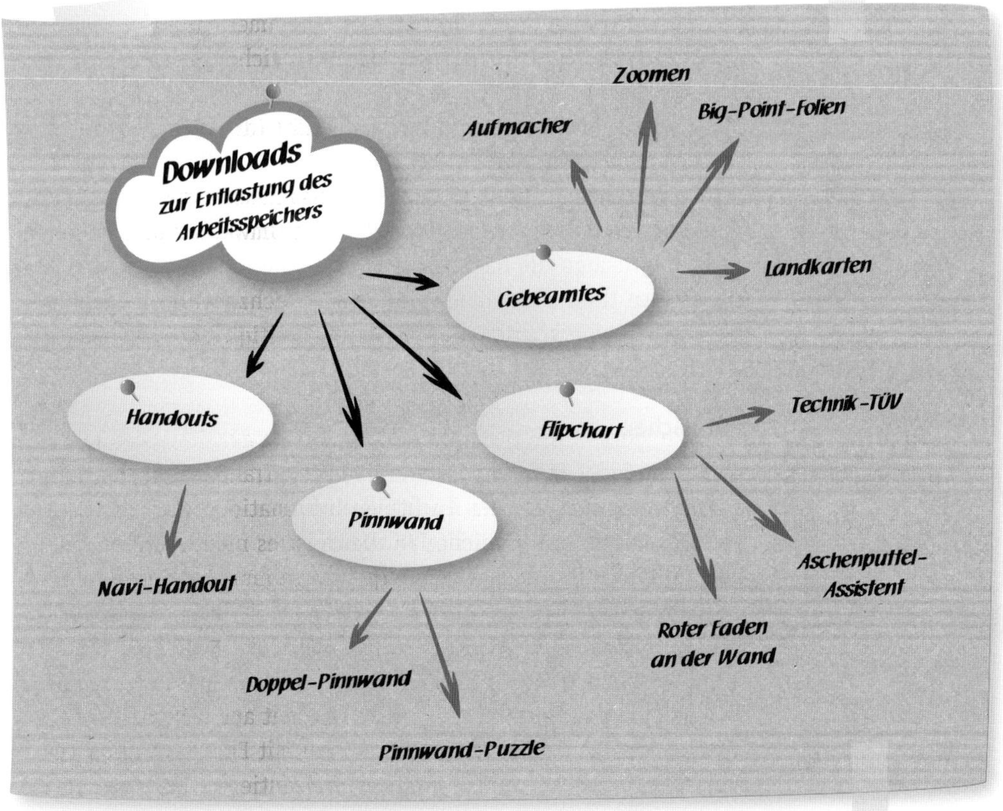

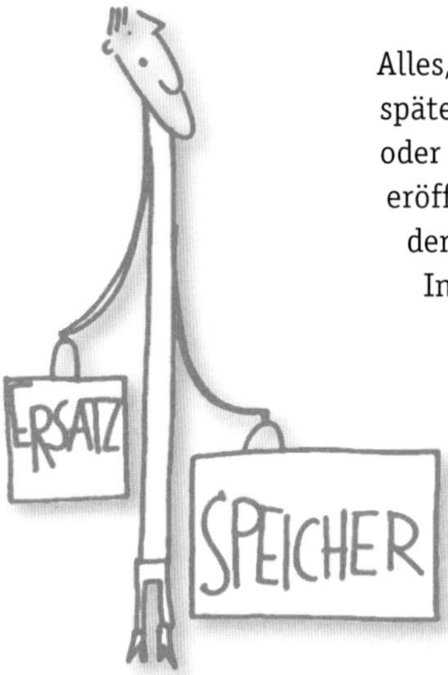

Alles, was auf dem Smartboard zu sehen ist, kann später in verschiedenen Formaten ausgedruckt oder an die Teilnehmer gemailt werden. Damit eröffnen sich viele inspirierende Möglichkeiten der Kooperation von Trainern, Teilnehmern und Inhalten.

Als Downloads zum Thema Ersatzspeicher möchte ich Ihnen im Folgenden einige Ideen anbieten. Einige werden Sie kennen, andere hoffentlich noch nicht. Schön wäre es, wenn Sie beim Lesen angeregt werden, künftig wieder ganz bewusst und professionell geplant Ersatzspeicher in Ihren Trainings und Seminaren einzusetzen.

Gebeamtes für den Arbeitsspeicher

Achtung: Folien sind flüchtig!

Der Einsatz von Overheadprojektor und Beamer ist für den Arbeitsspeicher zwar eine Entlastung, denn jede Folie stellt einen Ersatzspeicher dar. Doch es gibt ein Problem: Die Transparent- wie die digitalen Folien sind flüchtig. Sie sind nur kurze Zeit zu sehen, dann folgt schon die nächste, synchron zum Tempo des Redeflusses. Das Gehirn Ihrer Teilnehmer profitiert also nur wenige Augenblicke davon. Doch Sie können diesen Nachteil zum Teil kompensieren:

Aufmacher

Methode

Geben Sie jeder Folie eine starke Überschrift. Sie bringt die Hauptaussage prägnant auf den Punkt. Nehmen Sie sich die Journalisten von Magazinen wie SPIEGEL, FOCUS oder Tageszeitungen wie BILD zum Vorbild, die jeden Beitrag mit einer informativen und sofort verständlichen Headline aufmachen. Hier ein paar Beispiele aus heutigen Online-Ausgaben: „Welche Jobs krank machen", „Geiz ist nicht mehr geil!", „Wirtschaft sorgt für gute Laune", „Google darf in China weitermachen", „Kein Freibrief für Designerbabys", „Warum der Weiße Hai fliegen kann". Zeigen Sie zuerst nur diese Überschrift und warten Sie ein paar Sekunden, bis Sie dann die Details präsentieren. Vorteil: Das Gehirn orientiert sich, sucht sich in Sekundenbruchteilen Vorwissen zusammen und ist jetzt bereit, das Neue aufzunehmen.

Zoomen

Methode

Zeigen Sie bei mehrzeiligen Folien (mit den typischen, teils gefürchteten „bulletpoints“) besser gleich die gesamte Folie, warten Sie kurz (die Teilnehmer lesen alles flüchtig durch) und gehen Sie dann nach und nach auf jede Zeile oder Einzelaussage ein. Vorteil: Das Gehirn der Teilnehmer hat zuerst den Überblick und zoomt dann – unter Ihrer Anleitung – nacheinander auf die Details. Unterstützen Sie diesen Zoom jeweils optisch, indem Sie die Zeile, die Sie gerade kommentieren, mit einem Klick farbig einrahmen oder mit einer anderen Markierung hervorheben. Bei den guten alten Transparentfolien leiten Sie den Blick mit einem funktionellen Zeigegerät. Da gibt es übrigens auch originelle Varianten im Handel. Zeigen Sie aber bitte nicht an der Projektionswand, sondern direkt auf dem Projektor! Alternativ nutzen Sie einen Laserpointer mit umkreisenden Bewegungen, weil man Ihre Hand zittern sieht, wenn Sie starr auf die Stelle der Folie zeigen.

Big-Point-Folien

Methode

Streuen Sie spätestens im Abstand von etwa fünf bis acht Minuten besondere Folien oder Slides ein, die nur für den Arbeitsspeicher gedacht sind. Sie halten das Wichtigste der letzten Phase mit klaren einfachen Worten und Grafiken fest. Das ist hilfreich für jene Teilnehmer, die zwischendurch einmal nicht folgen konnten und das eine oder andere verpasst haben. Gestalten Sie diese Folien grafisch anders als Ihre Informationsfolien. Suchen Sie dafür eine Analogie, die Ihnen passend erscheint und entwickeln Sie ein grafisches Symbol oder ein Logo dazu. Die Teilnehmer lernen schnell, dass diese besonderen Folien Erinnerungshilfen sind. Diese Folien zeigen an, dass jetzt ein kurzes Innehalten, eine „Verdauungspause“ angesagt ist.

Ideen für eine Analogie oder ein Motto: Anker, Highlights, Big Points, Essentials, Footprints, Hochprozentiges, VICs (very important contents), Basics, Must. Ich weiß nicht, warum mir mehr englische Begriffe eingefallen sind. Vielleicht, weil sie knackiger wirken.

Wenn Sie zum Beispiel „Footprints" wählen, können Sie das bei der ersten Memo-Folie mit ein paar Worten erklären, etwa: *„Wir sind die letzten Minuten ein Stück Weg durch das Thema gegangen. Schauen wir uns jetzt die Spuren noch einmal an, bevor die Reise weitergeht."* Sie können dann beispielsweise jede dieser Folien mit einem Foto hinterlegen, auf dem ein Strand mit Fußspuren zu sehen ist.

Methode

Landkarten

Hirnfreundlich sind auch orientierende Landkarten, die einen Überblick über eine größere Lerneinheit bieten. Je nach Thema können Sie eine Mind-Map, eine Concept-Map oder eine andere Mapping-Variante wählen. Sie starten also Ihren Informationsteil mit einer solchen orientierenden Überblickskarte. Später wird sie immer wieder eingeblendet, wenn eine Region der Karte durchreist wurde. Das lässt sich sehr gut mit den oben geschilderten Ankerfolien kombinieren.

Als dauerhaften Ersatzspeicher für die Teilnehmer drucken Sie die Footprint-Folien und/oder die Maps als Handout aus. Immer wenn Sie eine Erinnerungsfolie zeigen, ist es der richtige Moment, um zu fragen, ob noch etwas unklar geblieben ist. Oder Sie streuen jeweils einen kurzen Wissenstest (dazu später mehr in Update 9) ein, bevor es weitergeht.

Flipchart für den Arbeitsspeicher

Schafft Aufmerksamkeit: Flipcharts live erstellen

Ich finde Flipcharts ideal für spontane Anschriften und Skizzen. Mit dem früher üblichen kunstvoll in Schönschrift vorbereiteten Poster, das mit einem Klebestreifen befestigt, aufgerollt wie eine Hängematte am Flipchart auf seine Öffnung wartet, kann man heute keinen Teilnehmer mehr beeindrucken. Ein fertig gestalteter Flipchart-Bogen, mag er auch noch so schön sein, ist nicht annähernd so spannend wie ein Bogen, der gerade beschriftet wird. Man schaut gebannt zu, was es da zu lesen gibt. Man freut sich, wenn die Trainerin zu einer Zeichnung ansetzt. Da sind alle dabei. Es sei denn, die Trainerin steht mit dem Rücken zu den Teilnehmern und nimmt ihnen die Sicht, bis der Bogen beschriftet ist.

Technik-TÜV

Methode

Ich hoffe, Sie sind nicht in Ihrer Professionalität gekränkt, wenn ich Sie zuerst anrege, Ihre handwerklichen Fertigkeiten zum Anschreiben und Zeichnen einem Check zu unterziehen. Lesbarkeit ist bei Flipchart und Pinnwand das K.o.-Kriterium. Also schauen Sie beim nächsten Training Ihre Flipcharts und Pinnwand-Karten vom Sitzplatz des am weitesten entfernten Teilnehmers an:

- Sind sie gut lesbar?
- Wie ist die Ästhetik?
- Sind die Flipcharts optisch übersichtlich gestaltet?
- Haben Sie mindestens eine Farbe außer Schwarz verwendet?
- Gibt es Zeichnungen und andere Visualisierungen?
- Benutzen Sie zusätzlich zu den Filzstiften auch Wachsmalkreiden (zum Einfärben von Flächen, zum Markieren, Einrahmen usw.)?

Wenn Sie bei der einen oder anderen Checkfrage ein Defizit entdecken, wäre das eine oder andere Download anzuraten. Nutzen Sie hierfür die einschlägigen Fachtitel* und üben Sie Pinnwand-Schrift und Freihandzeichnen, wie sie dort beschrieben sind. Wagen Sie öfter mal eine Zeichnung vor den Augen der Teilnehmer. Sie werden sehen: Es macht Ihnen zunehmend Spaß und Ihre Teilnehmer lieben Ihre Zeichnungen, auch und gerade, wenn sie nicht perfekt sind.

Aschenputtel-Assistent

Methode

Für jede Etappe eines Informationsblocks (maximal 10 – 15 Minuten) hält ein Teilnehmer auf dem Flipchart Schlüsselbegriffe und zentrale Aussagen fest. Er oder sie protokolliert also die „Big Points" in Ihren Ausführungen. Mit den wechselnden Ad-hoc-Protokollanten öffnen Sie eine zweite Ebene Ihrer Informationsvermittlung. Sie als Trainer tragen vor, meistens unterstützt durch Beamerprojektionen. Währenddessen steht der gerade protokollierende Teilnehmer für alle sichtbar neben seinem Flipchart und notiert. Da ein Flipchart-Bogen länger zu sehen ist als eine Folie, entlastet er den Arbeitsspeicher der Zuhörer. Sobald eine Informa-

* Empfehlungen hierzu: Bernd Weidenmann: 100 Tipps & Tricks für Pinnwand und Flipchart. Beltz Verlag. Axel Rachow: Sichtbar. Die besten Visualisierungstipps für Präsentation und Training. managerSeminare.

tionsetappe vorüber ist, schauen sich alle noch einmal den oder die Bogen an. Jeder kann fragen, ergänzen, korrigieren. Dann werden die Bogen an die Wand geheftet. Nun übernimmt ein anderer Protokollant den Job und Sie fahren mit Ihrer nächsten Informationsportion fort.

Damit alles klappt, sollten Sie die freiwilligen Protokollanten instruieren: Sie sollen nur Aussagen festhalten, die in ihren Augen Kernaussagen darstellen. Sie haben freie Hand, welche ihnen bedeutsam erscheinen. Es ist keine Mitschrift, sondern ein subjektives Auswählen nach dem Aschenputtel-Prinzip. In diesem Märchen helfen Tauben dem armen Mädchen beim Sortieren von Linsen und Aschenputtel sagt ihnen, wie sie es tun sollen: „Die guten ins Töpfchen, die schlechten ins Kröpfchen". Hier heißt es: „Die guten aufs Flipchart."

Es kommt nicht auf Vollständigkeit an, sondern auf das Essenzielle. Wenn Sie mit Big-Point-Protokollanten arbeiten, brauchen Sie natürlich nicht die Big-Point-Folien, die im Abschnitt zum Beamer beschrieben wurden. Dann kämen sich die Assistenten überflüssig vor. Variieren Sie am besten: mal mit Assistenten, mal mit Big-Point-Slides. Dann wird es nicht monoton.

Methode

Roter Faden an der Wand

Es gibt Themen oder Themenabschnitte, zu denen ich lieber am Flipchart stehe und meinen Input mit Anschrift und Skizze unterstütze. Hier fungiert also das Flip als Leitmedium. Den Beamer nutze ich nur als Big-Point-Anzeiger. Während ich am Flipchart spreche, schreibe und zeichne, projiziert der Beamer die Headline zum Thema, von dem gerade die Rede ist. Es können auch eine Headline und zwei oder drei Statements sein. (Die Steuerung des Beamers erfolgt mit der Fernmaus, denn ich stehe ja am Flipchart und will nicht immer zum Laptop laufen.) Die Teilnehmer folgen meinen Ausführungen und schauen auf das Flipchart, können aber zusätzlich immer die Essentials an der Wand lesen. Bei dieser Methode ist die Projektion weniger flüchtig; am Leitmedium Flipchart kann öfter mal ein Bogen vollgeschrieben sein und ein neuer begonnen werden, während der Projektionstext bleibt.

Sie müssen diese „Big Points" per Beamer allerdings vorbereiten – prägnante Formulierung, ansprechendes Layout usw. – und sich bei Ihrem Input an die Reihenfolge halten, die Sie geplant haben. Der Arbeitsspeicher der Teilnehmer wird diese Folien mit Erleichterung zur Kenntnis nehmen.

Pinnwand für den Arbeitsspeicher

Die Pinnwand ist zum Pinnen da. Man kann zwar – wenn sie mit Papier bespannt ist – auch auf ihr schreiben wie auf einem Flipchart-Bogen. Sogar mit dem Vorteil der größeren Fläche. Aber die Pinnwand wurde erfunden, um bereits Geschriebenes, in der Regel auf Moderationskarten, aufzunehmen, damit alle es lesen können.

Komplexe Themen werden an der Pinnwand übersichtlich.

Die Pinns stechen jedes Flipchart aus, weil man mit ihrer Hilfe die Karten oder anderes Material jederzeit an einen anderen Platz an der Pinnwand oder an eine zweite Pinnwand umhängen kann. So ist es auch kein Problem, eine neue Karte nachträglich einzufügen. All das ist bei einer Flipchart-Anschrift nicht möglich, es sei denn, man schneidet den Bogen in Streifen und setzt diese neu zusammen (siehe beschriebene Methode unten). Andererseits kann man einen Flipchart-Bogen leicht abreißen und als Poster aufhängen oder für das nächste Seminar einrollen. Bei der Pinnwand muss man tricksen, um dem nahe zu kommen: die Pinnwand vor dem Anpinnen der Karten bespannen, danach die Nadeln herausziehen und die Karten auf das Pinnwand-Papier kleben.

Wenn ich den Arbeitsspeicher meiner Teilnehmer bei längeren Inputs mit der Pinnwand entlasten will, setze ich vorbereitete Moderationskarten oder Flipchart-Streifen ein. Dabei nutze ich den Vorteil der größeren Fläche, um dem Ganzen eine Struktur zu geben.

Pinnwand-Puzzle

Methode

Die Pinnwand ist bei diesem Vorgehen nur Zweitmedium. Leitmedium ist der mündliche Input mit Beamer-Unterstützung. Zuvor habe ich für jede Informationsportion „Big Points" formuliert und handschriftlich (lesbar!) festgehalten. Manchmal sind Moderationskarten zu klein. Ich nehme dann Streifen aus dem gleichen Material, die man von den Herstellern der Karten beziehen kann. Wenn keine zur Hand sind, schneide ich von einem Flipchart-Bogen Streifen ab. Wenn ich für einen Inputblock die Karten oder Streifen beschriftet habe, lege ich sie auf den Boden und schiebe sie hin und her, bis sie in einer sinnvollen Struktur liegen. Ich überlege, ob man sie durch Symbole wie Pfeile oder Verbindungslinien deutlich machen kann. Das Ergebnis halte ich auf einem Blatt Papier als Memo für mich fest. Während des Inputs hefte ich die erste Karte oder Streifen an und gehe wieder zum Laptop. An der passenden Stelle pinne ich dann die zweite Karte an den Ort, der im Plan vorgesehen ist.

Am Ende des Infoblocks sind die Big-Point-Karten nicht nur auf einen Blick sichtbar, sondern auch noch in eine Struktur gebracht. Während des Inputs entlasten die Karten oder Streifen also den Arbeitsspeicher. Am Ende erleichtert die prägnante optische Struktur die Abspeicherung ins Langzeitgedächtnis.

Eine Variante ist es, die Karten oder Streifen bereits vorher anzupinnen, aber mit der beschrifteten Seite zur Pinnwand. Anstatt die Karte im passenden Moment anzuheften, drehen Sie sie einfach um. Das ist sogar noch etwas spannender für die Teilnehmer. Für Sie hat es den Vorteil, dass alles schon hängt und Sie die Struktur nicht mehr dauernd im Auge behalten müssen.

Wenn Sie gekaufte Streifen benutzen, können Sie die Farben gezielt einsetzen: orangefarbige Streifen für „Essentials", die an etwas appellieren (orange aktiviert), blaue für Rationales und Fakten; grüne für Zusammenfassendes oder Folgerungen; rote für Brisantes usw.

Methode

Doppel-Pinnwand

Wenn Sie anstatt des Beamers die Pinnwand als Leitmedium verwenden, empfiehlt es sich, mit zwei Pinnwänden zu arbeiten. Die eine fungiert als Pinnwand für die Informationsbegleitung (Gliederung, einzelne Themenschritte), die zweite für die „Big Points". Für Erläuterungen und Details greifen Sie zum Flipchart.

Handouts für den Arbeitsspeicher

Manche Trainer und Referenten geben Handouts erst aus, wenn sie einen Input abgeschlossen haben. Sie geben zwei Gründe an. Erstens würden die Teilnehmer vom Input abgelenkt, wenn sie während der Ausführungen im Handout lesen. Zweitens würden sie voraus lesen. Das nehme die Spannung, was als nächstes komme. Diese

Bedenken leuchten ein. Andererseits sind Handouts ein exzellenter Ersatzspeicher gerade bei einem Input, der in einem flüchtigen Medium erfolgt (Rede, Folien) und viel Neues enthält. Was tun?

Zweck des Handouts: Zusammenfassung oder Navigationshilfe?

Die Lösung liegt in der Art und Weise, wie Sie das Handout gestalten. Es gilt zu unterscheiden: Ein Handout, das die Teilnehmer nach einer längeren Lernphase mitnehmen (Goethe: „Denn was man schwarz auf weiß besitzt, kann man getrost nach Hause tragen."), erfüllt eine andere Aufgabe als ein Handout, das einen Input hirnfreundlich begleitet. Das Erstere dient den Teilnehmern zum Nachlesen. Sie haben dazu so viel Zeit, wie sie wollen, und erwarten, dass der „Stoff" komplett, wenn auch komprimiert, im Handout dokumentiert ist. In der Uni nennt man das ein Skriptum. Das zweite, inputbegleitende Handout ist dagegen eher wie das Navi beim Autofahren. Da gilt die Aufmerksamkeit dem Fahren und dem Verkehr, aber wenn man mal Orientierung braucht, schaut man kurz auf das Gerät und fühlt sich wieder sicher.

Tipps für ein Navi-Handout

Methode

- Die Etappen des Inputs müssen mit einem Blick deutlich sein: farbige oder besonders markierte Überschriften (Einrahmung, Hinterlegung, besondere Schrifttype), pro Etappentitel jeweils eine Visualisierung (Bild, Logo, Symbol).
- Unterhalb der Etappen schreiben Sie die Big Points (siehe oben) in prägnanten Stichworten auf. Sie müssen absolut verständlich sein.
- Zusätzlich können Sie – sparsam, sonst wird es unübersichtlich – Kasten einfügen. Diese enthalten Kurzdefinitionen oder ganz wichtige Detailinformationen zu dem einen oder anderen Big Point. Wählen Sie für die Inhalte dieser „Zooms" eine kleine Schrift.
- Die Big Points sollten wortgleich mit den Big Points sein, die Sie während Ihres Inputs per Beamer projizieren, ans Flipchart schreiben oder an die Pinnwand heften. Abweichungen irritieren den Arbeitsspeicher.
- Lassen Sie einen breiten Rechtsrand. Dann können die Teilnehmer das eine oder andere persönliche Stichwort eintragen.

- Das Layout sollte „Luft“ haben, leicht und übersichtlich wirken. Ziel ist ja, dass die Teilnehmer während Ihres Inputs mit einem Blick die richtige Stelle im Navi-Handout finden.
- Wählen Sie das DIN-A4-Querformat. Damit haben Sie mehr Möglichkeiten für eine ansprechende Gestaltung. Auch die Zoom-Kasten und der Rechtsrand für Notizen passen sich besser ein. Außerdem assoziieren die Teilnehmer bei diesem Format nicht mehr das klassische Skript.
- Gut macht sich farbiges Papier. Damit die Lesbarkeit nicht leidet, sollte es ein heller und angenehmer Farbton sein.
- Benutzen Sie – ebenfalls wegen der Lesbarkeit – nur schwarze Schrift. Wenn Sie Farbe einsetzen wollen, dann nur für Einrahmungen und andere Hervorhebungen oder für Bilder.
- Ein attraktives Deckblatt erhöht den optischen Wert Ihres Handouts.
- Denken Sie beim Gestalten konsequent an die Besonderheiten dieses Handouts im Unterschied zum Take-away-Handout. Elemente wie längere Erklärungen, Begründungen, Zusammenfassungen, Zitate, Quellenangaben usw. gehören nicht in das Navi-Handout!
- Erläutern Sie den Teilnehmern kurz die Funktion dieses Handouts und den Nutzen, den sie davon haben.

Eigentlich überflüssig: ausgedruckte Folien als Handout

Was ist vom Ausdruck sämtlicher projizierten Slides (im Kleinformat) als Handout zu halten? Die Teilnehmer lieben das und viele Trainer tun es. Nach eigenen Gesprächen mit Teilnehmern bringen diese Ausdrucke aber enttäuschend wenig. Wenn die Folien didaktisch gut gestaltet sind, geben sie nur die Grundierung des Inputs ab und entfalten ihr Informationspotenzial erst im Zusammenspiel mit der erläuternden Rede der Trainerin oder des Referenten. Als begleitendes Handout während des Inputs sind sie überflüssig, weil man die Folien ja ohnehin sieht. Und als Handout für später sind sie nur dann hilfreich, wenn die Teilnehmer sich tatsächlich die Mühe machen, die Folien nach dem Seminar noch einmal genau anzuschauen und sich an die dazu gehörigen Ausführungen zu erinnern. Wer tut das?

Wie gehen Sie mit dem ungeduldigen Gehirn um?

Im Update 1 haben Sie gelesen: „Das Gehirn ist faul, aber clever und manchmal vorschnell.“ Darum geht es hier. Scheinwissen entsteht, wenn ein Teilnehmer auf die Illusion hereinfällt, alles verstanden zu haben. Wie lässt sich das verhindern? Doch die Frage müsste man besser so stellen: „Wie können Sie mit der Ungeduld des Gehirns umgehen?“ Denn dass das Gehirn ungeduldig ist, können Sie nicht ändern. Wenn Sie das akzeptieren, sind Sie auf dem richtigen Weg.

Beispiel Gebrauchsanleitung

Ein Beispiel zum Aufwärmen: Sie haben einen neuen Fernseher gekauft. LED-Flachbildschirm, breit, eingebauter Tuner, Fernbedienung mit vielen Funktionen. Sie packen das Gerät aus und stellen fest, dass da einiges anders ist als bei ihrem alten Röhrenfernseher. Jetzt wollen Sie möglichst schnell sehen, ob das Bild wirklich so sensationell ist, wie in der Werbung angepriesen. Sie suchen vergeblich eine Bedienungsanleitung und werden aufs Internet verwiesen. Nachdem Sie sie dort gefunden und ausgedruckt haben, wollen Sie die Sender programmieren. Das klappt automatisch. Aber Sie wollen die Reihenfolge ändern. Außerdem wollen Sie eine Liste mit Ihren digitalen Lieblingsradiosendern anlegen. Sie suchen in der Anleitung, klicken mit der Fernbedienung Menüs auf dem Bildschirm durch, vertun sich immer wieder mit der Tastatur. Ihr Ärger steigt. Sie fluchen auf die Bedienungsanleitung, die keine ist. Warum kriegen Sie nicht die Informationen, die Sie haben wollen?

Die letzte Frage im Beispiel ist die Frage aller erwachsenen Gehirne, wenn sie Neues verarbeiten sollen: „Bekomme ich die Informationen, die ich haben will?“ Und: „Bekomme ich sie jetzt?“ Das Gehirn hat so viel zu tun, dass es ungehalten reagiert, wenn es bei einem Prozess (von vielen parallel laufenden Prozessen) „hakt“, wenn es mehr Energie investieren muss als geplant. Wenn das Gehirn reden könnte, würde es vom Trainer fordern: „Bringe es auf den Punkt!“, „Erkläre es mir so, dass ich es verstehe!“, „Mach's kurz!“

Die Herausforderung: Informationsinput schnell ***und*** *gründlich*

Im Update 1 haben Sie außerdem gelesen, dass Sie als Trainer vor einer kniffligen Aufgabe stehen: Gehirnfreundlich sollen Sie die Sache den Teilnehmern kurz und knapp sowie leicht verständlich erklären. Dann besteht allerdings die Gefahr, dass die Lerner der Illusion aufsitzen, sie wüssten jetzt alles, und die Beschäftigung mit dem Thema vorschnell abhaken. Wie schaffen Sie es nun als Trainer, die Teilnehmer zu bewegen, die Sache doch noch gründlicher unter die Lupe zu nehmen? Denn Sie wollen ja nicht, dass diese sich mit Teilwissen oder gar Scheinwissen zufriedengeben.

Downloads für ungeduldige Gehirne

Die Ein-Minuten-Info

Methode

Wenn jedes Gehirn zu einer neuen Sache schnell und ohne großen Denkaufwand etwas erfahren will, dann geben sie ihm genau das! Fragen Sie sich als Trainer bei der Vorbereitung von Inputs: „Was kann ich in maximal einer Minute zur Sache so sagen, dass jeder es versteht?“ Halten Sie sich unerbittlich an die Frist von einer Minute. Sie werden feststellen, wie heilsam diese rigorose Prozedur ist. Die 60 Sekunden zwingen Sie dazu, sich mit zwei Fragen herumzuschlagen: „Was ist wirklich am wichtigsten?“ und „Wie kann ich das verständlich machen?“ Beide Fragen sind unbequem, führen Sie jedoch zu interessanten Einsichten, z.B.:

▶ Was ist wirklich wichtig? ▶ Wie wird es verständlich?

- Sie stellen fest, dass Ihre Sache viel zu komplex ist, um sie in einer Minute auch nur andeutungsweise zu erklären. Sie lernen: Ich muss das Thema in sinnvolle Portionen zerlegen, zu denen ich Ein-Minuten-Infos erstellen kann. Diese Portionen sind dann gehirnfreundlich. An der Riesenportion hätten sich die Teilnehmer verschluckt.

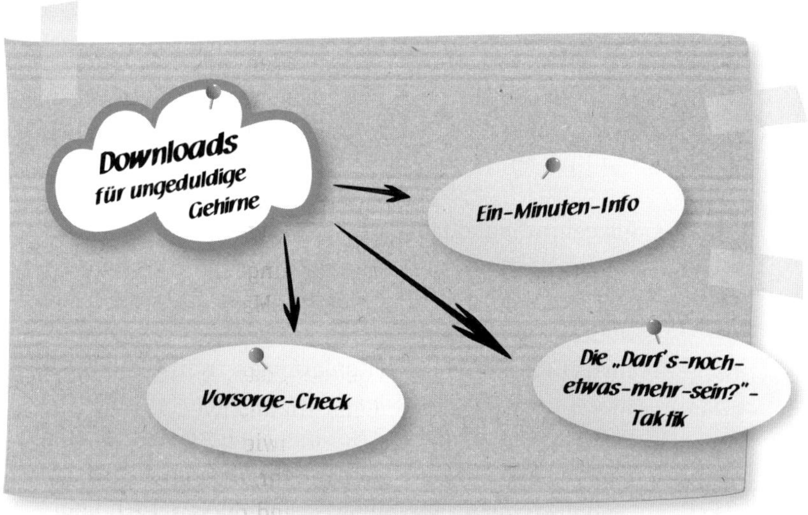

- Sie tun sich schwer mit der Verständlichkeit, denn Ihr Expertenwissen sperrt sich dagegen, die Sache zu vereinfachen. Sie lernen: Erklären gelingt nur, wenn die Teilnehmer alles verstehen. Als Trainer darf ich also nicht einseitig von der Sache her denken, sondern muss mich in die Teilnehmer versetzen und fragen: „Was wissen sie schon zur Sache?", „Wie kann ich ihnen helfen, die Sache zu verstehen?"

- Sobald Sie Ihre Express-Erklärung ausarbeiten, wird Ihnen klar, dass eine Erklärung innerhalb einer Minute nicht nur eine Sprache braucht, die „auf dem Punkt" ist, sondern auch eine Visualisierung, ein Bild, eine Skizze, um das Gesprochene zu veranschaulichen. Sie lernen, wie man professionell informiert. Wichtig ist, dass Sie den Express-Input proben und einüben. Wenn Sie so wenig Zeit haben, muss jedes Wort sitzen.

Nach der Express-Info ist das ungeduldige Gehirn erst einmal zufriedengestellt. Aber noch wissen die Teilnehmer nicht genug. Jetzt beginnen Sie damit, das zufriedene Gehirn für neue Taten zu gewinnen.

Die „Darf's-noch-etwas-mehr-sein?"-Taktik

Methode

Nach Ihrem Ein-Minuten-Input zum neuen Thema könnten Sie sagen: *„Das war natürlich nur ein erster Einstieg. Die Sache ist in Wirklichkeit viel komplexer. Leider kann ich Ihnen nicht ersparen, jetzt in die schwierigen Details zu gehen."* Eine Selbstmord-Eröff-

nung. Man hört fast, wie die Gehirne der Teilnehmer bei einer solchen Ankündigung aufstöhnen: „Um Gottes Willen, genau das will ich mir ja ersparen!"

Als gehirnfreundlicher Trainer gehen Sie anders vor. Es ist Ihnen gelungen, mit einem guten Ein-Minuten-Input den Gehirnen zu geben, was diese als Erstes haben wollten. Jetzt laden Sie die Denkapparate freundlich ein, anstatt sie mit neuen Anforderungen zu überfallen. Sie sagen: *„Wie kommen Sie mit diesem Input zurecht? Ist etwas unklar geblieben? Möchten Sie noch mehr wissen?"* Psychologisch erinnert diese Methode an die Strategie „Zusatzverkauf". Ein Kunde hat etwas erworben und die Verkäuferin könnte zufrieden sein, aber sie fragt höflich: „Suchen Sie noch etwas? Darf ich Ihnen noch etwas zeigen?"

Nach Ihrer Lockfrage an die Teilnehmer heißt es ruhig abwarten und jede Äußerung (ohne sie zu kommentieren) am Flipchart oder auf Moderationskarten für die Pinnwand festhalten. Wenn nichts mehr kommt, folgt: *„War's das?"* Jetzt gehen Sie die Fragen und Wünsche Punkt für Punkt gemeinsam mit den Teilnehmern durch. „Gemeinsam" heißt: Sie fragen, ob jemand aus dem Teilnehmerkreis etwas zu dieser Frage sagen kann. Dann ergänzen Sie nur, wenn es nötig ist.

1. Gehirne einladen, 2. Fragen notieren, 3. gemeinsam Antworten erarbeiten

Nach diesem Abschnitt haben sich das Blickfeld und der Wissensstand zum Thema erweitert. Es gelang ganz locker, gesteuert von den Teilnehmern selbst – und das alles unter der Radarschwelle des ungeduldigen Gehirns, das neue Anstrengungen scheut wie ein gestresster Manager. Trotzdem: Es wird meistens so sein, dass noch nicht alle Informationen behandelt wurden, die Sie für notwendig halten. Auch schwebt immer noch die Gefahr des Scheinwissens und der Wissensillusion im Raum. Deswegen zünden Sie die nächste Stufe.

Der Vorsorge-Check

Zum Einstieg ein Beispiel: Sie gehen zum Zahnarzt, um mal wieder eine Zahnhygiene über sich ergehen zu lassen. Ihnen tut nichts weh, alles ist in Ordnung. Doch wie aus heiterem Himmel werden zwei kariöse Stellen entdeckt, ein paar blutende Zahntaschen und eine alte Füllung, die ersetzt werden muss. Zuerst kommt Panik hoch, aber dann denken Sie sich: „Gut, dass das jetzt repariert wird."

Fehler-Prophylaxe gegen Wissensillusionen

In diese Situation bringen Sie jetzt Ihre Teilnehmer. Sie untersuchen deren Wissen gründlich und teilen ihnen das Ergebnis mit. Auf diese Weise betreiben Sie Fehler-Prophylaxe. Sie schützen die Teilnehmer davor, sich in falscher Sicherheit zu wiegen und später das Falsche zu tun. Ich leite solche Testphasen (in Update 9 erfahren Sie mehr interessante und kurzweilige Varianten) gerne mit dem Zahnprophylaxe-Vergleich ein. Jeder kennt das Prinzip und weiß, dass es im eigenen Interesse ist. Jeder hat aber auch etwas Bammel vor solchen Untersuchungen, weil vielleicht etwas Unangenehmes ans Tageslicht kommen könnte.

Für den Check im Seminar müssen Sie sich gut vorbereiten: Es gilt, harte Fragen zu jedem Input zu finden. „Hart" bedeutet: Die Fragen oder Aufgaben müssen geeignet sein, Halbwissen oder Scheinwissen zu erkennen. Nur dann kann man es reparieren. Die Fragen sollten Sie vorbereiten und nicht von den Teilnehmern entwickeln lassen (was für andere Situationen allerdings eine gute Idee ist), weil nur Sie wissen, was die Teilnehmer zu einer Sache unbedingt wissen und können sollten.

Methode Frageliste

Wie Sie diese Fragen an die Teilnehmer bringen und wie Sie sie bearbeiten lassen, liegt ganz bei Ihnen. Sie können zum Beispiel ...

- eine Frageliste zur Einzelarbeit austeilen,
- Fragen in Kleingruppen bearbeiten lassen,
- Fragekarten von Teilnehmern ziehen lassen, also die Fragen nach Zufall in der Gruppe verteilen,
- Fragen mit dem Beamer an die Wand projizieren und sie nach und nach von Freiwilligen beantworten lassen.

Methode gezieltes Irritieren

Eine Spezialvariante für Teilnehmer, die sich ihres Wissens zu sicher sind, ist das gezielte Irritieren. Vielleicht erinnern Sie sich in Update 1 an das Scheinwissen dazu, wie der Mondschatten entsteht. Die Wissensillusion „Die Erde wirft ihren Schatten auf den Mond" wird irritiert durch die Beobachtung: „Warum gibt es dann einen Mondschatten, auch wenn Sonne und Mond gleichzeitig am Himmel zu sehen sind?" Solche Irritationen sind herrlich produktiv, denn jetzt will der Irritierte unbedingt und sofort wissen, was denn nun richtig ist. Irritierende Fragen sind nicht immer leicht zu finden. Es hängt vom Thema ab. Eine Suchhilfe ist die Frage: „Was könnte ein scharfer Kritiker gegen das Gesagte vorbringen?"

Methode „Warum?"-Kaskade

Bei manchen Themen erreicht man die produktive Irritation durch eine „Warum-Fragen-Kaskade": Man stellt immer neue Warum-Fragen und testet so, wie fundiert das Verständnis wirklich ist.

Beispiel zum Thema „Gewitter": *„Warum gibt es Gewitter?" – „Weil sich elektrische Spannungen aufbauen und entladen." – „Warum bauen sie sich auf?" – „Weil Wasserteilchen herumgeschleudert werden und sich aufladen." – „Warum werden sie herumgeschleudert?"* usw. Scheinwissen wird durch diese W-Fragen bestechend einfach und mit hoher Treffgenauigkeit aufgedeckt.

Auf das Reparieren der Wissenslücken will ich hier noch nicht eingehen. Es ging in diesem Update ja zunächst um den Umgang mit dem ungeduldigen Gehirn bei Inputs.

Wie halten Sie den „Lohnt-es-sich?"-Sensor im grünen Bereich?

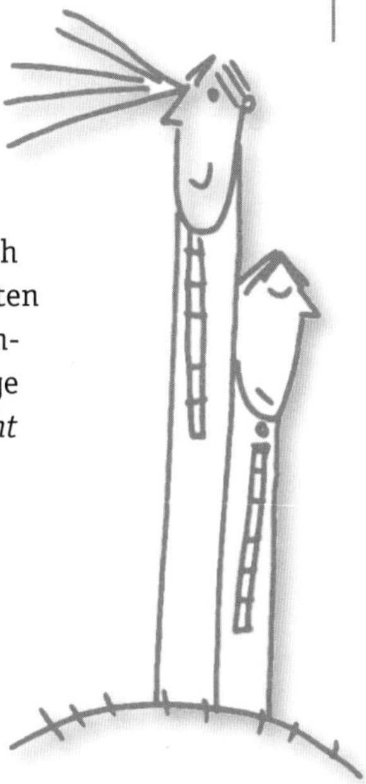

In meinen Train-the-Trainer-Seminaren frage ich die Teilnehmer regelmäßig, was ihnen am meisten zu schaffen macht. Problem Nummer Eins ist immer: *„Die Teilnehmer sind nicht motiviert."* Frage ich nach, bekomme ich zu hören: *„Sie sind nicht richtig dabei." „Sie machen mit, aber irgendwie lustlos." „Es kommen zu wenige Beiträge." „Zu Gruppenarbeit haben sie keine Lust." „Es nervt mich, dass immer mal wieder die Frage kommt, ob wir heute nicht früher aufhören können." „Die Gruppe ist wie eine Gummiwand. Es gibt keinen Widerstand, aber es kommt auch nichts." „Es zieht sich so dahin. Der Pep fehlt." „Es nervt, wenn man als Trainer den Hund zum Jagen tragen soll."*

Die Teilnehmer sind da, aber nicht dabei.

Was läuft da? Meine Antwort kennen Sie schon aus Update 1: Der „Lohnt-es-sich?"-Sensor in den Köpfen der Teilnehmer schaltet auf „rot", das heißt, „es lohnt sich nicht". Könnten die Erwachsenen im Seminar jetzt frei entscheiden, dann würden sie wohl gehen und etwas tun, was ihnen lohnender erscheint. Doch dann müssten sie einige Konventionen über den Haufen werfen und das könnte Ärger geben. Also bleiben sie sitzen und arrangieren sich. Aber „dabei" sind sie nicht. Das Wort „teilnahmslos" beschreibt es genau. Zwischen der Sache und den Personen funkt es nicht. Wie soll da Interesse entstehen, Neugierde, Motivation?

Ohne Wissensdurst bleibt Lernen zufällig.

Es gibt das schöne Wort „Wissensdurst". Schön, weil es perfekt zur Vorstellung vom „Lohnt-es-sich?"-Sensor passt. Wer Durst hat, will nur eins: trinken. Er braucht Flüssigkeit und sucht danach. Wenn es sein muss, nimmt er dafür auch Mühen und Anstrengungen in Kauf. Der „Lohnt-es-sich?"-Sensor des Dürstenden schaltet sofort auf Grün, wenn es etwas zu trinken gibt. Beim Wissensdurst ist es nicht anders. Da will jemand partout etwas wissen. Er braucht das, aus welchen Gründen auch immer. Weil das so ist, wird er auch viel tun, um es zu bekommen. Wenn aber jemand keinen Durst hat, ist ihm Wasser oder Wissen egal. Wenn ihm jemand ein Glas offeriert, wird er vielleicht einen Schluck nehmen, auch wenn er keinen Durst hat. Ebenso wird ein Seminarteilnehmer, der keinen Wissensdurst hat, von dem, was ihm vom Trainer an Wissen angeboten wird, das eine oder andere aufschnappen und auch behalten. Doch das ist belanglos und dem Zufall überlassen. Er würde nichts vermissen, wenn er nicht im Seminar wäre. In dieser Situation finden sich dann alle Merkmale, die eingangs von den Trainern als „fehlende Motivation" beschrieben wurden.

Wenn Sie als Trainer mit dem „Lohnt-es-sich?"-Sensor der Teilnehmer zusammenarbeiten wollen (und das müssen Sie!), sollten Sie möglichst genau wissen, wie er eingestellt ist. Es gilt herauszufinden: „Was wollen die Teilnehmer?" In der Erwachsenenbildung sind die Sensoren der Teilnehmer erfahrungsgemäß meistens auf eine dieser Suchrichtungen ausgerichtet:

Was wollen die Teilnehmer?

1. Die Teilnehmer wünschen sich ein bestimmtes Wissen zu einem Thema.
   Beispiele: In ihrem Arbeitsbereich sind Neuerungen eingetreten, sie bekommen einen neuen Job oder eine neue Aufgabe, sie stehen vor einer Prüfung oder Zertifizierung.

2. Sie wollen ein bestimmtes Können erwerben oder verbessern.
   Beispiele: Sie wollen oder müssen berufsrelevante Fertigkeiten („Skills") erwerben oder verbessern wie Verhandeln, Mitarbeiter führen, Teams entwickeln und steuern, Moderieren, Projekte managen, Fremdsprache beherrschen usw.

3. Sie haben ein Problem und suchen dafür Lösungen.
   Beispiele: Burnout, Alkoholabhängigkeit, Ängste, Probleme mit der Work-Life-Balance, Stress, Beziehungsprobleme am Arbeitsplatz usw.

Im allen drei Fällen prüft der „Lohnt-es-sich?"-Sensor kritisch, ob das Angebot des Trainers punktgenau diese Wünsche trifft, ob das Lernen mühelos gelingt und ob der Lernzuwachs im erwünschten Ausmaß eintritt.

Der „Lohnt-es-sich?"-Sensor ist rigoros.

Unglücklicherweise – für Trainer wie Teilnehmer – ist der Sensor mancher Lerner viel zu scharf und eng eingestellt. Da sitzt zum Beispiel der Einkäufer eines Großmarktes in einem Verhandlungs-Training und ist stur auf Tipps für Verhandlungen mit seinen Kunden fixiert. Anwendungen aus anderen Bereichen (z.B. Preisverhandlungen beim Autoverkauf) interessieren ihn nicht, obwohl er dabei sehr wohl Dinge lernen würde, die ihm für die Verhandlungen mit seinen Lieferanten nützlich wären.

Oder in einer Supervisionsveranstaltung für Schulleiter klinkt sich ein Teilnehmer innerlich aus, wenn eine Kollegin einen Fall berichtet, in dem er ganz anders gehandelt hätte. Auch er verschenkt damit Chancen für seine persönlichen Lernziele. Der „Lohnt-es-sich?"-Sensor blockiert also nicht selten Teilnehmer für Lernerfahrungen, weil er nur wenig gelten lässt und zu schnell kategorisch entscheidet: „Das bringt nichts."

Die Teilnehmer sind begeistert, aber sind sie auch motiviert?

Wie zahlreich sind doch die Tipps und Tricks in der Trainerliteratur und in den Train-the-Trainer-Schulungen, um die Teilnehmer zu „motivieren": Abwechslung, Medienvielfalt, Action, Belohnungen, Wettbewerb, Überraschungen, Visualisierungen, Gruppenarbeiten und Projekte, Lerntagebuch, Lerntandems, Lernverträge und vieles mehr. Das sind allesamt nützliche Anregungen. Man kann mit ihnen erreichen, dass die Teilnehmer lieber, besser und aktiver lernen. Im besten Fall sind sie sogar „begeistert". („Begeisterte Teilnehmer" ist die Lieblings-Vokabel in der Werbung von Trainingsanbietern, wie „lichtdurchflutet" bei Immobilienanzeigen.) Doch „motiviert" sind sie erst, wenn sie überzeugt sind, dass es sich für sie lohnt. Das sagt ihnen jederzeit ihr „Lohnt-es-sich?"-Sensor. Er lässt sich nicht bestechen, auch nicht durch eine kurzweilige Seminargestaltung.

Downloads für den kritischen „Lohnt-es-sich?"-Sensor

Als Trainerin oder Trainer haben Sie – weil nun einmal dieser unbequeme „Lohnt-es-sich?"-Sensor über die Motivation der Teilnehmer

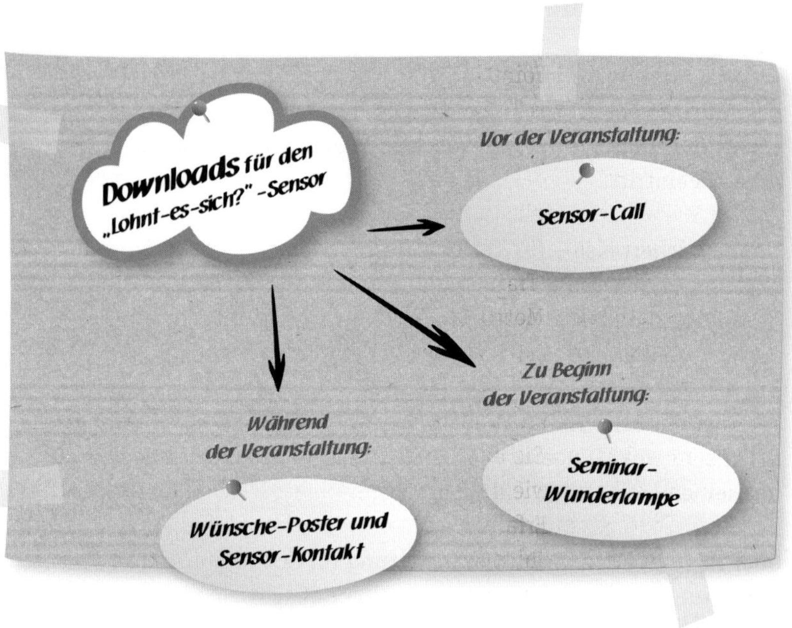

entscheidet – zwei Nüsse zu knacken: Erstens müssen Sie möglichst viel über ihn herausfinden. Zweitens müssen Sie damit umgehen, dass der „Lohnt-es-sich?“-Sensor jedes Teilnehmers etwas anders eingestellt ist. Dazu kann ich Ihnen einige Downloads anbieten. Mal schauen, was Ihr „Lohnt-es-sich?“-Sensor als Leser davon hält.

Methode

Vor der Veranstaltung: Sensor-Call

Rufen Sie die Teilnehmer an, wenn es möglich ist, und fragen Sie jeden, was er oder sie ganz persönlich vom Seminar mitnehmen möchte. Der Vorteil am Telefon ist, dass Sie flexibel auf die Äußerungen eingehen können. Und mit dem persönlichen Gespräch schaffen Sie schon Atmosphäre. Sie signalisieren Ihr Interesse, Sie hören aktiv zu, Sie erzählen von sich. Als „Einfädler“ kommen Sie am besten gleich zur Sache. Sie stellen sich kurz vor und sagen etwa: *„Mein Job als Trainer ist, dass das Seminar Ihnen das bringt, was Sie brauchen. Was Sie brauchen, wissen Sie am besten. Erzählen Sie es mir. Dann sind die Chancen gut, dass alles passt.“*

Was den „Lohnt-es-sich?“-Sensor aktiviert

Damit Sie verwertbare Informationen über den „Lohnt-es-sich?“-Sensor erhalten, fragen Sie die Teilnehmer am Telefon nach ...

- konkreten Situationen aus ihrem Alltag, in denen sie das Gelernte brauchen (*„Was ist derzeit das Problem?“, „Was wäre anders, wenn ...?“*),

- seinem „Muddiest Point" zum Seminarthema (das ist im Trainer-Slang der Punkt des Themas, von dem Ihr Teilnehmer die wenigste Ahnung hat, wo er sich besonders „blank" fühlt),
- Sicherheitszonen, das heißt Bereiche des Themas, mit denen der Teilnehmer bereits gut umzugehen weiß, wo er oder sie sich ganz sicher fühlt,
- Dingen, die Sie als Trainer machen sollten, um ihn oder sie so richtig zu nerven. Motto: „Was ich als Teilnehmer partout nicht leiden kann."

Die E-Mail vorab ist nur die zweitbeste Lösung.

Wenn es – aus welchen Gründen auch immer – mit dem Rundruf nicht klappt, können Sie es notfalls auch per E-Mail versuchen. Sie können dabei Fragen wie die eben genannten stellen. Ich habe damit aber keine guten Erfahrungen gemacht. Der Rücklauf ist meistens enttäuschend, wohl weil die Hemmschwelle beim Schreiben höher ist als beim Reden, erst recht gegenüber einer Person, von der man nur den Namen kennt.

Selbst wenn Sie keine Gelegenheit haben sollten, direkt von den Teilnehmern Interessen und Wünsche zu erfahren, müssen Sie nicht ganz auf Informationen verzichten. Fragen Sie zum Beispiel den Auftraggeber oder andere Personen, die die Situation und die Zielgruppe kennen. Versuchen Sie, die Arbeitsbereiche und Verantwortlichkeiten der Teilnehmer im Vorfeld zu erfahren und versetzen Sie sich so gut wie möglich in deren Alltag. Denken Sie dann darüber nach, was das Thema wohl für diese Personen für eine Bedeutung hat, was sie daran sinnvoll finden könnten.

Trainerfehler Nr. 1: Das Thema und die Ziele im Fokus, nur nicht die Teilnehmer

Wenn Sie Ihren Scheinwerfer in dieser Weise auf jeden Teilnehmer richten, impfen Sie sich gegen einen verbreiteten Trainerfehler: Man plant das Seminar nur vom Thema und den Zielen her, nicht oder zu wenig aus der Sicht der teilnehmenden Personen. Ich fürchte, dass die Mehrzahl der Trainer, die sich über fehlende Motivation der Teilnehmer beklagen, routiniert mit einem Standard-Set von fertigen Programmpaketen ihre Kunden und Teilnehmer beglücken, und zwar alle gleich. Denn: „Es klappt doch ganz gut. Meine Seminare sind okay. Warum soll ich mir jedesmal die Mühe machen, die Situation der Teilnehmer zu recherchieren und mich darauf einzustellen? Im Seminar starte ich doch immer mit einer Kartenabfrage ‚Meine Erwartungen an das Seminar'. Dann kann ich den Teilnehmern gleich zeigen, wie gut mein Seminar zu ihren Erwartungen passt."

Zu Beginn der Veranstaltung: Seminar-Wunderlampe

Manipulative Erwartungsabfragen

Wenn Sie im Vorfeld des Seminars keine Gelegenheit hatten, die Bedürfnisse der Teilnehmer zu erfahren, sollte das spätestens zu Seminarbeginn erfolgen. Vergessen Sie aber das übliche Abfrageritual „Was ich vom Seminar erwarte". Denn damit starten Sie schon in der Anfangssituation das Spiel: „Okay, wenn der Trainer das will, sage ich oder schreibe ich halt irgendwas." „Erwartungen an das Seminar" sind nicht das Thema. Gut, jeder hat welche. Die einen sind „erwartungs-voll", die anderen eher skeptisch. Einigen ist es egal, denn sie wurden zum Seminar geschickt. Sie schauen mal, was kommt. Trotzdem werden die Teilnehmer all das nicht auf die Kärtchen schreiben, sondern Antworten geben, die dem Trainer gute Laune machen und die Teilnehmer als gute Teilnehmer erscheinen lassen, z.B.: „Ich erwarte, dass ich viel lerne", „... dass wir gut miteinander auskommen", „... dass das Seminar interessant wird". Alle sind erleichtert. Der Trainer sagt: „Prima! Danke! Ich werde alles tun, damit es so wird, wie Sie es sich wünschen." Das war's dann.

Methode

Wenn Sie stattdessen an den „Lohnt-es-sich?"-Sensor herankommen wollen, empfehlen sich andere Methoden. Sie fragen nicht nach diffusen Erwartungen, sondern nach konkreten persönlichen Wünschen im Sinne von „Das möchte ich nach diesem Seminar unbedingt wissen/können/abstellen!". Wie erfährt man das als Trainer, ohne gefällige Scheinantworten zu provozieren? Zuerst gibt es ein paar Rahmenbedingungen, ohne die es nicht funktionieren kann:

1. Die Teilnehmer müssen spüren, dass ihnen diese Frage des Trainers etwas „bringt". Sie müssen sicher sein, dass ihre Antworten Folgen haben, die in ihrem Interesse sind.
   Die Teilnehmer müssen auch sehen, dass der Trainer mit ihren Äußerungen achtsam umgeht. Wenn die Pinnwand mit den Antworten in eine Ecke geschoben wird und die Karten am zweiten Tag verschwunden sind, fühlen sie sich nicht ernst genommen.
2. Häufig können die Teilnehmer nicht spontan antworten. Vielleicht haben die einen oder anderen noch nie darüber nachgedacht. Also brauchen sie Zeit zum Nachdenken.
3. Die Teilnehmer sind nur ehrlich, wenn sie sicher sein können, dass ihre persönlichen Wünsche nicht kommentiert, kritisiert oder belächelt werden. Gerade in einer Anfangssituation ist das ein Thema.

Schlechte Erfahrungen mit Erwartungsabfragen ansprechen

▶ **Zum ersten Punkt:** Sie müssen damit rechnen, dass Teilnehmer in anderen Seminaren enttäuscht worden sind und Fragen nach Erwartungen und Wünschen nicht mehr trauen. Sie haben erlebt, dass ihre Auskünfte zwar vom Trainer freudig entgegengenommen wurden, dann aber folgenlos geblieben sind. Tun Sie also alles, damit die Teilnehmer spüren, dass Sie es ernst meinen, tatsächlich neugierig auf die Antworten der Teilnehmer sind und Ihr Seminar, wo immer es geht, darauf einstellen werden. Eine vertrauensbildende Maßnahme kann diesbezüglich sein, dass Sie mögliche schlechte Erfahrungen der Teilnehmer in anderen Seminaren explizit ansprechen und dann bekräftigen, dass die Abfrage für Sie keine unverbindliche Standarderöffnung ist, sondern ein ganz wichtiger Start- und Zielpunkt für Ihre Arbeit.

Teilnehmern Zeit zum Nachdenken geben

▶ **Zum zweiten Punkt:** Wenn Sie die Frage nach persönlichen Wünschen zum Seminar gut eingeleitet haben, brauchen die Teilnehmer – jeder für sich – Zeit und Ruhe. Manche tun sich schwer, weil sie sich die Frage ernsthaft nie gestellt haben. Sie gehen in ein Seminar mit der Überzeugung: „Da steht ja alles fest. Der Trainer wird es schon ordentlich machen. Mal sehen, wie es wird." Geben Sie für das Nachdenken und Aufschreiben der Wünsche keine Zeit vor. Beobachten Sie nur, ob irgendwann niemand mehr nachdenkt oder schreibt. Wenn dem einen oder anderen Teilnehmer das Warten auf Andere zu lange dauert, sagen Sie einfach: „Es wird noch geschrieben." Das genügt.

Wünsche notieren lassen und inszenieren

▶ **Zum dritten Punkt:** Wenn Sie die Chancen ausreizen wollen, dass Teilnehmer die Aufgabe wirklich ernst nehmen und ehrlich sind, sollten Sie mit Karten arbeiten und nicht mit mündlichen Auskünften. Ich habe auch schon ausprobiert, wie es ist, wenn reihum jeder seine Wünsche mitteilt. Meine Erfahrung ist, dass manche bei der Kartenmethode offener sind. Andererseits geben sich manche Teilnehmer mehr Mühe, Wünsche zu finden, wenn sie wissen, dass sie diese später der Gruppe mitteilen werden. Karten sind anonym und unwillige Teilnehmer können es sich damit leichter machen.

Als Idee, wie Sie die Abfrage von Wünschen inszenieren können, stelle ich Ihnen die „Seminarwunderlampe" vor. Ich habe damit gute Erfahrungen gemacht, aber prüfen Sie selbst, ob Ihnen dieses Vorgehen liegt. Für etwa zehn Euro habe ich mir eine Kugel-Öllampe aus Terracotta besorgt. Sie funktioniert nicht nur, sondern hat etwas liebenswert Pummeliges. Ich zeige eine Öllampe und sage ohne Einleitung: *„Das hier ist eine Wunderlampe."* Ich gebe sie einem Teilnehmer und lasse sie weiterreichen. Ich fahre fort: *„Wunderlampen sind großartig. Aber man muss auch lernen, mit ihnen umzugehen. Ich erzähle Ihnen mal einen Witz dazu."*

▶ Der Witz für Firmenseminare:
„Ein Vertriebsmann, ein Verantwortlicher für Marketing und der Chef einer Firma sind auf dem Weg zu einer Besprechung. In einem Park finden sie eine Wunderlampe. Sie reiben daran und es erscheint der Geist. Der Geist sagt: ‚Normalerweise hat man drei Wünsche, aber ihr seid zu dritt, also hat jeder nur einen Wunsch.' Der Vertriebler: ‚Ich zuerst! Ich möchte auf den Bahamas sein, auf einem sehr schnellen Schiff, ohne Sorgen.' Und ssst, er ist weg. ‚Jetzt ich!', schreit der Verantwortliche für Marketing: ‚Ich möchte in der Karibik sein, mit den hübschesten Mädchen der Welt und einer unerschöpflichen Quelle von exotischen Cocktails.' Und ssst, er ist weg. ‚Und Sie?' wendet sich der Geist zu dem Chef. Der Chef: ‚Ich will die beiden Idioten nach dem Mittagessen im Büro sehen.' Die Moral von der Geschichte: Lass immer zuerst den Chef sprechen."

▶ Der Witz für Nicht-Business-Teilnehmer:
„Im Bauamt sitzt ein Beamter am Schreibtisch und denkt über sein Leben nach. Da erscheint plötzlich eine Wunderlampe auf der Schreibplatte. Eine Stimme sagt: ‚Du bist immer ein aufrechter, ehrlicher Mensch gewesen, darum hast du jetzt drei Wünsche frei.' ‚Oh', stottert der Beamte, ‚da hätte ich gern ein Häuschen im Grünen.' Und – pling! – sitzt er auf der Terrasse eines schmucken Einfamilienhauses. ‚Und dann hätte ich gern noch ein rasantes Auto!' Und – pling! – steht ein nagelneuer Ferrari vor der Tür. ‚Und zum dritten,' jubelt er, ‚möchte ich nie mehr arbeiten müssen.' Und – pling! – sitzt er wieder an seinem Schreibtisch im Bauamt.

Fortsetzung: *„Sie sehen, die Wunderlampe funktioniert, aber man muss sich gut überlegen, was man sich wünscht. Das hier ist unsere Seminarwunderlampe. Sie haben jetzt – und nur jetzt – die einmalige Chance, sich drei Dinge zu wünschen, die mit dem Thema unseres Seminars zu tun haben. Denken Sie in Ruhe darüber nach. Zum Beispiel: ‚Was möchte ich unbedingt nach dem Seminar wissen oder können? Was sollte sich nach dem Seminar in meinem Alltag verändern? Worüber wäre ich nach dem Seminar glücklich und stolz?'* (Diese Beispielfragen schreibe ich auf einen Flipchart-Bogen oder projiziere sie.) *Es können große Wünsche oder auch Wünsche zu einem Detail sein. Hauptsache, Sie machen Ihre Wünsche so konkret wie möglich. Wenn Ihnen etwas einfällt, so schreiben Sie es auf eine Moderationskarte. Wir sammeln alle Karten nachher an der Pinnwand. Sie können dann sehen, was sich die anderen wünschen. Wer was geschrieben hat, bleibt anonym. Für mich als Trainer sind die Karten eine große Hilfe, weil sie mir zeigen, was Ihnen wichtig ist."*

Wünschesammlung als Ritual zelebrieren ...

Wenn niemand mehr schreibt, hänge ich die Öllampe mit einem Haken (Fleischerhaken aus dem Baumarkt) und einer starken Angelschnur an den Rand der Pinnwand. Nun bitte ich die Teilnehmer, gleichzeitig nach vorne zu gehen und ihre Karten auf der Pinnwand unterzubringen. Wenn alle Karten angepinnt sind, bleiben die Teilnehmer vorne stehen. Ich stelle mich dazu. Gemeinsam schauen wir die Wünsche an. Ich zelebriere das Wunderlampenritual weiter, zünde die Lampe an und sage: *„Die Seminarwunderlampe beginnt jetzt zu wirken. Zweifel gibt es nicht. Manchmal stellt sich die Wirkung allerdings schneller ein, wenn man der Lampe hilft. Ich werde mir Mühe geben. Und ich bin sicher, Sie werden auch alles dafür tun, denn es sind ja Ihre Wünsche. Jetzt wünschen wir uns alle ein erfolgreiches Seminar."*

... und als Blickfang im Raum installieren

In der nächsten Pause klebe ich die Karten mit Spray oder Klebestift auf die Pinnwand-Bespannung, nehme das Ganze ab und befestige es als großes Poster an einer Wand, die alle gut sehen können. Diese Wünsche-Pinnwand ist Gold wert, denn sie spiegelt Inhalte der „Lohnt-es-sich?"-Sensoren meiner Teilnehmer. Jetzt weiß ich mehr darüber und kann mit den Sensoren zusammenarbeiten.

Während der Veranstaltung: Wünsche-Poster und Sensor-Kontakt

Methode

Die Wünschesammlung bringe ich während des Seminars konsequent und permanent ins Spiel:

- **Vor einer Etappe** schaue ich, welche Karten dazu passen. Ich überlege mir, was ich in meiner Planung für den kommenden Abschnitt des Seminars nachsteuern kann, um diese Wünsche noch besser zu realisieren. Ich sage den Teilnehmern schon beim Intro zu einem Seminarabschnitt, welche Karten dazu geschrieben wurden. Am Ende des Blocks erinnere ich daran und frage, ob es dazu noch Informationsbedarf gibt. So kann es durchaus vorkommen, dass der eine oder andere Teilnehmer seine Anonymität aufgibt und sagt: „Ich habe diese Karte geschrieben. Wenn ich ehrlich bin, fehlt mir da aber noch was."

Auf diese Weise erleben die Teilnehmer, dass ihre Wünsche ernst genommen werden. Sie sehen auch, dass ihnen diese Seminaretappe etwas gebracht hat.

- **Während einer Etappe** nehme ich auf die eine oder andere Wunschkarte Bezug, wenn sie zu einem Input oder zu einer Übung passt.

Den „Lohnt-es-sich?"-Sensor im Spiel halten

Unabhängig von dem Wünsche-Poster habe ich es mir zur Gewohnheit gemacht, den „Lohnt-es-sich?"-Sensor gezielt anzusprechen:

- immer wenn ein Input beginnt,
- immer wenn eine Gruppenarbeit startet,
- immer wenn Feedback gegeben wird,
- immer wenn der Lernerfolg überprüft wird,
- immer wenn ein Abschnitt zu Ende ist (Fazit, Bilanz ziehen).

Nutzen herausstellen

Ich versuche dabei, den Nutzen des Inputs, der Gruppenarbeit, des Feedbacks usw. für die Teilnehmer möglichst konkret zu formulieren oder an einem Beispiel aus der Praxis zu verdeutlichen. Das ist Balsam für den „Lohnt-es-sich?"-Sensor und schafft Motivation. Wenn ein Teilnehmer weiß, dass eine Gruppenarbeit aus diesem konkreten Grund Vorteile für ihn bringt, wird er oder sie sich auch engagieren. Aber auch ich als Trainer werde durch die stete Nutzenargumentation immer wieder angeregt, den Input, die Gruppenarbeit, das Feedback so zu gestalten, dass sie auch wirklich Nutzen bringen und Sinn für die Teilnehmer machen. Wenn ich ein Seminar vorbereite, halte ich also bei jedem Inhalt auch fest, welchen Nutzen ich in welchen Worten dazu formulieren kann.

Wie „situieren" Sie Ihr Seminar?

Jürgen Zimmer und Elisabeth Niggemeyer haben ein Buch mit dem schönen Titel *„Macht die Schule auf, lasst das Leben rein!"* geschrieben (Beltz Verlag 1992, inzwischen vergriffen). Man riecht förmlich die frische Luft. Prüfen Sie doch einmal, ob Sie genug „Leben" in Ihre Seminare hereinlassen. Das lohnt sich, denn wenn Ihnen noch Möglichkeiten einfallen, dem Leben mehr Raum zu geben, werden die Teilnehmer das sofort spüren und sehr zu schätzen wissen. Sie kommen aus diesem Leben ins Seminar und kehren danach wieder dorthin zurück. Das Kommen ist ein Übergang ebenso wie das Verlassen des Seminars. Je ausgeprägter dieser Übergang ist, desto schwerer ist es für die Teilnehmer, sich im Seminar wohlzufühlen.

Den Bruch zum Arbeitsalltag vermeiden

Brüche kann es geben, wenn die Arbeitsform im Seminar und die Art miteinander umzugehen anders sind als im Arbeitsalltag. Etwa wenn die Teilnehmer in ihrem Beruf Entscheider sind und in ein Seminar geraten, bei dem alles „von vorne" gesteuert wird. Ein anderer Bruch entsteht, wenn die Inhalte des Seminars und die Berufswirklichkeit nicht übereinstimmen.

Als Trainer haben Sie das Handicap, dass Sie eine andere Berufsrealität erleben als Ihre Teilnehmer. Mit diesem Unterschied produktiv umzugehen ist eine Herausforderung, die wesentlich über Wohl und Wehe des Seminars entscheidet. Die Herausforderung heißt: „Wie gelingt es mir als Trainer, das Seminar optimal zu situieren?"

Optimal heißt zum einen, nahe an der Realität der Teilnehmer zu arbeiten, und zum anderen, dies über das gesamte Seminar hinweg zu leisten. Konsequentes Situieren ist ein Grundprinzip guter Seminare wie die eben beschriebene konsequente Nutzenorientierung („Lohnt-es-sich?"-Sensor). Deshalb gilt auch hier: Situieren Sie ...

Check: Situieren Sie?

- bei Ihren Inputs,
- bei Gruppenarbeiten und Übungen,
- bei Feedbacks,
- bei Lernkontrollen.

Beim Situieren geht Qualität vor Quantität.

Eine psychologische Besonderheit sollten Sie beachten. Wenn es Ihnen gelingt, eine Situation so anzusprechen, dass die Teilnehmer „Kopfkino" erleben, wäre es ungünstig, sofort eine zweite oder dritte Situation ins Spiel zu bringen. Gerade wenn die Vorstellung lebhaft ist, sträubt sich das Gehirn, sie schnell wieder zu löschen und eine neue aufzubauen. Wenn Sie also zum Beispiel bei einem Input ein treffendes Beispiel aus dem Alltag der Teilnehmer gefunden und es sprachlich oder visuell plastisch geschildert haben, sollten Sie mit ihm zunächst eine Weile weiterarbeiten, bevor Sie eventuell noch andere einführen. Situierungen sind erfolgreich, wenn die Teilnehmer „drin" sind und sie erleben. Ein paar hingeworfene Beispiele bleiben wirkungslos.

Wenn Sie die folgenden Downloads zum Situieren lesen, wird klarer, was gemeint ist und was sich in Ihrem Seminar ändern könnte. Es sind allesamt Ideen und Methoden, um gleichermaßen Trainer wie Seminar näher an den Alltag der Teilnehmer zu führen.

Downloads zum Situieren

„Wie ist das bei dir?"-Interviews

Methode

Das Schöne für Sie als Trainer beim Situieren ist, dass sich die Situationen bereits im Seminar befinden – allerdings noch eingeschlossen in den Köpfen der Teilnehmer. Wenn Sie also zu einem Punkt eines Inputs, als Szenario für ein Rollenspiel oder für einen Lerntest authentische Situierungen suchen, müssen Sie nur Zugang zum Situationswissen Ihrer Teilnehmer finden. Ein einfacher Weg ist das Interview.

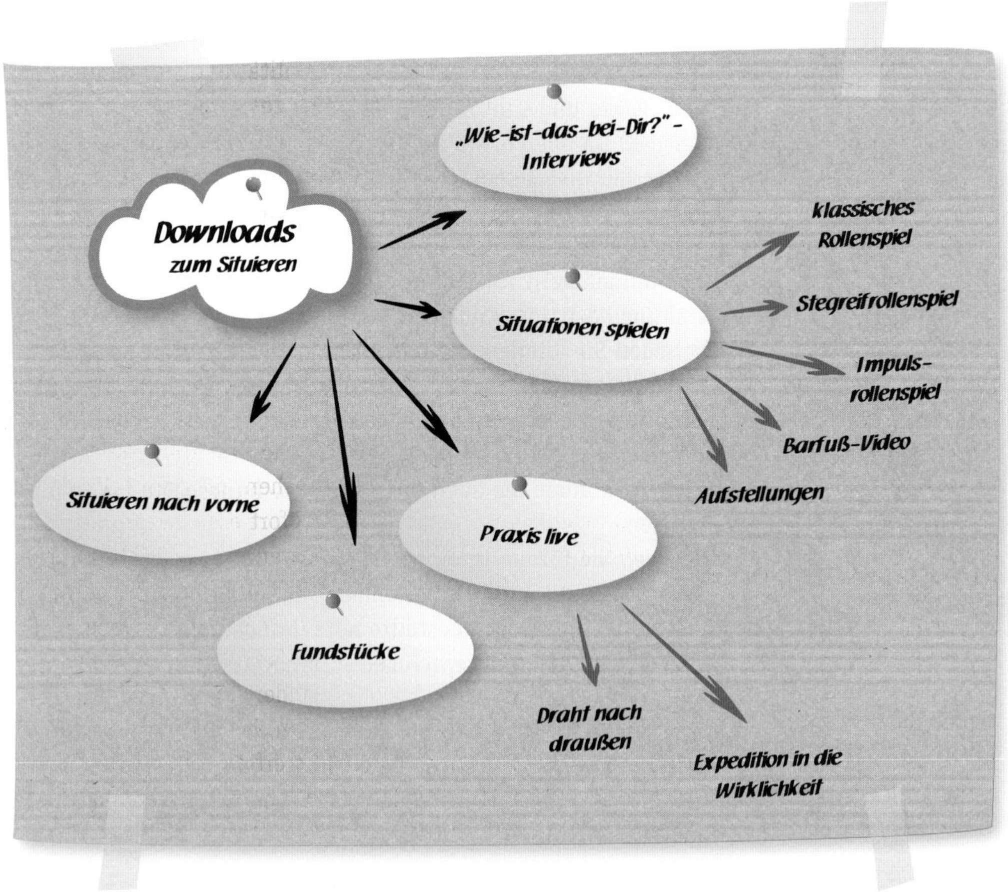

Hier einige Varianten:

- Sie haben in einem Führungskräfteseminar gerade referiert, wie ein Vorgesetzter Mobbing am Arbeitsplatz erkennen kann. Nun nehmen Sie einen dicken Edding-Stift in die Hand und gehen auf einen Teilnehmer zu. *„Darf ich Sie kurz interviewen? Sie sind Führungskraft. Sie haben gerade gehört, wie man Mobbing erkennen kann. Deckt sich das mit Ihren Erfahrungen oder haben Sie das anders erlebt?"* Danach können Sie fragen: *„Ist noch jemand für ein kurzes Interview bereit?"*

- Sie können eine Runde von Paarinterviews zu dieser Frage arrangieren. Je zwei Teilnehmer finden sich und reden ein paar Minuten über ihre Erfahrungen dazu. Danach können Sie das eine oder andere Duo berichten lassen. Der Vorteil: Die Parallelarbeit aller Teilnehmer spart Zeit.

- Interviews können Sie schon vor dem Seminar führen, aufzeichnen (Mikro und Laptop) und als Konserve mitbringen. *Beispiel:* Im oben erwähnten Führungskräftetraining befragen Sie vorher diverse Mitarbeiter: *„Wie hat Ihr Chef reagiert, als gemobbt wurde?"* Es sollten allerdings keine Mitarbeiter der Teilnehmer sein. Die Schilderungen spielen Sie dann im Seminar den Teilnehmern vor und denken sich eine sinnvolle Aufgabenstellung dazu aus. Andere Beispiele: Für ein Verkaufstraining befragen Sie Kunden, für ein Training zum Qualitätsmanagement Werkstätten, für ein Diversity-Training Angehörige von Minoritäten oder verschiedener Kulturen.

- „Leben" können Sie auch durch Überraschungsgäste ins Seminar bringen. *Beispiel:* Sie führen in einem Seminarhotel einen Workshop für Marketingleute eines Unternehmens durch. Dann kann es reizvoll sein, eine Hotelangestellte mitzubringen, die erzählt, welches Image dieses Unternehmen in ihren Augen hat.

- Eine Quelle für authentische Schilderungen der Alltagswirklichkeit kann auch das Internet sein. In Portalen wie Youtube können Sie per Stichwort vielleicht ein Video finden, das Ihr Thema audiovisuell situiert.

Situationen „spielen"

Überlassen Sie den Teilnehmern die Dramaturgie!

Das Verb „spielen" habe ich bewusst in Gänsefüßchen gesetzt, weil es nicht nur – wie bei Schauspielern – das Agieren meint, sondern auch Assoziationen wie Kind, Zeitvertreib, nutzlos weckt. Das Rollenspiel ist eine großartige Methode, um etwas zu situieren. Im Rollenspiel wird ja eine Situation simuliert, das heißt, möglichst realistisch zum Leben erweckt. Leider sind auch hier – wie bei Erwartungsabfragen und Gruppenarbeiten – manche Teilnehmer seminargeschädigt. Sie haben erlebt, dass Rollenspiele tatsächlich oft nur „Spiel" waren und wenig mit ihrer Alltagswirklichkeit gemein hatten. Wenn ich ein Rollenspiel starte, lasse ich die Anleitung vorher von den Teilnehmern checken und ihrer Realität anpassen. Oder ich gebe nur das Ziel vor („Wir machen das, um ...") und überlasse den Teilnehmern Drehbuch und Regie. Mein Job beschränkt sich dann darauf, wenn nötig konkretisierende Fragen zu stellen, z.B. zu den handelnden Personen und der Situation, die wir simulieren.

Situieren durch „spielen" kann in unterschiedlichen Versionen stattfinden:

Methode

- **Klassisches Rollenspiel**
klare Beschreibung der Situation und der Personen, Dauer zwischen fünf bis zehn Minuten, eventuell Videoaufzeichnung, gezielte Auswertung durch Akteure, Beobachter und Trainer.

- **Stegreifrollenspiel**
Sie erklären etwas und sagen dann: „Lassen Sie uns das mal spielen." Sie gehen auf einen Teilnehmer zu und beginnen ein kurzes spontanes Rollenspiel mit ihm. Dauer: maximal 1 – 2 Minuten.

Beispiel: Im Verhandlungstraining haben Sie gerade geschildert, welche Möglichkeiten es gibt, bei einem „Nein" des Verhandlungspartners das Gespräch doch noch offen zu halten. Sie gehen auf einen Teilnehmer zu und sagen: *„Wir beide verhandeln seit einer Stunde. Ich will von Ihnen ein großes Immobilienobjekt kaufen und Sie als Besitzer wollen einen sehr hohen Preis erlösen. Ich haben Ihnen gerade ein neues Angebot gemacht und sage dazu: ‚Das ist mein letztes Angebot.' Sie sind aber sicher, dass es noch einen kleinen Spielraum nach oben gibt. Was sagen Sie, um das Gespräch jetzt nicht platzen zu lassen?"* Der Teilnehmer improvisiert und es entsteht ein kurzer Dialog. Danach können Sie die Gruppe um Kommentare bitten und fragen: *„Hätte jemand noch eine andere Idee gehabt?"* Dann machen Sie mit ihm oder ihr ein weiteres Stegreifrollenspiel.

Variante Kugellager

Eine unterhaltsame und effektive Variante des Stegreifrollenspiels ist das Kugellager. Die Hälfte der Teilnehmer bildet einen Innenkreis Schulter an Schulter, die andere Hälfte einen Außenkreis. Die im Innenkreis schauen nach außen, die im Außenkreis nach innen. Jeder im Innenkreis hat ein Gegenüber im Außenkreis. Jeder im Innenkreis überlegt sich einen Satz zum Thema, auf den der Partner nun reagieren muss (im obigen Beispiel etwa: „Das ist mein letztes Angebot!"). Das Gegenüber reagiert nun. Es kommt vielleicht noch zu zwei, drei Sätzen, mehr ist nicht erlaubt. Danach gibt der Teilnehmer im Innenkreis ein kurzes Feedback. Die Personen im Außenkreis rücken im Uhrzeigersinn eine Station weiter. Sie stehen nun einem neuen Partner gegenüber, der sie mit einem anderen Satz herausfordert. Die Personen im Innenkreis wiederholen bei jedem neuen Partner ihren Satz. Wenn jeder wieder vor seinem ersten

Partner steht, ist die Runde zu Ende. Jetzt kann man offene Fragen klären und berichten, was man dazugelernt hat.

▶ Impulsrollenspiel

Je drei Teilnehmer setzen sich zusammen. Zwei sind Akteure im Rollenspiel, der dritte ist Beobachter und anschließend Feedback-Geber. Der Trainer startet die Runde und schreibt einen Impuls an das Flipchart oder projiziert ihn per Beamer. Der Impuls ist wie die erste Zeile eines Drehbuchs. Die Teilnehmer setzen die Szene als Rollenspiel fort, wie sie es für richtig halten. Einzige Bedingung: Es soll realistisch sein.

Beispiel: In einem Training zum Umgang mit Stress gibt der Trainer den Impuls vor: *„Ich komme morgens ins Büro und könnte schon wieder aus der Haut fahren. Ich stelle nämlich fest, dass ..."*

Die beiden Akteure einigen sich auf die Situation und die Rolle der Personen. Dann beginnen sie das Rollenspiel. Als maximale Dauer für diese Impulsrollenspiele lege ich fünf Minuten fest. Der Beobachter ist zugleich Zeitwächter. Nach spätestens fünf Minuten gibt der Beobachter Feedback, streng fokussiert auf das Ziel der Übung (z.B.: Wie ist es dem Akteur gelungen, seinen Stress zu reduzieren?).

Methode

▶ Barfußvideo

Die Teilnehmer erstellen in zwei Kleingruppen je ein Video zu einer vorgegebenen Situation. „Barfuß", weil der Aufwand und technische Anspruch ganz gering gehalten wird. Die Videos dürfen maximal zehn Minuten lang sein. Der Zeitaufwand ist allerdings deutlich höher als bei einem Stegreifrollenspiel. Die Teilnehmer wollen ihren Job in aller Regel sehr gut machen und sich mit dem schlichten „Barfuß"-Anspruch nicht so einfach abfinden. Nach dem Spielen und Aufzeichnen folgt die Vorführung der Videos mit Diskussion. Planen Sie also bei zwei Videos etwa zwei Stunden ein und wählen Sie diese Methode nur für eine Schlüsselstelle Ihres Trainings. Belohnt werden Sie durch hoch engagierte, bestens gelaunte Teams und überraschend aussagekräftige Videos.

Beispiel: In einem Train-the-Trainer-Seminar sollen die Teams ein Barfußvideo zum Thema „Die liebe Not mit dem Auftraggeber" erstellen. Beide entscheiden sich für ein Gespräch mit zwei Entscheidungsträgern eines Unternehmens, das zeigt, wie schwer es für Trainer sein kann, für seine Arbeitsbedingungen zu kämpfen und doch den Auftrag nicht zu verlieren. Für die Auswertung gibt es eine Reihe von Optionen. Wichtig ist, dass die Auswertung der praxisnahen Videos auch zu praxisverändernden Erkenntnissen führt.

Im Beispiel könnten Sie etwa die Teams ihre Videos austauschen lassen. Jedes Team entwickelt dann für die im Video des anderen Teams gezeigten Schwierigkeiten Lösungsvorschläge. Die Vorschläge beider Teams werden anschließend zu einem „Ratgeber für Gespräche mit Auftraggebern" zusammengestellt und als Handout ausgegeben.

Noch ein Tipp: Regen Sie die Teilnehmer vor dem Aufzeichnen dazu an, wie sie mit einfachen Requisiten arbeiten können.
Beispiele: Die Akteure tragen ihre Funktion als Pinnwand-Karte um den Hals (z.B. „Prokurist", „Personaler" usw.). Zeitsprünge zeigt man an, indem man eine Karte „3 Tage später" vor den Camcorder hält. Türschilder kann man mit Moderationskarten imitieren, eine Krawatte aus Papier ausschneiden und anheften, ein Telefon nur durch Gesten und mit Klingelton simulieren.

Ein Barfußvideo zu drehen verlangt ein gutes Zeitmanagement. Geben Sie einen Zeitplan vor und bitten Sie ein Mitglied jedes Teams, diesen zu überwachen.

Beispiel: Story finden und ausarbeiten: 15 Minuten. Situation arrangieren und Akteure vorbereiten: 15 Minuten. Spielen und aufzeichnen: 15 Minuten. Endabnahme und eventuelles Nachbessern: 15 Minuten.

▶ Aufstellungen

Methode

Wenn Sie Workshops und Seminare leiten, zu denen auch die Bearbeitung von Fällen gehört, wird Ihnen die Methode „Aufstellungen" vermutlich bereits bekannt sein. Wenn nicht, kann ich Ihnen nur empfehlen, sich damit zu beschäftigen und das Verfahren in das eigene Repertoire downzuloaden. Eine Aufstellung können Sie auch ad hoc in einem Ihrer „normalen" Trainings inszenieren, wenn eine Teilnehmerin oder ein Teilnehmer unversehens mit hoher Betroffenheit eine Situation schildert, für die sie oder er eine Beratung sucht. Sofern der „Fall" in Ihren Seminarkontext passt und die anderen Teilnehmer einverstanden sind, können Sie sich auf das Anliegen einlassen und zur Methode „Aufstellung" greifen.

Eine andere Gelegenheit könnte sich ergeben, wenn im Seminarprozess eine gravierende Störung auftritt und eine Person nicht mehr arbeitsfähig ist, etwa weil sie sich ausgeschlossen fühlt oder sich von einem anderen Teilnehmer verletzt sieht und nicht damit fertig wird.

Zum Grundprinzip der Aufstellung

Das Grundprinzip der Aufstellung ist, dass der „Fallinhaber" anderen Teilnehmern Rollen von Personen zuweist, die am Fall beteiligt sind. Jemand ist dann z.B. der Chef, ein anderer die Kollegin usw. Der Protagonist bestimmt, wo sich die Personen im Raum aufstellen. Räumliche Nähe signalisiert menschliche Nähe, räumliche Ferne persönliche Distanz. Wenn der Fallinhaber alles so arrangiert hat, wie es seiner Sichtweise auf die Situation entspricht, lässt der Trainer durch wohl überlegte Impulse die Akteure mit sich (Monolog zu Gedanken und Gefühlen), mit den anderen und mit dem Fallinhaber reden.

Nun sind die Akteure ja zufällig zu ihren Rollen gekommen und kennen die Situation nur aus einer kurzen Schilderung. Sie können also nur improvisieren und ihren Gefühlen folgen. Erstaunlicherweise gelingt das bei Aufstellungen verblüffend gut. Die Fallinhaber sind jedesmal beeindruckt, wie stimmig die Akteure agieren, obwohl sie „aus dem Stand" handeln. Die Aufstellungen führen meistens zu neuen Erkenntnissen für den Fallinhaber. Das „Jetzt verstehe ich endlich, warum ..." ist oft begleitet von starken emotionalen Reaktionen.

Nach der Analyse der Ist-Situation kann man den Protagonisten in einem zweiten Durchgang anregen, die Personen so zu stellen, wie er oder sie es sich wünschen würde. Durch die Monologe und Dialoge aus den neuen Positionen wird klarer, was diese „Lösung" für die Beteiligten bedeuten würde.

Für die Methode „Aufstellungen"* gibt es zertifizierte Fortbildungen verbunden mit der Warnung, sie nicht sorglos auszuprobieren. Ich sehe das nicht ganz so dramatisch und denke, dass Sie mit

---

* Lesetipp zum Einstieg: „Basics der Systemischen Strukturaufstellungen" von Insa Sparrer und Matthias Varga von Kibéd. Kösel 2008.

ausreichend Trainingserfahrung und Menschenkenntnis eine Adhoc-Aufstellung für die Analyse einer konkreten Problemsituation durchführen können. Tabu im Seminar sind dagegen Aufstellungen, die in ein therapeutisches Setting gehören.

Praxis live

„Raus ins Leben!"

Bei den bisherigen Downloads ging es um die Parole: „Lasst das Leben rein." Sie können aber Ihr Seminar auch mit Methoden situieren, bei denen es heißt: „Geht zum Leben draußen."

▶ Expedition in die Wirklichkeit

Methode

Die Teilnehmer verlassen den Seminarraum und suchen Orte und Situationen auf, um die es im Seminar geht. Sie haben dafür klare Vor- und Aufgaben, von Trainer und Teilnehmern gemeinsam entwickelt. Die Teilnehmer sind sich einig, dass diese Aufgaben für sie Sinn machen.

Beispiele: Verhalten beobachten, Interviews durchführen, sich auf eine bestimmte Weise verhalten und Reaktionen der anderen erleben und festhalten.

Die Aufgaben und die Art der Auswertung hängen von Ihren Seminarzielen ab.

Beispiel: In einem Kommunikationstraining gibt es das Teilziel „In Kontakt, ins Gespräch kommen". Nach einer Lernphase schwärmen die Teilnehmer mit der Aufgabe aus, dass jeder innerhalb einer Stunde fünf wildfremde Leute auf der Straße oder in der U-Bahn anspricht und versucht, ein Gespräch mindestens drei Minuten in Gang zu halten. Nach einer Stunde trifft man sich wieder im Seminarraum und tauscht die Erfahrungen mit dem Gelernten aus. „Was ist mir schwergefallen, warum?" „Was hat geklappt, warum?" „Hat mir das Gelernte geholfen, warum?" „Was hat nicht geholfen, warum?" „Was kommt zum zuvor Gelernten jetzt noch hinzu?" „Was nehme ich mir vor?"

Aus Zeitgründen lasse ich diese Auswertung in Kleingruppen parallel durchführen. Fragen wie die im Beispiel genannten gebe ich vor. Danach setzt sich aus jeder Gruppe ein Teilnehmer nach vorne in eine Stuhlrunde und berichtet die wichtigsten Erkenntnisse des Teams.

Methode

▶ Draht nach draußen

Mit Telefon und Internet können die Teilnehmer in Kontakt mit der Realität „draußen" treten, ohne den Seminarraum zu verlassen.

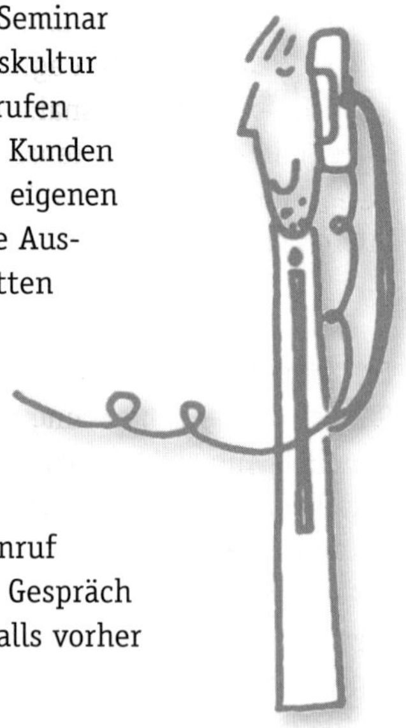

Das eigene Unternehmen als Kunde erleben

Beispiel: In einem Inhouse-Seminar zum Thema „Dienstleistungskultur in unserem Unternehmen" rufen Teilnehmer in der Rolle von Kunden entsprechende Stellen ihres eigenen Unternehmens an und ersuchen um eine Auskunft, reklamieren einen Fehler oder bitten um Hilfe bei einem Problem. Diese Anrufe werden in der Gruppe vorbereitet. Man einigt sich zuvor darauf, was man genau an Erkenntnissen sammeln möchte, wie sich der Kunde verhalten soll, wo man anruft, wer welchen Anruf übernimmt. Die Gruppe hört jeweils das Gespräch mit. Die Auswertung erfolgt nach ebenfalls vorher festgelegten Kriterien.

Es muss dabei weder ein Inhouse-Seminar noch das eigene Unternehmen sein. Man kann je nach Thema auch andere Anlaufstellen anrufen.

Die Prüfung der Rechtmäßigkeit muss ich Ihnen überlassen. Nach meinen Informationen wird in diesem Fall nicht – wie beim heimlichen Aufzeichnen eines Gesprächs oder bei privaten Gesprächen – gegen Persönlichkeitsrechte verstoßen. Die Erfahrungen der Teilnehmer bei dieser Methode sind nach meinen Erfahrungen allerdings so aufschlussreich und nachhaltig, dass es schade wäre, wenn man auf sie verzichten müsste.

Im Chat

Rechtlich unbedenklich ist es, wenn die Teilnehmer statt des Telefons das Internet benutzen. Das Internet ist prinzipiell öffentlich. E-Mails scheiden für das Seminar aus, weil man nicht weiß, wann man eine Antwort bekommt. Also kommen nur Chatrooms infrage. Für das eine oder andere Seminarthema kann es spannend und informativ sein, wenn sich Trainer oder Teilnehmer in einen passenden Chat einloggen und aktiv beteiligen. Alle können die Kommunikation über den Beamer verfolgen. Wie bei der Methode

„Telefonieren" muss auch das Situieren eines Seminarthemas durch Chatten gut vorbereitet sein, damit es Sinn macht.

Die Varianten der Downloads „Praxis live" haben eines gemeinsam: Der Ernstcharakter aus Sicht der Teilnehmer ist noch größer als bei einem Rollenspiel. Man agiert eben in einer realen Situation und nicht in einer realitätsnahen „Als-ob"-Situation. So ist die erlebte Betroffenheit „live" intensiver, obwohl auch manche Rollenspieler Betroffenheit zeigen. Die Erfahrungen „live" sind indes noch näher an den Personen und bleiben auch stärker im Gedächtnis haften.

Nichts ist näher an der Realität als Erfahrungen „live".

Fundstücke

Methode

Eine weitere Suchrichtung zum „Situieren" Ihres Seminars sind Originale aus der Alltagswelt Ihrer Teilnehmer, zum Beispiel Gegenstände und Dokumente. Wie archäologische Fundstücke können sie Geschichten erzählen, an etwas erinnern oder als Symbol für etwas stehen. In einem Seminar können sie zu einem Thema sofort Gefühle auslösen oder einen Film im Kopf der Teilnehmer entstehen lassen. Manchmal öffnen sie auch den Blick, etwa wenn die Teilnehmer einen Gegenstand, den sie jeden Tag sehen, zum ersten Mal bewusst wahrnehmen und erkennen, wie viel Bedeutung in ihm gespeichert ist.

Die gleiche Wirkung können Sie auch mit guten Fotografien von solchen Alltagsgegenständen erreichen. Solche Funde sind Glückssache. Aber vielleicht bringt Sie eine besondere Stelle in Ihrem Seminar doch auf die Idee, einen bestimmten Gegenstand zu besorgen oder ein Foto zu schießen. Wenn Sie wissen, was Sie brauchen, können Sie auch einen Teilnehmer vor dem Seminar bitten, ihnen das Fundstück mitzubringen.

Situieren nach vorne

Methode

Man kann Situationen vergegenwärtigen und simulieren, die noch gar nicht eingetreten sind. Solche antizipierten Situationen sind hilfreich, um sich auf sie vorzubereiten. Dieses Situieren nach vorne ist in Trainings eminent wichtig, weil man testen kann, wie es sein wird, wenn man Gelerntes nach der Veranstaltung später in der Praxis anwendet. Im Fachjargon wird dieser Prozess unter dem Label „Transfer" behandelt. Mir würde ein Wort wie „Vorwegnahme" besser gefallen, wenn es nicht so behäbig klingen würde. Denn das Vorwegnehmen künftiger Praxis ist voller Dynamik, Fantasie, Kreativität. Ich stelle mir vor, was anders sein könnte, wenn ich mich anders verhalte. Ich entwickle eine Vision und konfrontiere sie mit der Realität.

Vorsätze umsetzen

Das Situieren nach vorne gehört in alle Seminarabschnitte, in denen die Teilnehmer den wichtigen Schritt tun, das Gelernte in verbindliche Vorsätze („Ich werde ...") zu verwandeln. Bekanntlich verflüchtigen sich diese Vorsätze meistens schon in den ersten Tagen nach dem Seminar. Der Alltag frisst sie auf. Ich erinnere an die „Weiterbildungslüge Nummer 4" im zitierten Buch von Axel Koch (siehe Update 1), wonach die Umsetzung von Seminarinhalten in die Praxis unbewusst und automatisch ablaufe. Wohl kaum ein Trainer würde diese „Lüge" verbreiten, aber ich fürchte, nur wenige Trainer bemühen sich konsequent genug, diese Umsetzung sorgfältig zu gestalten. Das Situieren nach vorne ist dafür der Königsweg.

Check zur Nachhaltigkeit

Ein Vorsatz hat dann eine echte Chance, nachhaltig zu sein, wenn ...

- er in Form konkreter Verhaltensweisen in der Praxis beschrieben wird,
- man sich Situationen vorstellt (so präzise und anschaulich wie möglich), in denen man den Vorsatz in die Tat umsetzt,
- man sich vorstellt, wie sich das neue Verhalten auf die Situation auswirkt,
- man sich vorstellt, wie es einem mit dem neuen Verhalten geht,
- man sich vorstellt, wie es anderen Beteiligten mit der veränderten Situation geht,
- man sich vorstellt, man würde alles beim Alten belassen,
- man sich vorstellt, wie es einem und wie es anderen geht, wenn man alles beim Alten lässt.

Der einfachste Weg wäre, die Teilnehmer in einer Art geleiteter Fantasiereise diese Vorstellungen nach und nach imaginieren zu lassen: mit geschlossenen Augen, einer ruhig gesprochenen Anleitung durch den Trainer, vielleicht mit leiser Musik und ruhiger Atmung, wie man das von Fantasiereisen ja kennt.

Wenn Sie noch andere Varianten für das Situieren nach vorne suchen, könnte hier eine dabei sein:

Situieren nach vorne:

methodische Varianten

- **Minirollenspiel**, vorbereitet durch den einzelnen Teilnehmer. Nacheinander setzt sich jeder vorne auf einen Stuhl und sagt der Gruppe, was er sich vorgenommen hat. Dann schildert er eine Situation, in der er seinen Vorsatz realisiert. Dazu holt er sich einen oder zwei „Spieler", je nach Situation. Sie simulieren nun in einem kurzen Rollenspiel, wie es laufen könnte. Danach spricht man über Konsequenzen aus den Erkenntnissen des Spiels.

- Man spielt für einige Vorsätze aus der Gruppe eine **„Worst-Case-Situation"** und überlegt sich anschließend gemeinsam, wie auch bei diesem „größten anzunehmenden Unfall" der Vorsatz erfolgreich umzusetzen wäre. Man weiß dann, dass es in der Praxis nicht schlimmer kommen kann und selbst dann nicht alles verloren ist.

- Die Teilnehmer setzen sich in Dreiergruppen zusammen. Der Erste trägt seinen **Vorsatz** vor und beschreibt den anderen, was gut und was schlecht laufen könnte, wenn er ihn in der Praxis ausprobiert. Die anderen spielen Berater und coachen ihn. Dann kommt der Nächste an die Reihe. Im Plenum trägt man dann Tipps für gute und schlechte Antizipationen zusammen.

- Man richtet einen **Helpdesk** ein. Wer nach dem Seminar Probleme beim Umsetzen der Vorsätze bekommt, die er nicht allein bewältigen kann, hat eine Adresse (anderer Seminarteilnehmer, Trainer), bei der er Rat einholen kann, bevor er seine Vorsätze resignierend aufgibt.

  Bei einem Seminar haben wir dafür eigens ein Forum im Intranet einer Firma eingerichtet. Wie befürchtet, wurde es aber nicht genutzt. Es ist allemal besser, jemanden anzurufen und sofort in Dialog zu treten als einen Hilferuf in das Forum zu posten und tagelang zu warten, ob jemand antwortet.

Den Praxisschock abfedern

Das gedankliche Vorwegnehmen von Hindernissen oder sogar eines Scheiterns beim Umsetzen der Vorsätze wirkt wie eine Impfung. Sollte es später in der Praxis tatsächlich zu Problemen kommen, ist man vorbereitet und weiß, was zu tun ist. Man ist nicht mehr so anfällig für die Versuchung, den guten Vorsatz beim ersten Gegenwind über Bord zu werfen und am alten Verhalten kleben zu bleiben.

Auch für das „Situieren nach vorne" gilt wie für jedes Situieren: Die Teilnehmer sollen die antizipierte Situation intensiv erleben und plastisch imaginieren. Sie bauen dann im positiven Fall eine starke Motivation auf („Es ginge mir ja viel besser, wenn ich das erreichen würde!") und erleben, dass sie im negativen Fall nicht hilflos sind. Noch nachhaltiger wird das Situieren, wenn die Teilnehmer in der vorgestellten Situation agieren, etwa in einem Rollenspiel.

Aktivieren oder „actionieren" Sie?

Ich bin sicher, dass es in Ihren Seminaren nicht wie im Fahrstuhl zugeht: Alle schauen nach vorne, keiner hat Kontakt mit dem Nachbarn und niemand sagt was. Natürlich ist es Ihnen ein Anliegen, die Gruppe immer wieder zu aktivieren. Trotzdem möchte ich Sie zu einem Check anregen, ob ein Update zum „Aktivieren" vielleicht doch Sinn macht.

Erste Checkfrage: Was meinen Sie mit „aktivieren"?

Ich habe diese Frage Teilnehmern in meinen Train-the-Trainer-Seminaren gestellt. Die Antwort fiel einhellig aus: „Aktivieren heißt: Ich lasse die Teilnehmer etwas tun. Sie sind dann aktiv, nicht ich." Einverstanden.

Aktivierungen haben Bezug zum Lernstoff

Aber didaktisch ist nicht relevant, *dass* sie etwas tun, sondern *was* sie tun. „Aktivieren" im Seminar sollte also heißen: Die Teilnehmer tun etwas mit dem „Stoff", dem Thema. Es gibt Aktivitäten, bei denen die Teilnehmer sehr wohl etwas tun, aber nichts mit dem Stoff. Ein Beispiel hierfür sind Seminarspiele und andere „Kicks". Das sind keine Aktivierungen als Lernmethode, sondern Zwischenspiele. Auch sie gehören in jedes Seminar, denn sie machen gute Laune, lüften den Kopf durch, wecken auf und vieles mehr. Nennen wir diese Kicks aber besser „Action" statt „Aktivieren" (mehr dazu in der dritten Checkfrage weiter unten).

Aktivieren im Sinne von „die Teilnehmer etwas mit dem Stoff tun lassen" hat zahlreiche Vorteile. Ich habe die wichtigsten schon im Update 1 beschrieben:

Check: Was Aktivierung leistet

- Das neue Wissen wird vielfach verknüpft und gespeichert.
- Man macht Fehler und lernt daraus.
- Man findet Lösungen und lernt daraus.
- Man versteht die Inhalte besser, weil man mit ihnen etwas getan, Fehler gemacht und Lösungen gefunden hat.
- Man genießt positive Gefühle: Stolz, weil das Handeln erfolgreich war; Zufriedenheit, weil man etwas kann und verstanden hat; Selbstvertrauen, weil man Schwierigkeiten meisterte; man erlebt „Sinn", weil man den Wert des Wissens erkannt hat.
- Man entwickelt wegen der guten Erfahrungen und Gefühle beim Lernen nach und nach Interesse an den Lerninhalten. Interesse ist so etwas wie eine Freundschaft, aber nicht zu einer Person, sondern zu einem Thema. Ist das Interesse einmal gewachsen, führt man die Beschäftigung mit dem Bereich auch nach dem Seminar in Eigenregie weiter und wird immer mehr zum Experten.

Eigene Erfahrung ist besser als fremde Erkenntnis.

Nur über das aktive Tun mit einer Sache erwerben wir Erfahrungen. Gotthold Ephraim Lessing meinte zum Unterschied von Lernen durch Fremderfahrung und eigener Erfahrung: „Der aus Büchern erworbene Reichtum fremder Erfahrung heißt Gelehrsamkeit. Eigene Erfahrung ist Weisheit." Wenn ein Teilnehmer sich – allein oder mit anderen – aktiv mit einer Sache auseinandersetzt, stellen sich vielerlei Erfahrungen ein:

- Erfahrungen mit der Sache, dem Thema: was ich schon kann oder weiß und wo ich noch dazu lernen muss, was mich am Thema reizt und womit ich mich einfach nicht anfreunden kann.
- Erfahrungen mit mir: was mir liegt und was nicht, ob ich durchhalte oder schnell aufgebe, wie effizient ich arbeite, wo meine Stärken und Schwächen liegen, woran ich noch arbeiten muss.
- Erfahrungen mit anderen: wie team- und kooperationsfähig ich bin, wie wertvoll Unterstützung ist, wie unterschiedlich Menschen an die gleiche Sache herangehen.

Erfahrungen sind deshalb so mächtige Lernfaktoren, weil wir persönlich involviert sind. Es sind „unsere" Erfahrungen, sie sind authentisch. Sie sind auch situiert (siehe Update 6), denn das Tun, aus dem sie entstehen, erfolgt immer in einer konkreten Situation. Aus diesen Gründen vertrauen wir unseren Erfahrungen blind. Keiner kann sie uns nehmen. Dazu meint Hermann Hesse: „Intellektuelle Erkenntnisse sind Papiere. Vertrauen hat immer nur der, der von Erfahrenem redet."

Wissen wird beweglich ...

..., wenn es auch das Repertoire des Trainers ist.

Schließlich: Erfahrungswissen ist verfügbares, bewegliches Wissen, im Unterschied zum „trägen Wissen" (siehe Update 1), wie man es oft beim nur rezeptiven Lernen durch Zuhören oder Lesen erwirbt. Sollten Trainer also nicht ihre ganze Fantasie darauf richten, den Teilnehmern Erfahrungen durch eigenes Tun zu ermöglichen? Wie steht es mit Ihrer didaktischen Fantasie zum „Aktivieren"?

Zweite Checkfrage: Wie reich ist Ihr Repertoire an aktivierenden Methoden?

Schätzungsweise 80 Prozent der Seminare folgen dem Schema Input-Aktivierung-Input-Aktivierung-Input. Geschätzte 80 Prozent der Aktivierungen sind Gruppenarbeiten nach dem gleichen Strickmuster. Und diese nehmen nur geschätzte 20 Prozent der Seminarzeit ein.

- **Zum Zeitanteil:** Wenn die Schätzung im Großen und Ganzen zutrifft, sind die Teilnehmer nur etwa 20 Prozent der Seminarzeit aktiv mit dem Stoff beschäftigt. Dave Meier, der Autor von „Accelerated Learning" (siehe Update 1) fordert dagegen: Der Ball muss sich 70 Prozent der Zeit im Feld der Lernenden befinden.
- **Zu den Methoden:** Wenn die Schätzung fair ist, praktizieren viele Trainer ein sehr schmales Repertoire an aktivierenden Methoden.
- **Zu den Folgen:** Mangels eigener Aktivität und den damit verbundenen Erfahrungen wird in vielen Seminaren nicht nachhaltig gelernt. Es wird auch verständlich, warum viele Teilnehmer wenig Lust auf Gruppenarbeiten haben. Sie laufen ja immer nach dem gleichen Schema ab. So entsteht leicht eine Negativspirale: Ein Trainer lässt wenig Raum für Aktivierungsphasen und gestaltet sie methodisch fantasielos. In der Folge zeigen

die Teilnehmer wenig Begeisterung für diese Aktivierungen. Der Trainer registriert das und fährt die Aktivierungen weiter zurück.

Ganz ehrlich: Als Teilnehmer wären mir gute Inputs auch lieber als langweilige Gruppenarbeit. Wie Sie aus Ihrer Erfahrung wissen, sind viele Teilnehmer keineswegs hungrig auf eigene Aktivität und eigene Erfahrungen. Das Bildungssystem hat den meisten die Freude am eigenen Tun beim Lernen erfolgreich ausgetrieben. Aber wenn Sie als Trainer nachhaltiges Lernen erreichen wollen, müssen Sie die Teilnehmer aktivieren. Ob Ihnen das gelingt (zugunsten der Teilnehmer), hängt von Ihrem Methodenrepertoire ab.

Dritte Checkfrage: Aktivieren oder „actionieren" Sie?

Aktivierende Methoden müssen begründbar sein.

Eine gute Trainerregel lautet: „Tu nur, was du auch begründen kannst!" Zeit ist in jedem Seminar knapp. Energie und Aufnahmefähigkeit der Teilnehmer sind begrenzt. Daher ist Effizienz gefragt. Haben Sie ein Seminar konsequent auf optimale Effizienz hin geplant, wissen Sie jederzeit, warum Sie wann etwas tun. Wenn ein Teilnehmer fragt „Warum sollen wir jetzt die Gruppen neu mischen?" oder „Können Sie uns die Aufgaben nicht zuteilen anstatt sie wählen zu lassen?" sind Sie in der Lage, eine überzeugende Antwort zu geben. Das gilt auch für aktivierende Methoden.

Vielleicht kennen Sie das: Bei der Vorbereitung Ihres Seminars spüren Sie, dass an einer bestimmten Stelle unbedingt eine Aktivierung her muss. Zum Beispiel, weil Sie eine lange Zeit „von vorne" Inputs gegeben haben. Sie nehmen eine der zahlreichen Sammlungen von Seminar-Spielen zur Hand oder schauen im Internet nach. Dann wählen Sie eine „auflockernde" Methode aus, die Ihnen gefällt. Im Seminar stellen Sie erfreut fest, dass die Teilnehmer tatsächlich ihren Spaß damit haben. Alles okay?

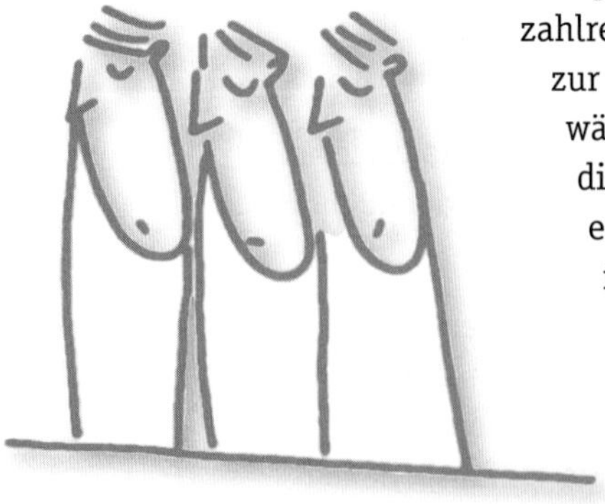

Okay ist, dass es den Teilnehmern bei der Aktivierung gut ging. Okay ist auch, dass sie nach dem aktivierenden Seminarspiel wieder arbeitsfähig waren. Nicht okay ist allerdings, dass die Aktivierung als Kopfschmerztablette diente: Der Trainer spürt, dass die Teilnehmer gestresst oder gelangweilt sind und greift zu einer unterhaltsamen „Action", um die Gruppe wieder „hinzukriegen". Doch wenn Sie bei der Vorbereitung auf eine Stelle stoßen, die nach Action verlangt, wäre es eine bessere Idee, nicht nach der Action-Tablette zu greifen, sondern nach der Ursache zu fragen. Etwa mit immer tiefer grabenden Fragen wie diesen:

Zweck und Ziel der Aktivierung ergründen

- „Warum brauchen die Teilnehmer hier eine Aktivierung?"
  Mögliche Antwort: „Weil sie jetzt müde sind und genug haben."
- „Was hat die Teilnehmer ermüdet?"
  Mögliche Antwort: „Ich habe sehr viel vorgetragen."
- „Warum habe ich so viel vorgetragen?"
  Mögliche Antwort: „Weil ich den Stoff am besten erklären kann."
- „Was könnten die Teilnehmer mit den Erklärungen tun?"
  Mögliche Antwort: „Prüfen, anwenden, üben ..."

Und schon sind Sie auf dem richtigen Weg, nämlich zu zielgerichteten Aktivierungen statt Action. Wenn wie in diesem Beispiel die Teilnehmer schon während der Wissensvermittlung immer wieder etwas Sinnvolles mit den Informationen des Trainers tun, werden sie diese Phase als herausfordernd und interessant erleben. Danach sind sie vielleicht auch geschafft, aber es geht ihnen gut. So gut, wie man sich nach dem Joggen fühlt. Da braucht es kein Seminarspiel oder eine andere Action, um die „Kopfschmerzen" loszuwerden.

Ich mag pfiffige Seminarspiele und fröhliche Teilnehmer. Mit dem Beispiel wollte ich keineswegs Seminarspiele schlechtreden, sondern nur auf eine Gefahr aufmerksam machen: dass man es sich als Trainer angewöhnt, Aktivierungen vor allem als Action einzusetzen, wenn es mal wieder nötig ist. Mit sonstigen Aktivierungen ist man eher sparsam und beschränkt sich auf Konventionelles wie Lehrgespräch und Gruppenarbeit. Richtig wäre, bei jeder Stelle im Seminar zu prüfen, ob es eine sinnvolle Aktivierung gibt.

10-Minuten-Faustregel

Faustregel: Spätestens nach 10 Minuten Trainerauftritt sind die Teilnehmer an der Reihe und tun etwas Sinnvolles und Zielführendes. Seminarspiele und andere Action sind Add-ons, wenn noch Zeit übrig ist.

Vierte Checkfrage: Tun Sie Dinge, die ebenso gut die Teilnehmer tun könnten?

Ganz unabhängig vom zielgerichteten Aktivieren gibt es Aktivitäten, die Sie bisher als Ihr Ding gesehen haben, aber genauso gut den Teilnehmern überlassen können. Hier einige Tipps:

Check

- Die Teilnehmer richten den Raum ein (Stuhlkreis oder Tische usw.).
- Bei Kartenabfragen pinnen die Teilnehmer ihre Karten selbst an. Sie übernehmen auch das Clustern.
- Die Teilnehmer einigen sich über Pausen und deren Dauer. Sie entscheiden auch, wie lange sie für eine Gruppenarbeit oder andere Aufgaben brauchen werden. Vorteil: Sie halten sich dann daran.
- Die Teilnehmer fungieren als Didaktiker: Fragen Sie sie z.B. nach einem Wissensblock, welche Ideen sie haben, um ihr Wissen zu überprüfen.
- Lassen Sie jeden Tag ein Zeitfenster, das Sie den Teilnehmern anbieten. Diese können dann entscheiden, was sie damit Sinnvolles anstellen, z.B. üben, Zusatzwissen erfahren, ein Problem lösen.
- Rollenspiele gestalten die Teilnehmer im Detail aus (Szene, Personen). Sie als Trainer geben nur das Ziel vor.
- Am Flipchart per Zuruf Ideen, Fragen, Anregungen usw. notieren: Das kann auch ein Teilnehmer.
- Für Pausenmusik sind die Teilnehmer zuständig.
- Schalten Sie bei Problemen und Beschwerden, mit denen Teilnehmer zu Ihnen kommen, alle ein. Fragen Sie nach ihren Lösungsideen. Der Trainer ist nicht der Sheriff, auch nicht der alleinige Troubleshooter.
- Verteilen Sie zu Beginn des Seminars an jeden Teilnehmer eine Aufgabe: Jeder zieht verdeckt eine Jobkarte (z.B. „Abendglocke Dienstag" = die Schlussrunde am Dienstagabend gestalten, „Feuerwehr" = Alarm schlagen, wenn es im Seminarprozess raucht oder gar brennt, „Reporter" = zwischendurch einen Stift als Mikro in die Hand nehmen und jemanden – Teilnehmer oder Trainer – interviewen, „Schutzengel" = hilft, wenn jemand Probleme hat usw.).

Downloads zum Aktivieren

Wenn ich ein Seminar vorbereite, macht es mir am meisten Spaß, Aktivierungen auszusuchen oder auszudenken. Meine Inputs gut zu designen finde ich auch einen interessanten Job. Das hat etwas von Innenarchitektur: Man schiebt die Teile hin und her und probiert so lange, bis alles passt.

Aktivierungen haben einen offenen Ausgang.

Doch gute Aktivierungen für das Seminar auszusuchen und richtig zu platzieren ist etwas anders. Da ist man als Trainer nicht Innenarchitekt, sondern Regisseur: Man überlegt, wie man Menschen dazu bringen kann, Dinge zu tun, die man sich als Regisseur wünscht und die zugleich die Akteure weiterbringen. Im Unterschied zu Inputs ist hier vieles offen und das macht die Sache so spannend: Wie werden die Teilnehmer auf die Aktivierung reagieren? Was werden sie dabei erleben? Welche Lernerfahrungen werden sie machen? Wird der erhoffte Gewinn eintreten? Leitlinie ist immer die Frage: „Welche Aktivierung hat die besten Chancen, den gewünschten Erfolg zu erreichen?" Als Trainer muss mir klar sein, was „Erfolg" im konkreten Fall bedeutet, wie ich ihn beschreiben und erfassen kann. Ob ich jeweils eine optimale Aktivierung finde, hängt entscheidend davon ab, wie breit mein Methodenrepertoire ist und wie gut ich die Stärken und Schwächen jeder Aktivierungsmethode kenne.

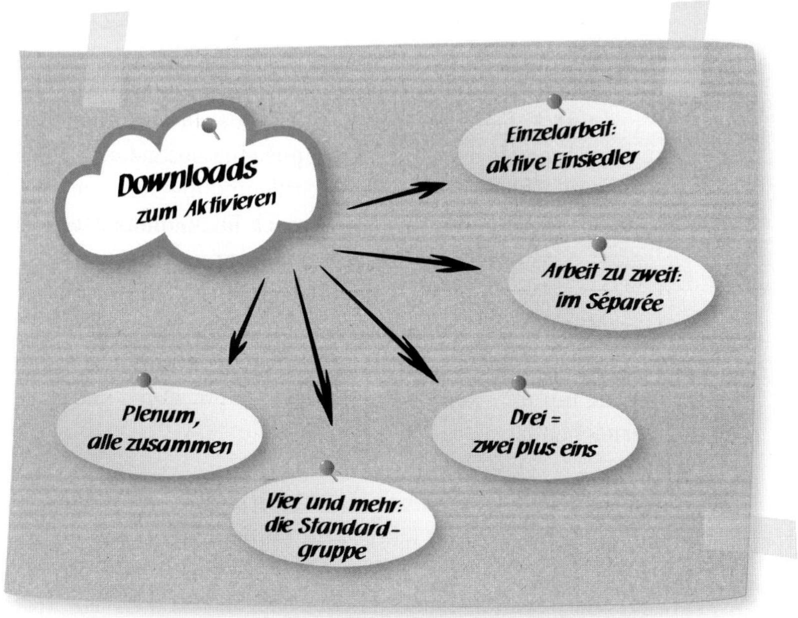

Aktivierungen nach Gruppengröße

Im Folgenden biete ich Ihnen einige Downloads für Aktivierungen an, die ich selbst gerne einsetze. Es sind also nur Beispiele, die Sie dazu anregen sollen, einmal die Aktivierungen unter die Lupe zu nehmen, die Sie in Ihren Seminaren einsetzen. Ich habe die Downloads nach einem simplen Kriterium angeordnet, nämlich der Zahl der Teilnehmer – von Einzelarbeit über Dreiergruppen bis zu den Standardgruppen ab vier Teilnehmern.

Es hätte auch andere Kriterien für eine Ordnung der Aktivierungsmethoden in diesem Update gegeben, z.B. Zeitdauer der Aktivierung (Kurzphasen von wenigen Minuten bis zu wochenlangen Projekten), Ausmaß der Steuerung (von exakt vorgeschriebenen Aktivitäten bis zu offenen Aufgaben), Ziel (Wissen oder Einstellungen oder Verhaltensweisen) oder Art der Aktivität (z.B. explorieren, üben, etwas herstellen usw.). Wenn Sie als aktivierender Trainer gute Regiearbeit leisten, haben Sie natürlich alle Aspekte im Blick.

Auf die Aktivierung von Großgruppen gehe ich im Folgenden nicht ein. Als Trainer habe ich nie mit Großgruppen gearbeitet und kenne die wichtigsten Methoden wie Open Space, World Cafe, Appreciative Inquiry Summit nur als Teilnehmer. Außerdem denke ich, dass nur wenige Leser in Großgruppen trainieren.

Einzelarbeit: aktive Einsiedler

Einzelarbeit = Stille

Wenn jeder Teilnehmer eine Zeit lang für sich alleine eine Aufgabe bearbeitet, entsteht sowohl für den Einzelnen als auch für die Gruppe eine besondere Situation. Als Erstes fallen die Stille und die Vereinzelung auf. Keiner sagt etwas, auch Blickkontakte werden vermieden. Manche Teilnehmer versuchen trotzdem, Kontakt aufzunehmen, durch Flüstern oder Körpersprache. Einzelarbeit ist im Seminar – wo man ja „zusammen" ist – eigentlich eine befremdliche Situation. Deshalb setze ich sie nur ein, wenn das jeweilige Ziel nur durch sie am besten zu erreichen ist.

Einzelarbeit gehört jedoch auch aus dramaturgischen Gründen in jedes Seminar. Ein Seminar läuft ja für die Teilnehmer wie eine organisierte Gruppenreise ab. Morgens sagt die Reiseleiterin, wo es heute hingeht, dann besteigt man das Sammeltaxi oder den Bus, hält irgendwo an, besichtigt etwas. Derart durchorganisiert verläuft der Tag, bis die Sonne untergeht. Als Tourist freut man sich, dass man sich um nichts kümmern muss, dass es Interessantes zu sehen und zu erfahren gibt und man gut mit den Mitreisenden auskommt. Was fehlt, sind Atempausen, Zeitfenster, in denen man „zu sich" kommt, wo man innehält, um nach innen zu schauen.

Planen Sie deshalb in Ihren Seminaren Zeit für eine „Innenschau" Ihrer Teilnehmer in Form der Einzelarbeit für folgende Situationen ein (siehe hierzu auch das Schaubild auf der folgenden Seite):

Check: Anlässe für Einzelarbeit

- sich präsentieren, von sich erzählen,
- Erfahrungen abrufen,
- neue Erfahrungen machen,
- dem Lernen Bedeutung geben,
- Revue passieren lassen und bilanzieren,
- sich etwas vornehmen.

Einzelarbeit in der Situation: Sich präsentieren, von sich erzählen

Der bedeutsamste Anlass für Selbstdarstellung ist der Beginn eines Seminars, wenn die Teilnehmer sich noch nicht kennen. Jeder wünscht sich, gut „anzukommen". Manche gehen es locker und minimalistisch an, andere setzen sich unter Druck und wollen ihre Präsentation perfekt machen. Aber alle haben im Kopf: „You never get a second chance to make a first impression." Sich zum ersten Mal der Gruppe vorzustellen, das ist eine ureigene persönliche Angelegenheit.

Die persönliche Vorstellung in der Hand des Teilnehmers lassen

Unverständlich, dass ausgerechnet das Paar- oder Partnerinterview die mit Abstand häufigste Methode des Kennenlernens in Seminaren ist. Gut gemeint (weil zwei Teilnehmer sich gegenseitig zur Person befragen, also Interesse am anderen entwickeln), aber falsch gedacht (weil der Teilnehmer seine „first impression" einem Fremden in die Hand geben muss). Was diese Situation stattdessen verlangt, sind Methoden, die ...

- für die Teilnehmer einladend und nicht belastend sind,
- etwas von der Eigenart oder Einzigartigkeit jedes Teilnehmers aufscheinen lassen,
- Offenheit erleichtern, denn so entsteht ein Klima des Vertrauens.

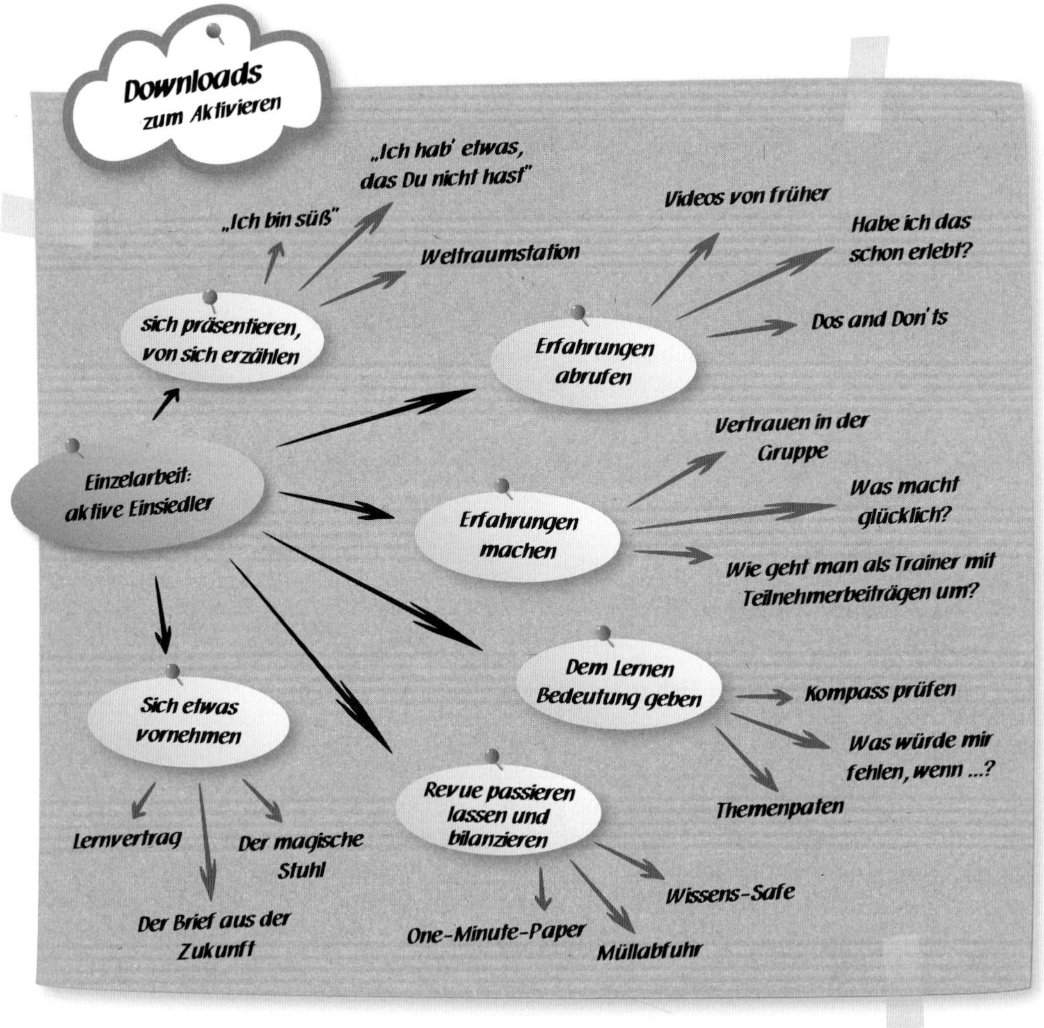

Achtung, hier droht Gefahr!

In den Giftschrank gehören alle Kennenlern-Methoden, welche die Teilnehmer über einen Kamm scheren (Standard-Steckbriefe), zu einem Wettbewerb animieren (Wer kann's am besten?, Wer ist am besten?) oder jemanden blamieren könnten („Bitte alle melden, die nicht verheiratet sind."). Ich bin nirgends im Seminar so vorsichtig wie bei Kennenlern-Methoden und klopfe jede neue, die mir ein Kollege erzählt oder die ich in der Literatur finde, sorgfältig daraufhin ab, ob sie nicht „vergiftet" ist, weil sie einen Teilnehmer gleich zu Beginn eine schlechte Erfahrung machen lässt.

Gerade zu Beginn eines Seminars, beim langsamen Wachsen eines Wir-Gefühls unter den Teilnehmern, möchte ich, dass jeder den Eindruck bekommt: „Hier bin ich Mensch, hier darf ich's sein." Deshalb gefallen mir Methoden wie die folgenden so gut. Die erste passt, wenn sich die Teilnehmer noch nicht kennen. Zur zweiten greife ich gerne, wenn sich schon einige kennen und andere noch nicht. Die dritte Methode ist ideal, wenn sich alle in der Gruppe schon kennen, aber ich als Trainer neu bin. Das ist der Normalfall bei Inhouse-Seminaren.

Methode

▶ „Ich bin süß"

Sie kaufen mehrere Beutel verschiedener Süßigkeiten (Gummibärchen, Stickers, Smarties, Mandeln usw.) und schütten diese auf einen Seminartisch. Jeder Teilnehmer greift sich drei verschiedene Stücke heraus. Wenn alle Teilnehmer wieder an ihrem Platz sitzen, denken sie einige Minuten darüber nach, ob es Übereinstimmungen zwischen ihnen und den mitgenommenen Süßigkeiten gibt. Reihum hält dann jeder eine Süßigkeit hoch und erzählt, was sie mit ihm verbindet. Man kann, aber muss nicht zu allen drei etwas sagen.

Damit es nicht zu allgemein wird (Beispiel: „Ich bin wie ein Gummibärchen: sympathisch, beweglich, farbig."), sagen Sie als Trainer vorher: *„Jeder von uns ist neugierig darauf, etwas von der Eigenart jeder Person hier im Raum zu erfahren. Schildern Sie also Ihre Ähnlichkeiten mit dem Süßen bitte so konkret wie möglich."*

Was mir an der Methode gefällt: Jedem Teilnehmer steht frei, was er oder sie von sich erzählen möchte. Die Süßigkeiten machen das Reden über sich leichter. Zur Belohnung darf man seine Hilfsmittel auch noch aufessen.

Sie können statt Süßigkeiten auch andere Objekte mitbringen, z.B. kleine Plastiktiere, Allerlei aus Büro oder Haushalt (Heftklammern, Gummiringe, Schrauben usw.), Objekte aus der Natur (Kiesel, Blätter, Gemüse, Obst, Blumen, kleine Zweige, Rinde usw.). Manchmal geben auch das Thema des Seminars oder der Beruf der Teilnehmer Anregungen für passende Objekte.

Methode

▶ „Ich hab' etwas, das du nicht hast"

Jeder Teilnehmer bereitet sich zuerst auf eine Kennenlernrunde vor. Aufgabe ist, zwei – bei kleinen Gruppen drei – persönliche „Besonderheiten" zu finden, die eher selten sind, die also vermutlich niemand sonst in der Gruppe aufweist. Beispiele: spricht etwas Chinesisch, züchtet Vogelspinnen, war im Regenwald, liebt japanische Koto-Musik, hat einen Roman geschrieben, hat Eric Clapton die Hand geschüttelt, war Schulsprecher, hat fünf Vornamen, hat zwei Augenfarben usw.

Wenn alle etwas für ihre Person gefunden haben, teilt sich die Gruppe in einen Innenkreis und einen Außenkreis, sodass sich Paare bilden, die sich gegenüberstehen. (Sie haben diese Methode „Kugellager" bereits oben im Zusammenhang mit Stegreifrollenspielen kennengelernt.) Teilnehmer, die sich schon vor dem Seminar kannten, stellen sich in den gleichen Kreis, außen oder innen. Nun beginnen die Partner im Außenkreis und sagen zu ihrem Gegenüber im Innenkreis: „Ich heiße ... Meine zwei seltenen Kennzeichen sind: ..." Daraufhin antwortet der Partner im Innenkreis nach dem gleichen Schema.

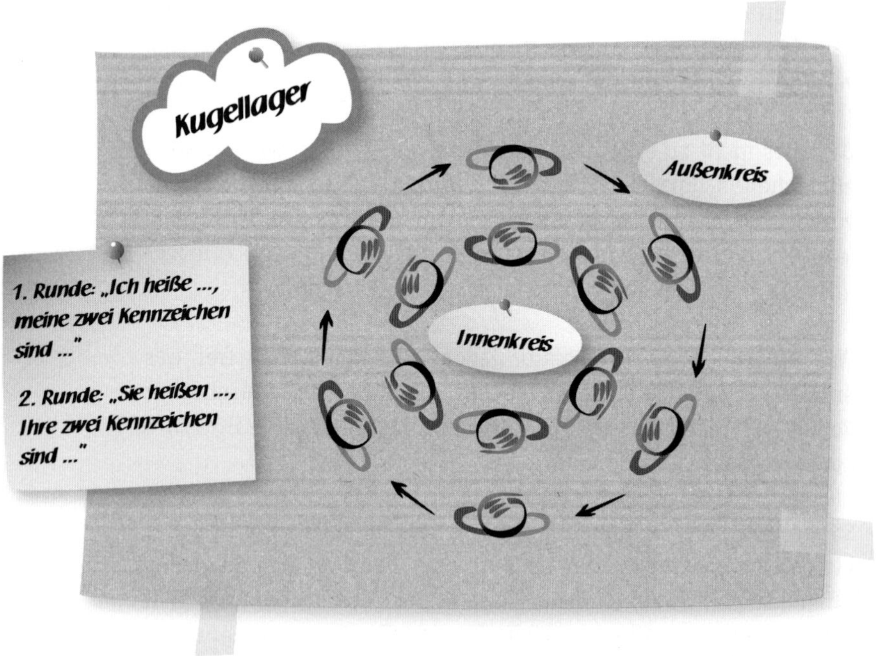

Danach rücken die Teilnehmer im Außenkreis im Uhrzeigersinn eine Person weiter. Die Personen im Innenkreis bleiben auf ihren Positionen. Alle haben nun einen neuen Partner und beginnen erneut mit der gegenseitigen Vorstellung. Die Außenkreisler rücken schrittweise so lange immer eine Person weiter, bis sie wieder ihrem ersten Partner im Innenkreis gegenüberstehen.

Natürlich denken alle, die Vorstellungsrunde sei zu Ende. Doch der Trainer läutet eine zweite Runde mit vertauschten Rollen ein: *„Jetzt das Ganze noch einmal. Nur mit dem Unterschied, dass Sie Ihrem Gegenüber Folgendes sagen: ‚Sie heißen ... Und Ihre zwei seltenen Kennzeichen sind ...'"* Alle schauen verdutzt und begreifen so langsam, dass sie wohl vieles wieder vergessen haben, was sie von den anderen Teilnehmern gehört haben. In dieser zweiten Runde gibt es Verlegenheitsgesten und entschuldigendes Lachen zu beobachten. Die Partner helfen der Erinnerung notfalls freundlich auf die Sprünge. Wenn die zweite Runde vorüber ist, kennt wenigstens die Hälfte der Teilnehmer – innerhalb von Außen- und Innenkreis gibt es ja keinen Kontakt – alle Namen und einiges Persönliche, das man in der nächsten Kaffeepause vertiefen kann.

Zusatzrunde: Ein Ball kommt ins Spiel.

Wenn Sie eine große Gruppe haben und wollen, dass sich alle näher kommen, hängen Sie an die beiden Runden im Kugellager noch eine Zusatzrunde an. Alle stellen sich in einen großen Kreis. Sie geben einem Teilnehmer einen Softball und lassen ihn jemand zuwerfen, mit dem er noch keinen Kontakt hatte. Jemand, der es weiß, ruft dazu den Namen und die besonderen Kennzeichen. Dann wirft der Vorgestellte den Ball an jemand weiter, den er oder sie im Kugellager noch nicht kennengelernt hat. Das muss schnell gehen, so dass schon nach ein paar Minuten die noch verbliebenen Wissenslücken aus dem Kugellager aufgefüllt sind.

Was mir an dieser Methode gefällt: Man erfährt von jedem etwas Persönliches und lernt gleich noch die Namen. Die Überraschung der zweiten Runde ist ein heilsamer Schock: Es wird jedem bewusst, ob er oder sie sich beim Vorstellen wirklich für jeden anderen interessiert hat oder nur mit sich beschäftigt war. Das können Sie zum Abschluss kurz ansprechen.

Methode

▶ „Weltraumstation"

Bei Inhouse-Seminaren ist die Anfangssituation eine spezielle: Die Teilnehmer sind Kollegen und kennen sich schon. Nur Sie als Trainer sind neu. Wie Sie sich vorstellen, wird Ihnen kein Kopfzerbrechen bereiten. (Obwohl es nicht schadet, wenn Sie Ihre Routine-Vorstellung hin und wieder überdenken.) Doch wie erfahren Sie zu Beginn etwas über jeden Teilnehmer, ohne dass sich die Runde langweilt?

Ich sage, dass ich neugierig auf die Teilnehmer bin und auf ihre Hilfe hoffe, weil sie sich ja schon kennen. Dazu hätte ich mir auch ein Szenario überlegt: *„Ich bin bei der NASA. Nach vielen Tests haben sie mich auserwählt, drei Monate auf einer Weltraumstation zu verbringen. Ich habe das Privileg, auszusuchen, wer als zweite Person mit in den Orbit darf. Ich weiß, dass es nicht einfach sein wird, ein Vierteljahr zu zweit im Weltall miteinander auszukommen. Deshalb will ich nichts falsch machen. Sie sind die Kolleginnen und Kollegen, aus denen ich eine Wahl treffen muss. Ich bitte reihum, dass jeder mir ein paar Tipps gibt, warum ich ausgerechnet seinen links sitzenden Nachbarn oder Nachbarin mitnehmen soll. Ich bin natürlich auch dankbar, wenn Sie mir einen Hinweis geben, was ich bei dieser Person beachten sollte, damit alles gutgeht. Sie haben jeweils eine Minute Zeit."* Nun geht es reihum, bis ich zu jedem Teilnehmer etwas erfahren habe.

Ich habe diese Methode oft angewendet und war jedesmal überrascht, wie viel ich damit erfahre. In diesem Falle habe ich übrigens kein Problem damit, eine Ausnahme von der sonst eisernen Regel zu machen, dass sich in der Anfangssituation jeder selbst vorstellt. Denn in diesem Fall kennen sich alle schon. Hier ist es für mich als Trainer wichtig, früh ein Gefühl dafür zu bekommen, wie die Teilnehmer miteinander umgehen: ob sie offen und locker oder brav und formell über sich reden, ob manche Teilnehmer geringer geschätzt werden als andere, wie die Teilnehmer auf Aussagen zu ihrer Person reagieren. Und ich erfahre einiges – wenn auch auf dem Umweg der Fremdwahrnehmung – über jeden Teilnehmer. Manchmal will die Gruppe nach der Runde wissen: *„Wen nehmen Sie denn jetzt mit?"* Ich sage dann: *„Dazu müsste ich eine zweite Runde machen und jeden fragen, ob er mit mir tatsächlich drei Monate in den Weltraum will. Sie wissen ja nicht, worauf Sie sich da einlassen."*

Vorab: normale Kennenlernrunde – kurz und klassisch

Vor diesen persönlichen Kennenlern-Methoden führe ich meistens den Teilnehmern zuliebe eine kurze erste Runde nach dem klassischen Muster durch. Ich bitte die Teilnehmer, mir drei Punkte zuzurufen, zu denen sie von Jedem ein paar Takte hören wollen und notiere sie auf dem Flipchart. Es sind fast immer die gleichen Fragen: nach Name, Beruf und Position, Hobby. Jeder beantwortet sie dann reihum. Damit ist die erste Neugier der Teilnehmer zufriedengestellt. Sie sind diese Standardrunde aus früheren Seminaren gewohnt. Danach starte ich die persönliche Kennenlern-Runde wie in den drei Beispielen beschrieben.

Einzelarbeit in der Situation: Erfahrungen abrufen

Das Wissen in den Köpfen abrufen

Bei Update 6 haben Sie Möglichkeiten gelesen, wie Sie Ihr Seminar situieren können. Die überzeugendsten Situationen – weil sie authentisch sind – stecken in den Köpfen Ihrer Teilnehmer. Jeder von ihnen hat zum Thema des Seminars Erlebnisse in seinem Langzeitspeicher archiviert. Wie können Sie diesen Erfahrungsschatz für Ihr Seminar fruchtbar machen? Hier einige Anregungen zum Downloaden.

Methode

▶ „Videos von früher"

Beispiel: Sie starten einen neuen Seminarabschnitt zum Thema „Systematik eines Beratungsgesprächs". Als Einstieg regen Sie die Teilnehmer zu einem Ausflug in ihre Erfahrungen an: *„Ich lade Sie jetzt ein, Ihre Erfahrungen aufzusuchen. Schließen Sie die Augen und entspannen Sie sich. Stellen Sie sich vor, Sie sitzen mit einer anderen Person zusammen und hören ihr zu. Sie erzählt Ihnen, dass sie in Schwierigkeiten steckt und hofft, dass Sie einen Rat geben können, der ihr weiterhilft. Warten Sie nun einen Moment, bis Ihnen eine Person einfällt, mit der Sie eine solche Situation tatsächlich erlebt haben. Heben Sie bitte die Hand, wenn die Situation wieder auf Ihrem Bildschirm ist. Schauen Sie sich jetzt die Situation wie in einem Video an. Wie hat sie begonnen? Was war das Problem des Ratsuchenden? Wie ging es Ihnen als Ratgeber? Konnten Sie der Person helfen? Hatte die Lösung Bestand? Haben Sie etwas aus dieser Erfahrung mitgenommen? Öffnen Sie die Augen erst, wenn Sie die Situation bis zum Ende noch einmal durchlebt haben."* Wenn alle Teilnehmer wieder mit offenen Augen dasitzen, können Sie einige Beispiele erzählen lassen. Dann fassen Sie zusammen und formulieren einen passgenauen Übergang zu Ihrem Input.

Der situative Rahmen passt zum Input.

Jetzt können Sie sicher sein, dass jeder Teilnehmer einen situativen Rahmen gebaut hat, in den er oder sie Ihre nachfolgenden Informationen einbauen wird. Methodisch hat das Vorgehen etwas von einer geleiteten Fantasie, aber eben nur etwas, denn Sie leiten die Fantasie lediglich ein und lassen dann die Teilnehmer Ihre Erinnerungsvideos allein abspielen.

Vielleicht finden Sie, es sei besser, diese Übung nicht in Einzelarbeit durchzuführen. Man könnte ja zu zweit oder zu dritt über Erfahrungen zum Thema nachdenken und sie sich erzählen. Ich denke aber, dass die ganz auf sich bezogene meditative Erinne-

© managerSeminare

rungsreise eindrucksvoller und nachhaltiger ist. Die Teilnehmer sollen die wachgerufene Erfahrung ja während des kommenden Seminarabschnitts lebhaft präsent halten.

Methode

▶ „Habe ich das schon erlebt?"

Auf einer Pinnwand mit der Hauptüberschrift „Beratungsgespräch" bereiten Sie mit Überschriftenwolken und senkrechten Linien drei bis vier Rubriken vor, etwa „Das hat nicht geklappt", „Das hat funktioniert", „Das ist mir heute noch ein Rätsel" (siehe Abb.).

Sie sagen dazu: *„Jetzt sind Ihre Erfahrungen gefragt. Sie alle haben ja schon anderen bei einem Problem mit Rat und vielleicht auch Tat geholfen, also ein Beratungsgespräch geführt. Schauen Sie die Rubriken an der Pinnwand an. Erinnern Sie sich an Ihre Erfahrungen: Fällt Ihnen etwas ein, das funktioniert hat? Fällt Ihnen etwas ein, das bei Ihrer Beratung schief gelaufen ist? Haben Sie beim Beraten etwas erlebt, was Sie bis heute nicht erklären können? Wenn Sie zu einer oder mehreren Rubriken Erfahrungen gemacht haben, schreiben Sie auf eine Moderationskarte nur Ihren Namen und hängen Sie die Karte in die passende Rubrik. Wir hören uns dann nachher einige Erfahrungen an. Das hilft Ihnen dabei, in unser Thema einzusteigen."*

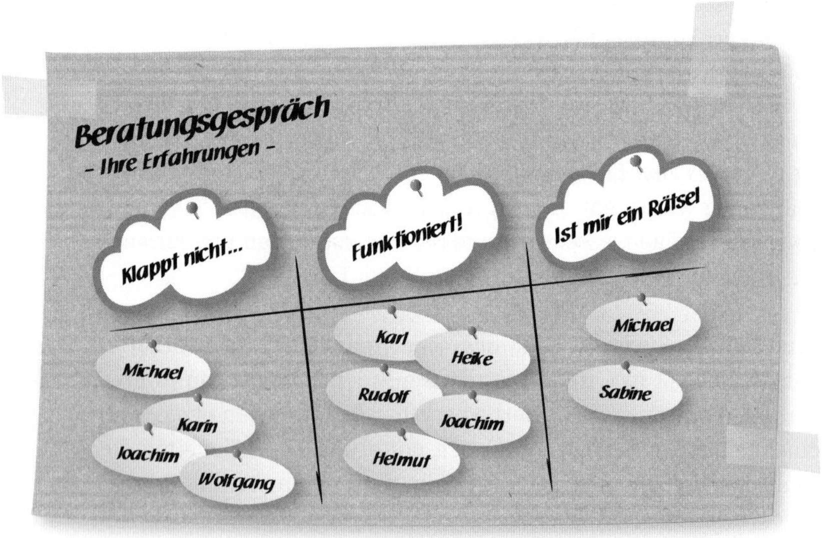

Warten Sie – wie immer bei Kartenabfragen – bis keiner mehr schreibt und geben Sie dann die Pinnwand zum Anheften frei. Wenn alle Teilnehmer wieder sitzen, nehmen Sie sich eine Rubrik nach der anderen vor und rufen einige Namenskarten auf. Nach jeder Rubrik halten Sie das Wichtigste fest oder lassen das einen Teilnehmer machen. Fünfzehn bis zwanzig Minuten sind eine gute Zeit für dieses Warming-up.

Die Pinnwand mit den Karten und Namen bleibt während des folgenden Thementeils stehen. Sie können während Ihres Inputs immer wieder den einen oder anderen Teilnehmer und seine Karte ins Spiel bringen, wenn es passt.

▶ „Dos and Don'ts"

Methode

Die Teilnehmer nehmen zum Thema die Rolle eines alten Hasen ein. Am Beispiel „Beratungsgespräch" könnte sich Ihre Einleitung so anhören: *„Wir starten jetzt einen neuen Abschnitt. Es geht darum, wie man sich professionell verhält, wenn man jemanden beraten möchte. Sie alle haben Erfahrungen mit dieser Situation, als Berater wie als Ratsuchender. Ich spreche Sie jetzt als Experten an. Stellen Sie sich vor, jemand kommt zu Ihnen und bittet Sie um Tipps, wie man sich in einem Beratungsgespräch am besten verhält und was man auf keinen Fall tun sollte. Mit dieser Situation will ich Sie zu folgendem Experiment anregen: Suchen Sie in Ihren Erinnerungen Beratungsgespräche auf, die Sie als Ratsuchender oder als Berater geführt haben. Destillieren Sie aus Ihren Erfahrungen die drei wichtigsten ‚Dos' und die drei wichtigsten ‚Don'ts' für jemanden, der lernen will, wie man professionell berät. Schreiben Sie Ihre ‚Dos' auf je eine grüne Karte, die ‚Don'ts' auf eine rote Karte. Wir werden alle Karten anpinnen und schauen, welche Tipps in dieser Gruppe am häufigsten vorkommen."*

An die Pinnwand heften Sie in der linken Hälfte eine leere grüne Karte; darunter hängen später die Teilnehmer ihre „Dos". Über die rechte Hälfte pinnen Sie eine rote Karte. Darunter sammeln sich die „Don'ts". Wenn alle Karten angebracht sind, kann die Gruppe in jeder Spalte die drei am häufigsten genannten „Dos" und „Don'ts" ermitteln.

Auch hier lassen Sie die Pinnwand während des Themenblocks stehen und gehen auf den einen oder anderen Tipp ein, wenn es sich gerade anbietet.

Teilnehmererfahrungen in den Lernprozess einbauen

Wichtig ist, dass Sie als Trainer es nicht bei dem Beleben von Erfahrungen der Teilnehmer belassen, sondern diese Erfahrungen immer wieder in den Lernprozess einbauen. Sie dürfen nur nicht

© managerSeminare

der Versuchung nachgeben, ausschließlich solche Erfahrungen aufzugreifen, die Ihren Ansatz bestätigen. Gerade die nicht mit Ihrem Angebot übereinstimmenden Erfahrungen müssen auf den Tisch und gemeinsam geklärt werden.

Offen mit unterschiedlichen Meinungen umgehen

Am Beispiel Beratungsgespräch: In Ihrem Konzept darf der Beratende auf keinen Fall einen Rat geben. Stattdessen entwickelt er mit dem Ratsuchenden Optionen und spielt sie in Gedanken durch. Die Entscheidung für eine Option liegt beim Anliegenträger. Beim Sammeln der „Dos" haben allerdings drei Teilnehmer geschrieben: „Offen sagen, was man für das Beste hält." Da gibt es also unterschiedliche Meinungen. Gut, dass das durch die Kartenabfrage sichtbar geworden ist. Als Trainer sollten Sie jetzt einen Plan haben, wie Sie den Konflikt bearbeiten. Eine Möglichkeit: Sie bitten für jede Position zwei Teilnehmer nach vorne und lassen diese ein paar Minuten diskutieren. Wenn Sie noch einen Stuhl freilassen, kann sich jederzeit noch ein Teilnehmer als Gast – allerdings nur für einen einzigen Beitrag – zur Runde gesellen. Nach maximal zehn Minuten brechen Sie ab und begründen noch einmal Ihre Position, wenn nötig. So haben Sie eine Chance, die Sicht der drei Teilnehmer zu verändern.

Aus Erfahrung gewachsene Überzeugungen zu verändern, ist eine der schwersten Aufgaben, weil jeder seinen Erfahrungen blind vertraut. Im Beispiel haben drei Teilnehmer die Erfahrung gemacht, dass es gut war, einem Ratsuchenden in aller Klarheit zu sagen, was man selbst für das Beste hält. Sie als Trainer vermitteln jedoch die Strategie „Beraten, ohne einen Rat zu geben". Sinnlos wäre es, den Teilnehmern einreden zu wollen, dass ihre Erfahrungen nicht stimmten. Die einzige Chance besteht darin, ihre Sichtweise zu erweitern, Aspekte einzubringen, die sie bisher noch nicht wahrnehmen und erfahren konnten. Damit verschiebt sich möglicherweise das Gesamtbild in eine andere Richtung.

Neu für die drei Teilnehmer könnte etwa sein, dass sie sich die weiteren Folgen des Ratgebens vor Augen führen. Wenn der Rat funktioniert, ist es der Ratgebende, der sich den Erfolg auf die Fahne schreibt. Der Ratsuchende kann daraus kein gestärktes Selbstvertrauen gewinnen. Im negativen Fall – wenn der Rat nicht funktioniert – wird der Ratsuchende dem Ratgebenden die Schuld geben. Das sind konkrete Folgen der Tatsache, dass man mit einem Rat dem Ratsuchenden die Verantwortung für (s)eine Entscheidung abnimmt. Wenn es zu den genannten Folgen noch authentische Erfahrungsberichte anderer Teilnehmer gibt, könnte die Überzeugung „Guter Rat schadet nie" bei den drei Teilnehmern ins Wanken geraten und sie für Ihr Konzept einnehmen.

Einzelarbeit in der Situation: Erfahrungen machen

In guten Seminaren arrangiert der Trainer immer wieder Situationen, in denen die Teilnehmer etwas erleben und damit etwas über sich erfahren. Das sind keine langen Übungen, sondern kurze „Experimente mit sich selbst". Sie lösen in den Teilnehmern ein „Aha-Erlebnis" aus, weil sie sich bei etwas beobachten, das sie überrascht. In einem Seminarabschnitt über soziale Wahrnehmung zeige ich manchmal den Teilnehmern Porträtfotos und lasse sie Eigenschaften der Personen erraten. Wenn ich danach zum Beispiel aufdecke, dass der sympathische und gut aussehende Gentleman kein Schriftsteller war, sondern ein grausamer Diktator mit Blut an den Händen (der albanische Präsident Hoxha) und die finster blickende Frau niemandem Böses tat, sondern 1931 den Friedensnobelpreis erhielt (Jane Adams), ertappt sich jeder dabei, wie man sich beim ersten Eindruck täuschen kann.

Die Macht der Erfahrung als Hebel nutzen

Fast alle menschlichen Fehler – Entscheidungsfehler, Selbsttäuschungen, Konformitätsfehler, Wissensillusion usw. – lassen sich in ähnlicher Weise durch kurze Übungen im Seminar unmittelbar erfahrbar machen. Während Erfahrungen der eigenen Schwächen bei den Teilnehmern ein Gefühl des „Wie konnte mir das nur passieren?" hinterlassen, gibt es auch Übungen, die positive Erfahrungen vermitteln. Ein klassisches Beispiel ist der „Vertrauensfall". Teilnehmer bilden mit ihren Händen eine Art Hängematte, in die sich ein einzelner Teilnehmer fallen lässt. Wer das erlebt hat, weiß, wie sich Vertrauen und Aufgefangenwerden anfühlen.

Ich habe Ihnen weitere Beispiele ausgesucht, in denen Teilnehmer – jeder für sich – intensive Erfahrungen zu Themen machen, die man mit Reden und Umschreiben nicht annähernd so gut vermitteln kann. Und dies innerhalb weniger Minuten. Die Beispiele sollen Sie anregen, sich in der Literatur nach weiteren Übungen umzusehen und Ihr Seminar damit zu bereichern.

© managerSeminare

Methode Geldspiel

▶ Erfahrungsübung zum Thema „Vertrauen in die Gruppe"

Sie suchen neun Teilnehmer für ein Spiel, mit dem man Geld verdienen kann. Jeder Freiwillige bekommt von Ihnen einen leeren Briefumschlag. Die anderen Teilnehmer schauen zu. Projizieren Sie nun die Regeln mit dem Beamer und lesen Sie diese vor:

- Jeder Teilnehmer legt einen Geldbetrag seiner Wahl in seinen Umschlag.
- Die Teilnehmer dürfen weder vor noch während des Spiels Kontakt mit den Mitspielern aufnehmen.
- Zur Vorbereitung haben die Spieler drei Minuten Zeit zum Nachdenken, bevor sie ihren Einsatz in den Umschlag stecken.
- Wenn der Gesamtbetrag in den Umschlägen 50 Euro und mehr beträgt, bekommt jeder Teilnehmer vom Trainer sieben Euro. (Unabhängig von seinem Einsatz, denn der individuelle Einsatz bleibt anonym.) Liegt der Gesamtbetrag auch nur einen Cent unter 50 Euro, gibt es keine Auszahlung.

Gretchenfrage: Agiert der Einzelne gruppendienlich?

Die Umschläge werden eingesammelt und gemischt. Jeder Betrag wird von einem Teilnehmer aus der Beobachtergruppe gezählt und auf dem Umschlag notiert. Dieser Teilnehmer ermittelt auch die Gesamtsumme. Sie fließt an den Trainer. Nun zu den Auszahlungen: Bei etwas Nachdenken kommt man darauf, dass der optimale Fall eintritt, wenn jeder 5,56 Euro in den Umschlag legt. In den Kuverts befinden sich dann 50,04 Euro. Der Trainer muss aber 63 Euro auszahlen. Der Knackpunkt: Vertraut jeder darauf, dass sich alle Mitspieler gruppendienlich verhalten? Oder wird der eine oder andere versuchen, ein Schnäppchen zu machen, indem er wenig oder nichts in den Umschlag steckt und hofft, dass Andere großzügiger sind?

Ich habe bei dieser Übung noch nie eine Gruppe erlebt, die einen Gewinn erzielte. Immer gab es Mitspieler, die keinen oder einen lächerlich geringen Einsatz investierten, weil sie den anderen nicht trauten und nur an ihren Vorteil dachten. Spannend ist die Auswertung:

Auswertungsfragen

- Was ging jedem durch den Kopf, als er oder sie über den Einsatz nachdachte?
- Wie fühlt man sich, wenn man im Vertrauen auf die Anderen fünf Euro oder mehr investiert und dann enttäuscht wird?

- Warum haben sich am Ende alle geschadet?
- Gibt es Ähnliches im alltäglichen Leben?

- **Erfahrungsübung zum Thema „Was macht glücklich?"**

Methode

Machen Sie mit den Teilnehmern zwei kurze Gedankenexperimente. Sagen Sie: *„Stellen Sie sich vor, Sie bekommen 100 Euro geschenkt. Allerdings unter der Bedingung, dass Sie dieses Geld nur für sich ausgeben. Notieren Sie auf einem Blatt Papier zwei Punkte. Erstens: Wie glücklich fühlen Sie sich damit auf einer Skala von 0 bis 10 (zehn ist sehr glücklich)? Zweitens: Wie lange glauben Sie, wird Ihr Glücksgefühl anhalten? Geben Sie die Dauer in Minuten, Stunden, Tagen oder mehr an."*

Wenn alle Teilnehmer ihre Schätzungen festgehalten haben, fahren Sie fort: *„Stellen Sie sich wieder vor, Sie bekämen 100 Euro geschenkt. Diesmal ist aber die Bedingung, dass Sie den Betrag jemand anderem schenken. Stellen Sie sich auch diese Situation lebhaft vor und beantworten Sie wieder die beiden Fragen von vorhin. Erstens: Wie glücklich fühlen Sie sich nun auf einer Skala von 0 bis 10? Zweitens: Wie lange glauben Sie, wird Ihr Glücksgefühl anhalten?"*

Zur allgemeinen Überraschung entdeckt die Mehrzahl der Teilnehmer, dass Geben tatsächlich seliger ist als Nehmen.

- **Erfahrungsübung zum Thema „Wie geht man als Trainer mit Teilnehmerbeiträgen um?"**

Methode

Diese Übung passt sehr gut in ein Train-the-Trainer-Seminar und verblüfft die Teilnehmer jedes Mal. Sie müssen sich allerdings zuvor mit der Vorgehensweise vertraut machen. Als Material brauchen Sie einen Satz Skatkarten. Nehmen Sie eine Karte per Zufall heraus. Prägen Sie sich diese Spielkarte gut ein. Nehmen wir als Beispiel eine Pik-Neun. Heften Sie die Karte mit der Rückseite nach vorne an eine Pinnwand. Wenn alle Teilnehmer an ihren Plätzen sitzen, geben Sie den Tagesüberblick.

Der Trick mit der Skatkarte

Unvermittelt greifen Sie nach dem Stapel Skatkarten und sprechen eine Teilnehmerin an: *„Frau Löffler, Skatkarten kommen in zwei Farben vor, rot oder schwarz. Welche Farbe wollen Sie haben?"* Frau Löffler sagt: *„Schwarz."* (Sie registrieren: Gut so, passt zu meiner Pik-Neun.) Sie fragen weiter: *„Okay, dann arbeiten wir mit den schwarzen Karten weiter. Da gibt es Kreuz und Pik. Welche nehmen Sie?"* Frau Löffler: *„Kreuz."* Sie: *„Gut gewählt. Sie haben jetzt die*

Kreuzkarten." Dann wende ich mich Herrn Wiesendahl zu: *„Frau Löffler hat ihnen die Pikkarten gelassen. Es gibt welche mit Zahlen und welche mit Bildern. Welche nehmen Sie?"* Herr Wiesendahl: *„Die mit Bildern."* (Sie stellen fest: Passt nicht zu meiner Pik-Neun.) Sie bleiben seelenruhig und sprechen Frau Kettler an: *„Für Sie bleiben die Pikkarten mit Zahlen. Es gibt vier davon: sieben, acht, neun und die Zehn. Wollen Sie eine Pik mit gerader oder ungerader Zahl?"* Frau Kettler entscheidet sich für „Ungerade". (Jetzt sind wir der Pik-Neun ganz nahe.) Sie fragen weiter: *„Sie haben die Pik-Sieben und die Pik-Neun. Welche Karte geben Sie mir?"* Frau Kettler entscheidet sich: *„Ich gebe Ihnen die Pik-Sieben."*

Sie fassen zusammen: *„Wir sind mit 32 Karten gestartet und haben nach und nach alle verteilt. Die letzte, die Pik-Neun, landete bei Frau Kettler. Frau Kettler, schauen Sie bitte, welche Karte an der Pinnwand hängt?"* Frau Kettler geht hin, dreht die Karte um, ist verblüfft über die Pik-Neun und zeigt die Karte der Gruppe. Staunen auf allen Gesichtern.

Die „Hellseher"-Fragetaktik

Mit Sicherheit kommt jetzt die Frage nach dem Trick. Sie decken Ihre Fragetaktik auf:

- Vorgehen in der Reihenfolge Farbe (rot oder schwarz), Zeichen (bei „rot" Karo oder Herz, bei „schwarz" Pik oder Kreuz), Zahlen oder Bilder (wenn „Zahlen" gerade oder ungerade, wenn „Bilder" männlich oder weiblich).

- Grundstrategie: Bekomme ich eine Antwort, die zur Zielkarte führt, frage ich diesen Teilnehmer weiter; bekomme ich diese Antwort nicht, wechsle ich zu einem anderen Teilnehmer („Für Sie bleibt nun übrig ..."). Hätte Ihnen Frau Kettler bei der letzten Wahl die Pik-Neun gegeben, hätten Sie die Zusammenfassung leicht verändert: *„Wir sind mit 32 Karten gestartet und haben nach und nach alle verteilt. Frau Kettler hat mir zum Schluss die Pik-Neun gegeben."* Diesmal gehen Sie zur Pinnwand, drehen die Karte um, heben sie hoch und sagen: *„Herzlichen Dank."*

Der Bezug zum Thema „Umgang mit Teilnehmerbeiträgen": Die Spielkarte an der Pinnwand steht für das Lernziel. Teilnehmerbeiträge (Antworten auf Fragen, Ergebnisse von Gruppenarbeiten usw.) können zum Ziel führen oder von ihm wegführen. Wie im Spiel sollte man als Trainer alle Beiträge, auch die wegführenden, mit Respekt behandeln, aber nur bei zielführenden weiterfragen.*

Einzelarbeit in der Situation: Dem Lernen Bedeutung geben

Schüler leiden darunter, dass sie auf Vorrat lernen müssen. Motto: „Irgendwann werdet ihr das brauchen." Das ändert aber nichts daran, dass ihnen vieles sinnlos vorkommt. Es hat für ihr jetziges Leben keine Bedeutung. Die Folge ist „null Bock". Man könnte meinen, in der Erwachsenenbildung sei das ganz anders. Seminare und Trainings seien doch auf den Alltag der Teilnehmer zugeschnitten. Der Nutzen liege auf der Hand. In vielen Fällen mag das zutreffen. Aber ich erinnere Sie an den unerbittlichen „Lohnt-es-sich?"-Sensor. Es gibt kaum ein Seminar, in dem er bei dem einen oder anderen Teilnehmer nicht zeitweise in den roten Bereich rutscht.

Bedeutsamkeit heißt: „Das ist ***mir*** *wichtig."*

In Update 6 haben Sie Tipps kennengelernt, wie Sie ihn im grünen Bereich halten können. Doch „Bedeutsamkeit herstellen" ist etwas mehr als „Lohnt-es-sich?". Wenn der Sensor auf „grün" steht, sind die Teilnehmer gerne dabei und engagieren sich, weil sie überzeugt sind, dass das Lernangebot ihnen Vorteile bringt. „Bedeutsamkeit" heißt jedoch: „Das ist *mir* wichtig. Das bringt *mich* weiter." Wenn ein Teilnehmer davon überzeugt ist, wird er oder sie noch intensiver lernen. Die Bedeutsamkeit eines Lernstoffs für jeden Teilnehmer können Sie – im Unterschied zum Aufzeigen des Nutzens – als Trainer kaum beeinflussen. Ob etwas bedeutsam ist, darüber entscheiden die persönlichen Werte und Ziele des Teilnehmers. Sie können die Teilnehmer allerdings anregen, einmal über die Bedeutsamkeit dieses Seminars oder Seminarabschnitts nachzudenken. Dafür ist Einzelarbeit die richtige Methode.

Eine Frage der persönlichen Ziele und Werte

Mit einem müssen Sie rechnen: Für die meisten Teilnehmer ist es ungewohnt, ein Lernangebot mit ihren persönlichen Zielen und Werten abzustimmen. Die Nutzen-Perspektive ist ihnen vertraut, Bedeutsamkeit ist neu.

Nicht diskutieren!

Mein Tipp: Wenn Sie eine der folgenden Methoden ausprobieren wollen oder eine eigene Methodenidee haben, dann wenden Sie sie einfach an. Erklären Sie nicht, diskutieren Sie nicht, sagen Sie den Teilneh-

Quelle: Diese Übung habe ich im „Thiagi Gameletter" Ausgabe Juni 2006 entdeckt.

mern einfach, was Sie tun sollen. Ob es etwas gebracht hat, kann man besprechen, wenn die Übung vorbei ist.

Bei allen anderen Methoden gilt nach wie vor die Regel: Sagen Sie immer ein paar Takte dazu, welchen Nutzen die Übung für die Teilnehmer hat. Bei Übungen zur Bedeutsamkeit hätte ich aber die Sorge, dass alles zerredet wird, bevor es überhaupt losgeht.

Methode

▶ „Kompass prüfen"

Die folgende Übung passt sehr gut in die Anfangssituation eines Seminars auf der Sachebene. (Das Kennenlernen ist der Anfang auf der Beziehungsebene.) Geben Sie jedem Teilnehmer vier Blatt Papier. Sagen Sie: *„Schreiben Sie folgende Überschriften auf je ein Blatt: Persönlich, Finanziell, Beruflich, Gesellschaftlich. Denken Sie die nächsten zehn Minuten nach, welche Ziele Sie in diesen Bereichen in den nächsten fünf Jahren erreichen wollen. Notieren Sie die Ziele. Geben Sie dann jedem Ziel eine Wichtigkeit, von 1 (unwichtig) bis 10 (sehr wichtig). Die Zielanalyse machen Sie für sich persönlich. Außer Ihnen wird niemand das Ergebnis erfahren. Den Sinn der Übung werden Sie erst danach erfahren. Sie werden sehen, dass sie sich lohnt."*

Das persönliche Zieleprofil erarbeiten

Wenn die zehn Minuten um sind, beenden Sie die Übung und sagen: *„Jeder von Ihnen hat sein persönliches Zieleprofil. Es ist Ihr Kompass. Prüfen Sie nun, wie Sie dieser Kompass durch unser Seminar führen kann. Nehmen Sie sich dafür noch einmal 10 Minuten. Legen Sie die Seminarziele neben Ihre persönlichen Ziele. Schauen Sie sich dazu die Ziele an, denen Sie die höchste Priorität gegeben haben. Fragen Sie sich bei jedem: ‚Wie kann mich das Seminar diesem Ziel näher bringen?' Notieren Sie dazu Stichworte. Wir werden uns danach einige anhören. Es wird uns allen einen Push geben, das Beste aus diesem Seminar zu machen."* Danach lassen Sie einige Teilnehmer Beispiele vortragen. Sie werden erleben, dass nach diesem Einstieg die Teilnehmer klar sehen, dass und warum das Seminar für sie persönlich bedeutsam ist. Es ist zu ihrem Anliegen geworden.

Als Variante können Sie auch einen Ziele-Fragebogen verwenden, wie er gerne in Seminaren zum Selbstmanagement eingesetzt wird. Einige dieser Instrumente können Sie im Internet finden. Oder Sie basteln sich selbst eines.

Methode

▶ „Was würde mir fehlen, wenn ...?"

Man kann jemandem helfen, die wahre Bedeutung von etwas zu erkennen, wenn man sagt: „Stell dir vor, das gäbe es nicht." Diese Methode können Sie anwenden, damit sich die Teilnehmer die Bedeutung des Seminars oder eines Seminarabschnitts bewusst machen. Das stärkt ihre Motivation.

Beispiel: Sie haben zu Beginn die Seminarübersicht präsentiert. Sie sagen: *„Lassen Sie uns einen kleinen Test machen. Stellen Sie sich vor, wir müssten das Seminar aus unvorhergesehenen Gründen um die Hälfte kürzen. Welche Inhalte möchten Sie auf gar keinen Fall weglassen? Was würde Ihnen sonst fehlen?"* Lassen Sie die Teilnehmer ein bis zwei Minuten nachdenken und hören Sie sich dann ein paar Antworten an. Danach wissen Sie, welche Inhalte eine besondere Bedeutung für die Teilnehmer haben. Und auch den Teilnehmern ist klar geworden, was ihnen besonders wichtig ist.

Methode

▶ Themen-Paten

Im vergangenen Jahr habe ich folgende Idee ausprobiert: Zu jedem Seminarabschnitt werden „Themen-Paten" gewonnen. Sie haben die Aufgabe, für ihr Thema, wenn es an der Reihe ist, maximal drei Minuten zu werben. Die Zuteilung erfolgt zu Beginn des Seminars, nachdem ich eine Übersicht über Inhalte und Ablauf gegeben habe (immer auch visualisiert als Mind-Map). Nach der Zuteilung hat jeder Teilnehmer ein Thema. Je nach Zahl der Themenblöcke und Teilnehmer kann es auch Zweier- oder Dreiergruppen geben. Sie bereiten sich zeitgleich in Einzelarbeit vor, auch wenn ihr Thema erst später auf der Agenda steht. Dem oder den Paten steht es völlig frei, wie sie das „Werben" gestalten, mit welchen Argumenten sie arbeiten, welche Medien oder Methoden sie einsetzen. Sie müssen nur die Zeitvorgabe von maximal drei Minuten einhalten.

Das Patenmodell hat in meinem Seminar sehr gut geklappt. Man war immer gespannt, wie die nächsten Themen-Paten die Aufgabe angehen würden. Es gab alle möglichen Varianten: rationale Nutzenargumentation, witzig, dialogisch, knallig-werbend. Und nicht zuletzt haben die Paten bei der Vorbereitung darüber nachgedacht, warum die Themen für sie persönlich eine Bedeutung haben könnten.

Einzelarbeit in der Situation: Revue passieren lassen und bilanzieren

Den persönlichen Lernertrag festhalten

In den bisher geschilderten Situationen wurde die Einzelarbeit an den Anfang eines Seminars oder eines Seminarabschnitts platziert. Es macht aber für die Teilnehmer ebenso Sinn, nach einem Themenblock, einer Lernerfahrung oder am Ende des Seminars zurückzublicken und den Ertrag festzuhalten. Viele Trainer verzichten auf dieses Innehalten und schieben die Teilnehmer durch eine neue Tür. Ohne es zu wollen, verpassen sie damit eine Gelegenheit, ihr Seminar nachhaltiger zu machen. Denn wenn die Teilnehmer einen Seminarabschnitt zum Abschluss noch einmal Revue passieren lassen und die Essenz, den persönlichen Gewinn, festhalten, ankern sie das Wichtigste in ihrem Gedächtnis.

In Update 2 haben Sie das „Gehirnkauen" kennengelernt. Jetzt kommt noch etwas Wichtiges hinzu: das Reduzieren, Extrahieren, Bewerten. Vergessen wird immer. Nur Bruchteile des Gehörten, Gesehenen und Getanen sind später wieder abrufbar. Doch mit den folgenden Anregungen verhindern Sie wenigstens, dass das Wichtige dem Vergessen anheimfällt.

Methode

▶ Wissens-Safe

Fast jeder hat ein Schließfach bei der Bank, mancher sogar einen Safe im Haus. Dort landen Dokumente und Wertsachen, die man nicht durch eigene Schlamperei oder durch Diebstahl verlieren will. Mit dieser Metapher können Sie zum Abschluss eines Seminarabschnitts die Teilnehmer anregen, die „Wertsachen" zu deponieren, die sie gerade gelernt haben. Ihre Einleitung könnte so klingen:

„Wenn Sie in Urlaub fahren, legen Sie Ihre Wertsachen ins Schließfach, damit diese noch da sind, wenn Sie zurückkommen. Im Urlaubshotel tun sie das Gleiche: Schmuck, Kreditkarte, Bargeld sichern Sie im Hotelsafe. Leider sind auch in unserem Hirn Diebe am Werk. Sie lassen permanent Dinge aus Ihrem Gedächtnis verschwinden. Dummerweise sind auch Wertsachen darunter. Da haben Sie zum Beispiel etwas Wichtiges gelernt und merken erst später im Alltag, dass es nicht mehr da ist. Irgendein Wissensdieb in Ihrem Kopf hat es gestohlen. Damit Ihnen die Wertsachen aus unserem letzten Seminarabschnitt nicht abhanden kommen, werden Sie jetzt einen Wissens-Safe anlegen. Da deponieren Sie die Dinge, die Ihnen wirklich wertvoll sind. Alles, was Sie in den letzten Stunden gelernt haben, passt natürlich nicht in den Safe. Aber wenn von der einen oder

anderen Information etwas wegkommt, ist es nicht so tragisch als wenn es eine Wertsache wäre.

Nehmen Sie nun ein Blatt Papier, zeichnen Sie die Umrisse eines großen Safes und denken in Ruhe nach: ‚Was habe ich gelernt, das ich auf gar keinen Fall wieder vergessen möchte, weil es einen Wert für mich hat?' Tragen sie diesen Inhalt dann in den Safe in Stichworten ein. Wenn Sie Ihre ‚Wertsachen' entdeckt und in den Wissens-Safe gelegt haben, schauen Sie sie noch einmal an und prägen sie sich ein. Rufen Sie sich ins Bewusstsein, warum jede Notiz für Sie einen besonderen Wert hat."

Je nach Umfang der zurückliegenden Einheit sind zwischen 15 bis 30 Minuten für die Übung anzusetzen. Fragen Sie danach: *„Haben Sie eine Idee, was Sie mit Ihrem Safe machen? Es wäre ja schade, wenn Sie Ihre Wertsachen schützen, aber der Safe irgendwo verschwindet."* Lassen Sie einige Ideen äußern. Es liegt dann an den Teilnehmern, welche sie aufgreifen wollen.

Eine Alternative zu dem Blatt Papier mit dem Umriss eines Safes sind Moderationskarten, auf denen die Wertsachen notiert werden. Auch hier können Sie anschließend nach Ideen fragen, wie man seine Karten in einem „Safe" unterbringt. Den Teilnehmern fällt immer etwas ein.

Sie können diese Arbeit der Teilnehmer unterstützen, indem Sie ein Handout mit den wichtigsten Inhalten des betreffenden Seminarabschnitts ausgeben. Diese Themenliste können Sie auch projizieren, während die Teilnehmer ihre „Wertsachen" ermitteln.

▶ Müllabfuhr

Methode

Was will ich unbedingt loswerden?

Ergänzend zum Wissens-Safe können die Teilnehmer in einer zweiten Runde überlegen, was sie nach dem Lernabschnitt entsorgen wollen. Wenn es um Wissen ging, will man vielleicht bisherige Fehlannahmen loswerden. Stand Verhaltenstraining im Mittelpunkt, wirft man falsche Verhaltensweisen weg. Ging es um Einstellungen, landen Vorurteile oder ungünstige Selbsteinschätzungen im Müll. Der Ablauf ist der gleiche wie beim Wissens-Safe. Während jedoch die Safe-Notizen bei den Teilnehmern bleiben, werden die Notizen mit den Dingen, die man loswerden möchte, in den Papierkorb

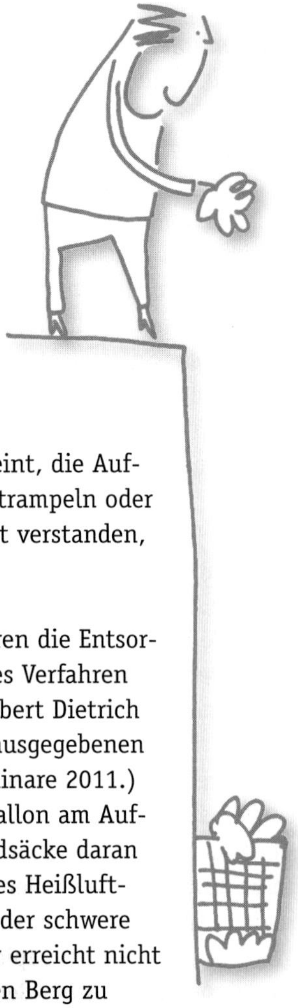

geworfen. Daraus kann man ein Ritual machen, das diese Handlung zusätzlich „ankert".

Erstes Beispiel: Jeder geht der Reihe nach zum Papierkorb, der in der Mitte vor der Gruppe steht, liest die Punkte vor, die er oder sie entsorgen möchte, zerknüllt dann genüsslich das Papier oder die Pinnwand-Karten und schleudert sie in den Papierkorb. Ein Teilnehmer, der meint, die Aufzeichnung zuvor noch mit den Füßen zertrampeln oder in kleine Stücke zerreißen zu müssen, hat verstanden, dass es dabei auch um Emotionen geht.

Zweites Beispiel: Sie inszenieren die Entsorgung als „Ballonfahrt". (Dieses Verfahren schilderte der verstorbene Robert Dietrich in dem von Armin Rohm herausgegebenen Change-Tools II, managerSeminare 2011.) Die Teilnehmer stellen sich vor, wie ihr Ballon am Aufsteigen gehindert wird, weil schwere Sandsäcke daran hängen. Projizieren Sie dazu das Bild eines Heißluftballons. Schildern Sie die Situation, dass der schwere Ballast den Ballon zu tief fliegen lässt. Er erreicht nicht die Zielhöhe und läuft Gefahr, gegen einen Berg zu prallen und zu zerschellen. Die Parallele zu lebenden Personen mit Lasten, die sie von ihren Zielen abhalten und nach unten ziehen, kann jeder nachvollziehen. Wie schon beim Wissens-Safe geschildert, ermittelt nun jeder in Einzelarbeit seine „Sandsäcke" und fragt sich, warum er sie bisher mit sich herumgeschleppt hat. Im Plenum steigt dann nacheinander jeder mit seinen Sandsack-Karten auf einen Stuhl oder Tisch, wirft die Karten weg und drückt körpersprachlich aus, wie leicht es ihm nun ist und wie er endlich „aufsteigen" kann.

Methode

▶ One-Minute-Paper

Dieses Verfahren ist ein gerne eingesetztes Review-Instrument, weil es wenig Aufwand verlangt und schnell zu bearbeiten ist. Nach einem Seminarabschnitt gibt der Trainer eine oder mehrere Impulsfragen vor, zu denen die Teilnehmer jeweils in einer Minute auf einem Blatt Papier ihre Antworten festhalten. Übliche Impulsfragen sind:

Impulsfragen

- Was war neu für mich?
- Was will ich umsetzen?
- Was war der wichtigste Punkt?
- Was habe ich verstanden?
- Was kann ich jetzt?

Auf der Rückseite des Papiers werden kritische Impulsfragen beantwortet:

- Was habe ich nicht verstanden?
- Was hat mir nichts gebracht?
- Womit bin ich nicht einverstanden?

Das klassische One-Minute-Paper enthält nur zwei Impulsfragen: „Was ist das Wichtigste, das ich gelernt habe?" und auf der Rückseite „Welche wichtigen Fragen sind nicht beantwortet worden?" oder „Was habe ich noch nicht verstanden?"

Was tun mit dem One-Minute-Paper?

Für Sie als Trainer stellt sich die Frage: Was geschieht mit den ausgefüllten One-Minute-Papers? Es liegt ganz bei Ihnen. Manche Trainer lassen einige Papers vorlesen. Andere bilden Dreiergruppen, in denen sich die Teilnehmer über ihr Paper austauschen. Die meisten Trainer nutzen die Papers ausschließlich als Feedback für sich. Die Teilnehmer geben die Papiere vor der Pause ab und der Trainer wertet sie aus, bevor es im Seminar weitergeht.

Einzelarbeit in der Situation: Sich etwas vornehmen

In den meisten Trainings findet das „Sich etwas vornehmen" erst am Ende des Seminars statt. Die Teilnehmer überlegen sich in Einzelarbeit, was sie von dem Gelernten in ihrem Alltag umsetzen wollen.

Ein Dauerbrenner ist die Methode „Brief aus dem Jenseits" oder „Geisterbrief". Jeder schreibt an sich einen Brief, in dem er oder sie die Vorsätze festhält und Stein und Bein schwört, sie auch einzuhalten. Der Brief wird in ein Kuvert gesteckt, an sich adressiert, frankiert und dem Trainer überreicht. Der gibt die Briefe dann nach vier Wochen in die Post. Wie aus dem Jenseits bekommt jeder Teilnehmer sein Schreiben von damals, schlägt sich verwundert an die Stirn und sagt: „Wie konnte ich das alles vergessen?"

So kann man Vorsätze verbindlich machen.

Ich schildere Ihnen drei andere Inszenierungen für die Vorsatzbildung, eine zu Beginn des Seminars und zwei, die Sie in der Schlusssituation einsetzen können, aber auch jederzeit am Ende eines Seminartages. Psychologisch bewirkt das Nachdenken über und das Festhalten von Vorsätzen durchaus Wichtiges: Die Teilnahme am Seminar bekommt nicht nur persönliche Bedeutung für den einzelnen Teilnehmer, sondern auch eine Verbindlichkeit im Unterschied zu der Haltung „Mal sehen, was da geboten wird". Und die Vorsätze werden vor dem Vergessen bewahrt, weil sie aufgeschrieben oder zusätzlich noch vor anderen Teilnehmern öffentlich beschworen werden. Mit diesem öffentlichen „Commitment" als Vorsatz-Verstärker arbeiten bekanntlich Weight Watchers, Anonyme Alkoholiker und andere Gruppen sehr erfolgreich.

Methode

▶ **Lernvertrag**

Der Lernvertrag ist ein Kontrakt, den Lernende zum Beispiel zu Beginn eines Seminars (es kann an der Uni auch ein ganzes Semester oder beim Fernstudium eine noch längere Periode sein) als Selbstverpflichtung mit dem Veranstalter abschließen und unterzeichnen. In den USA ist dieses Verfahren in Schulen und Universitäten weit verbreitet. Ich habe es einmal in einem mehrtägigen Seminar nach Absprache mit den Teilnehmern ausprobiert. Einige sagten danach, es hätte gleich zu Beginn des Seminars zu einem Aha-Effekt geführt: „Ob das Seminar ein Erfolg wird, hängt auch von mir ab!" Andere meinten, es sei ihnen zu formell vorgekommen. Im Grunde sei ein solcher Vertrag ein Zeichen des Misstrauens in die Arbeitsbereitschaft der Teilnehmer. Ich beschreibe kurz das Vorgehen. Sie können sich selbst ein Urteil bilden.

Für meinen Lernvertrag habe ich aus den Lernverträgen, die man in der Fachliteratur und im Internet finden kann, eine eigene Version gestrickt, die zu meinem Seminar passte. Der Vertrag enthielt folgende Punkte:

Beispiel für einen Lernvertrag

- *Einleitung:* Trainer X und Teilnehmer Y verfolgen das gemeinsame Ziel, mit dem Seminar einen optimalen und nachhaltigen Lernerfolg zu erreichen. Dazu dient die folgende Vereinbarung.

- *Pflichten des Trainers:* Trainer X verpflichtet sich, sein Angebot professionell auf die Lernziele des Seminars und die Person des Teilnehmers abzustimmen. Anregungen des Teilnehmers, die der Verbesserung dienen, wird er aufnehmen.

- *Pflichten des Teilnehmers:* Teilnehmer Y verpflichtet sich, seinerseits alles zu tun, damit es zu einem möglichst großen Lerngewinn kommt. Dazu gehören Motivation, Offenheit, Konzentration und aktive Mitarbeit. Wenn der Teilnehmer sieht, dass die Lernbedingungen nicht optimal sind, wird er konstruktive Vorschläge machen. Der Teilnehmer ist sich auch bewusst, dass das Lernen in einer Gruppe stattfindet. Er wird wegen der Unterschiede zwischen den Teilnehmern Toleranz und Kooperationswillen aufbringen, um ein erfolgreiches gemeinsames Lernen zu ermöglichen.

- *Trainer und Teilnehmer unterzeichnen den Kontrakt.* Alle Kontrakte werden an der Wand aufgehängt. Wenn sich während des Seminars ein Problem ergibt, kann man die Bearbeitung erleichtern, indem man auf den Vertrag zurückkommt.

In Lernverträgen für Schule und Universität stehen auch Vereinbarungen für den Fall, dass ein Teilnehmer gegen den Vertrag verstößt. In meinem Seminar habe ich darauf verzichtet.

Variante: Vertrag mit sich selbst

Als Variante können Sie den Lernvertrag auch als „Vertrag mit sich selbst" gestalten und es den Teilnehmern in der Einzelarbeit selbst überlassen, was sie sich in ihrer Rolle als Seminarteilnehmer vornehmen. Auch hier würde ich die Verträge unterzeichnen lassen und für alle lesbar aufhängen. Nachdem die Teilnehmer sich selbst verpflichtet haben, ist es ein guter Zeitpunkt, um die Teilnehmer zu fragen, was sie sich von Ihnen als Trainer wünschen.

Methode

- **Der Brief aus der Zukunft**

Diese Methode ist nicht zu verwechseln mit dem oben beschriebenen „Brief aus dem Jenseits". Beide haben allerdings mit Vorsätzen zu tun, die jeder einzelne Teilnehmer noch im Seminar für die Zeit danach fasst. Anstatt die Vorsätze wie gewohnt aufzulisten, schreiben sich die Teilnehmer dazu einen Brief, datiert zu einem Zeitpunkt in einigen Wochen. Sie schildern in diesem Brief, wie sie den Vorsatz umgesetzt haben, welche Schwierigkeiten sie dabei überwunden haben und welche positiven Früchte sie jetzt ernten können. Der Brief hat die Form einer Reportage, allerdings einer fiktiven. Im Unterschied zum bloßen Notieren des Vorsatzes setzt der Brief aus der Zukunft gleich mehrere wertvolle Prozesse in Gang. Man versetzt sich ganz konkret in die kommende Situation, lebt sie in Gedanken durch. Außerdem festigt der Brief den Glauben daran, dass man es schaffen wird. Und man malt sich die Gewinne, die positiven Folgen aus. Diese Vision wirkt später wie ein Treibstoff, um den Vorsatz auch gegen Hindernisse durchzusetzen.

Methode

▶ **Der magische Stuhl**

Diese Methode ist mir für die Schlusssituation eingefallen. Das Prinzip ist bekannt: Jeder Teilnehmer schaut sich den Seminarablauf noch einmal an und prüft zu jedem Punkt, ob er oder sie daraus einen Vorsatz entwickelt. Wenn eine Liste von konkreten Vorsätzen – ich gebe vorweg den Teilnehmern einige Beispiele für präzise Formulierungen – entstanden ist, bitte ich die Teilnehmer, drei auszuwählen, die sie sicher in der nächsten Woche angehen werden. Jeden dieser drei Top-Vorsätze schreiben sie auf eine Moderationskarte. Ich stelle einen Stuhl vorne in die Mitte und hefte eine Karte an, auf der steht: „Ich bin magisch."

Den Teilnehmern erkläre ich: *„Dies ist der magische Seminarstuhl. Wenn man sich auf ihn setzt und etwas sagt, was man sich vorgenommen hat, dann wird es in Erfüllung gehen. Der Stuhl reagiert allerdings auch, wenn man nicht ehrlich ist. Wenn Sie also einen Vorsatz nennen, der Ihnen in Wahrheit gar nicht wichtig ist, dann bestraft der Stuhl Sie mit einem kurzen Elektroschock. Jeder von Ihnen wird sich nun der Reihe nach auf den Stuhl setzen und drei Vorsätze vortragen, die Sie in der nächsten Woche als erste anpacken. So bekommen Sie auch mit, was sich die Anderen vorgenommen haben. Vielleicht übernehmen Sie daraus noch den einen oder anderen Vorsatz in Ihre Agenda. Wer beginnt?"*

Nachdem der erste Teilnehmer auf dem magischen Stuhl seine Vorsätze berichtet hat, gibt er mir seine drei Pinnwand-Karten. Ich loche sie an einer Ecke, ziehe eine farbige Nylonschnur (ca. 50 cm) durch die Ösen und verknote sie. Der Teilnehmer hängt die Schnur mit den Karten um den Hals und kann sie später über seinem Schreibtisch als Erinnerungshilfe an der Wand befestigen. Am Ende der Runde sind alle Teilnehmer mit einem Vorsatz-Halsband dekoriert.

Arbeit zu zweit: im Séparée

In manchen Chatrooms kann man als User ein Séparée aufmachen, einen Chatpartner einladen und den Zugang für andere schließen. Jetzt kann man zu zweit chatten, ohne dass andere etwas mitbekommen.
Im Fin de Siecle waren Verabredungen im Chambre séparée in Mode, vor allem für Treffen, bei denen man nach dem Souper mit Champagner zu weiteren Freuden überging. Das Unter-vier-Augen-Prinzip wird auch zur Aktivierung von Teilnehmern in Ihrem Seminar genutzt. Doch für welche Aktivierungen ist die Zweiersituation ideal?

Vorteile der Arbeit zu zweit

Zu zweit ...

- konzentriert man sich ausschließlich auf die andere Person (Zuhören, Blickkontakt),
- sind beide aktiv (in Kleingruppen mit mehr als zwei Personen kann sich ein Teilnehmer ausklinken und die anderen machen lassen),
- entsteht rasch Vertraulichkeit, man ist offener als in einer größeren Gruppe.

Risiko: Wenn sich die beiden Teilnehmer nicht leiden können, wirkt sich das ungebremst auf die Kommunikation und die Qualität der Arbeit aus. In einer größeren Gruppe wird die Unstimmigkeit abgepuffert.

Im Auge behalten!

Die Stärke des Arbeitens im Duo liegt also in der Fokussierung aufeinander und in der menschlichen Nähe. Für andere Aufgaben ist die größere Gruppe dem Zweierteam überlegen, z.B. beim Sammeln von Ideen und beim Lösen komplexer Probleme. Da kommt der Gruppenvorteil voll zur Geltung. Aber in größeren Gruppen verteilt sich auch die Aufmerksamkeit, die Verantwortung für die Aktivität ist gestreut, man ist in der Gruppe konformer und hält sich eher mit persönlichen Äußerungen zurück. Diese Unterschiede sollte man als Trainer vor Augen haben, wenn man überlegt, mit welcher

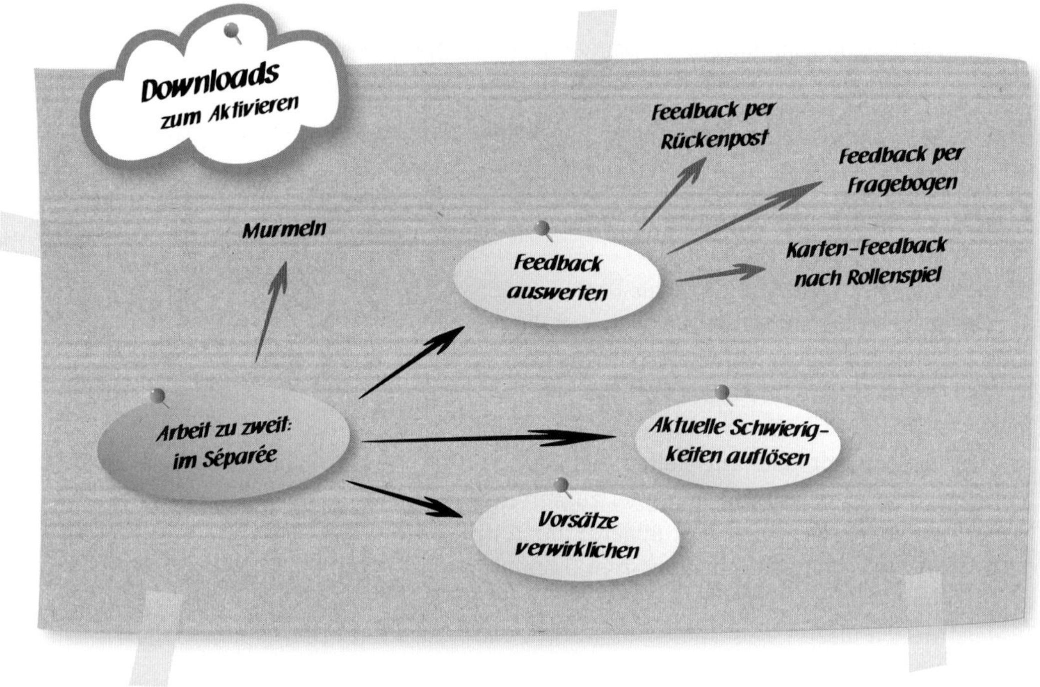

Gruppengröße man eine Aktivierung durchführen lässt. Es folgen einige Beispiele, bei denen Sie die Stärken der Zweiergruppe nutzen. (Andere Beispiele finden Sie in den vorigen Updates.)

Methode

▶ **Murmeln**

Sie als Trainer geben einen Impuls, der die Teilnehmer zu einer Aktivierung anregt. Jeder tut sich mit seinem Sitznachbarn zusammen und murmelt dazu drei Minuten. Diese Kurzzeitaktivierung lässt sich sehr gut in längere Phasen der Informationsvermittlung „von vorne“ einbauen. Spätestens nach zehn Minuten unterbrechen Sie Ihren Input und geben einen Impuls zum Murmeln zu zweit. Der Erfolg dieser Methode steht und fällt mit der Qualität der Impulse. Gute Impulse lassen sich nicht während des Vortrags improvisieren.

Schon bei der Ausarbeitung Ihres Inputs sollten Sie sich daher überlegen:

Das gilt es zu beachten:

- An welchen Stellen macht es Sinn, einen Zwischenstopp einzulegen? Sie portionieren den gesamten Input in Einheiten von etwa 10 Minuten.

- Was lasse ich die Teilnehmer mit den soeben präsentierten Informationen am besten tun?
  Beispiele: Eine Aufgabe lösen, für die sie das Wissen brauchen. Das Gelernte einander erklären. Praktische Anwendungen suchen. Das Gelernte üben (z.B. in einem Stegreifrollenspiel, mit Kurzdialogen). Den persönlichen Nutzen des Gelernten beschreiben. Sich gegenseitig Testfragen stellen, ob man alles verstanden hat.

- Wie formuliere ich den Impuls zum Murmeln? (Vergessen Sie nicht, den Nutzen für die Teilnehmer herauszustellen.)

- Test: Hätte ich als Teilnehmer Lust, zu diesem Impuls zu murmeln? Wenn Ihnen Zweifel kommen, suchen Sie besser einen anderen Impuls.

Nach der vorgegebenen Murmelzeit geben Sie das Stoppsignal. Fragen Sie nun nicht jedes Duo nach Ergebnissen. Das würde zu lange dauern. Lassen Sie sich ein oder zwei Ergebnisse zurufen und fragen Sie dann nur nach, ob es noch Klärungsbedarf gibt: *„Fehlen Ihnen noch Informationen?"* oder *„Ist etwas unklar geblieben?"* Dann starten Sie das nächste Input-Modul und leiten etwa zehn Minuten später mit einem attraktiven und sinnvollen Impuls die nächste Murmelphase ein. Zur Abwechslung murmeln die Teilnehmer einmal mit ihrem linken und beim nächsten Impuls mit dem rechten Sitznachbarn.

Was haben Sie als Trainer von den Murmelphasen?

Für die Teilnehmer sind diese Aktivierungsphasen richtige Muntermacher. Sie gewöhnen sich rasch daran, dass es Phasen gibt, in denen der Trainer redet und danach sie an der Reihe sind und ungestört miteinander murmeln können. Für Sie als Trainer sind die Murmelphasen willkommene Erholungspausen, in denen Sie sich auf die nächste Input-Phase einstellen oder einfach einmal aus dem Fenster schauen und sich daran erfreuen, dass die Teilnehmer so lebhaft in Gespräche vertieft sind. Lernpsychologisch passiert beim Murmeln Erfreuliches: Wenn die Teilnehmer die Informationen Ihres letzten Inputs gemeinsam „durchkauen", kommt es zu neuen Codierungen, zu Multiperspektivität und zur Klärung unterschiedlicher Meinungen. Außerdem werden Wissenslücken sichtbar und können zeitnah repariert werden.

Übrigens: „Murmeln zu zweit" können Sie auch bei großen Zuhörerzahlen mit Gewinn einsetzen, etwa bei einem Fachreferat oder einer Vorlesung vor hundert Personen.

Von Coach zu Coach

Im Seminar gibt es vor allem drei Anlässe, bei denen es Sinn macht, dass sich zwei Teilnehmer zusammensetzen und sich gegenseitig unterstützen:

Gute Anlässe für die Arbeit zu zweit

- Feedback auswerten,
- aktuelle Schwierigkeiten auflösen,
- Vorsätze verwirklichen.

Feedback auswerten

Feedback-Runden kombinieren

Ein Feedback von Teilnehmer zu Teilnehmer (Wie wirke ich auf Andere? Wie verhalte ich mich als Teilnehmer? Was könnte ich nach Meinung anderer verändern?) gehört in jedes mehrtägige Seminar. Hier haben die Teilnehmer Gelegenheit, sich genauer kennenzulernen. Als Trainer können Sie nach etwa eineinhalb Tagen eine persönliche Feedback-Runde einplanen. Wenn Sie das allerdings nur in Zweiergruppen organisieren, bekommt auch jeder Teilnehmer nur von einer Person ein Feedback. Die Eindrücke der anderen Teilnehmer bleiben ihm vorenthalten. Ich gehe deshalb in zwei Schritten vor. Im ersten Schritt gibt es eine offene Feedback-Runde, in der jeder jedem Feedback geben kann. Im Anschluss folgt ein „Nachbrenner" in der Zweiergruppe.

Methode

▶ Feedback per Rückenpost

Eine Methode, die ich sehr mag, ist die wandelnde Litfaßsäule oder Rückenpost. Jeder Teilnehmer bekommt einen Flipchart-Bogen auf den Rücken (mit Klebeband), dann gehen alle zu Musik im Raum hin und her. Wer ein Feedback geben

möchte, schreibt es der Person auf das Rückenposter. Wenn später alle ihren Bogen abgenommen und angeschaut haben, folgt im zweiten Schritt die Auswertung und Beratung im vertraulichen Gespräch unter vier Augen.

Eine andere originelle Möglichkeit für das Sammeln der Feedbacks in der ersten Runde besteht darin, dass sich jeder Teilnehmer mit Papier und Tesafilm einen Behälter mit seinem Namen bastelt. Diese Briefkästen werden auf einem Tisch aufgereiht. Jeder überlegt dann etwa zehn Minuten an seinem Platz, wem er ein Feedback geben möchte und notiert alles auf Pinnwand-Karten. Man wirft die Karten in die entsprechenden Briefkästen. Jeder leert dann seine Box und geht mit den Karten in die Zweierrunde wie beschrieben.

Methode

▶ Feedback per Fragebogen

Diese Feedback-Übung können Sie schon in den ersten Seminarstunden durchführen. Ich habe sie das erste Mal noch mit einigen Bedenken ausprobiert, weil ich befürchtete, den einen oder anderen Teilnehmer damit zu überfordern. Diese Bedenken lösten sich in Luft auf. Es kam zu intensiven Gesprächen und die Übung veränderte spürbar das Klima in Richtung Offenheit und Interesse füreinander. Das ist gerade in der Anfangsphase eines Seminars ein großer Schritt auf der Beziehungsebene.

Geeignet beim Thema „soziale Wahrnehmung"

Die Übung passt gut in Seminare, in denen die soziale Wahrnehmung ein Thema ist. Ich frage zur Einleitung die Teilnehmer, ob sie neugierig darauf sind, welches Bild sich Andere von ihnen machen. Natürlich sagen alle *„Ja"*. Ich fahre fort: *„Warum erfährt man das so selten?"* Antwort: *„Weil man es sich selten leisten kann, es dem Anderen ehrlich zu sagen."* Ich frage: *„Glauben Sie, dass Sie für 20 Minuten ehrlich sein können? Sie wollen doch auch die Wahrheit wissen."* Antwort: *„Ja."* Ich teile dann ein Instrument aus, das eine Reihe von Gegensatzpaaren enthält, die zur Beschreibung einer Person dienen. Dazwischen befindet sich jeweils eine Skala mit vier Kästchen als Auswahl zum Ankreuzen.

Auf der folgenden Seite sehen Sie mein Arbeitsblatt. Sie können es gerne kopieren oder andere Eigenschaftspaare wählen.

© managerSeminare

Beispiel

Das Arbeitsblatt steht als Download bereit: www.manager-seminare.de/tmdl/b,203805

Wie sehe ich Andere? Wie sehen Andere mich?

- Sie sitzen einer Person gegenüber, die Sie bisher nicht näher kennengelernt haben. Führen Sie nun beide ein Gespräch von ca. 5 Minuten und versuchen Sie, sich ein Bild voneinander zu machen.

- Nach dem Gespräch füllt jeder das Polaritätsprofil zur Person des anderen aus. Setzen Sie bei jeder Polarität ein Kreuz je nach Ihrer Einschätzung. Seien Sie ehrlich! Lassen Sie sich nicht von „sozialer Erwünschtheit" beeinflussen. Sie wollen doch auch, dass der Andere ehrlich ankreuzt, wie er/sie Sie wahrnimmt.

- Wenn jeder seine Einschätzung beendet hat, tauschen Sie die Bogen aus und sprechen darüber. Sie können z.B. sagen: „Diese eine Einstufung hat mich überrascht" oder „Zu dieser Einschätzung möchte ich noch mehr erfahren" oder „Da sehe ich mich ganz anders" oder „Was an mir hat bei Ihnen diesen Eindruck erweckt?"
  Achtung: Es geht nicht darum, sich für seine Einstufungen zu rechtfertigen, sondern um die Chance, mehr über sein Fremdbild zu erfahren.

rational, nüchtern	■	■	■	■	emotional, warmherzig
irritierbar, ablenkbar	■	■	■	■	stabil, belastbar
nachgiebig, rücksichtsvoll	■	■	■	■	eigenwillig, entschlossen
zurückhaltend, schüchtern	■	■	■	■	aktiv, offen, auf andere zugehend
robust, dickhäutig	■	■	■	■	feinfühlig, empfindsam
optimistisch	■	■	■	■	pessimistisch

realistisch, praktisch	■ ■ ■ ■	kreativ, fantasievoll
unkompliziert, unbefangen	■ ■ ■ ■	vorausschauend, vorsichtig
selbstsicher	■ ■ ■ ■	unsicher, selbstkritisch
beständig, prinzipientreu	■ ■ ■ ■	beweglich, flexibel
anspruchsvoll	■ ■ ■ ■	bescheiden
leistungsorientiert	■ ■ ■ ■	genussorientiert

Wenn die Zeit um ist, folgt eine Pause. Dann können die Paare, denen die Zeit nicht gereicht hat, ihre Unterhaltung noch eine Zeit lang fortsetzen. Ich verzichte danach auf eine Auswertung, weil jeder seine individuellen Erfahrungen gemacht hat, aus denen sich nur gezwungen etwas Gemeinsames ableiten ließe. Nach der Pause frage ich lediglich: *„Mag jemand etwas zu dieser Übung sagen, berichten, fragen?"*

Methode

▶ Karten-Feedback nach Rollenspielen

In Softskill-Trainings (Verhandeln, Verkauf, Führung usw.) gibt es immer längere Phasen, in denen die Teilnehmer vor dem Plenum oder parallel in kleineren Gruppen Praxissituationen simulieren und Feedback zu ihrem Verhalten bekommen. Die Teilnehmer halten die Feedbacks, die sie bekommen, in Form von Notizen fest oder sie sammeln Karten ein, wenn die Beobachter ihr Feedback mit der Kartenmethode abgegeben haben (was ich sehr empfehle). Nach jedem Rollenspiel pinnen die Beobachter ihr Feedback auf Karten an die Pinnwand. Man sieht dann auf einen Blick alle Rückmeldungen, auch die Wiederholungen und Widersprüche.

Wenn alle Teilnehmer ihre Feedbacks bekommen haben, lassen viele Trainer es damit bewenden. Ich habe mir jedoch angewöhnt, nach einer Pause noch eine eigene Runde zur Auswertung der Feedbacks

Die Zweier-Gruppe schafft Schutz und öffnet für ehrliches Feedback.

in Zweiergruppen durchzuführen. Die Partner bringen ihre gesammelten Feedbacks in das Zweiergespräch mit und helfen sich nun gegenseitig, das Beste aus den Feedbacks herauszuholen. Die Intimität des Gesprächs unter vier Augen ist für diese Situation wichtig. Es geht ja nicht nur um die Feedbacks und ihre Konsequenzen, sondern auch um die Wirkung der Feedbacks auf die Person.

Der eine ist vielleicht enttäuscht und niedergeschlagen, weil er sich nach kritischen Feedbacks als Versager sieht. Die andere pickt sich nur die positiven Feedbacks heraus und verharmlost die negativen. Der dritte entwertet das gesamte Feedback und meint, im Alltag verhalte er sich ganz anders als in diesem gekünstelten Rollenspiel. Der Partner im Duo wird dann – vorausgesetzt er oder sie nimmt seinen Job ernst – versuchen, einiges zurechtzurücken.

Und der Feedback-Nehmer wird in der Zweiersituation eher als im Plenum bereit sein, das Gesagte anzunehmen. Es fällt auch leichter als in einer größeren Gruppe, den Anderen zu fragen: „Was kann ich denn besser machen? Wie kann ich daran arbeiten, mein Verhalten zu verändern?" Der Andere wird dann zum Coach für das Selbstmanagement. Wie die Erfahrung zeigt, sind diese Auswertungsgespräche sehr produktiv.

Aktuelle Schwierigkeiten auflösen

Gute Trainer versuchen, vor allem während eines mehrtägigen Seminars regelmäßig zu erfassen, wie es den Teilnehmern geht. Ein guter Zeitpunkt dafür ist der Tagesabschluss. Standardmethoden sind Stimmungsbarometer oder Blitzlicht.

Methode

Eine Alternative oder Ergänzung dazu sind Zweiergespräche. Ich leite sie gerne so ein: *„Sie haben einen vollen Tag erlebt. Wenn Sie jetzt gleich zuhause oder anderswo anrufen, fragt man Sie vielleicht: ‚Wie ging's dir denn heute?' Diese Situation spielen wir zum Schluss des Tages hier im Seminar durch. Im Mittelpunkt stehen allerdings Dinge, die noch aus- oder aufgeräumt werden müssen. Denken Sie kurz darüber nach, ob es Dinge gibt, die Ihnen vom heutigen Tag noch ‚im Magen liegen'. Sie können mit mir als Trainer, mit dem Seminarangebot, mit anderen Teilnehmern oder mit Ihrem eigenen Verhalten zu tun haben."*

Ich lasse den Teilnehmern einige Minuten zum Nachdenken. Dann stelle ich Zweiergruppen zusammen, diesmal nach einem Zufallsverfahren. Ich sage: *„Es wäre schön, wenn es Ihnen am Ende des Tages gutgeht. Sprechen Sie also mit Ihrem Partner über Magendrücker aus dem heutigen Tag und suchen Sie gemeinsam einen Weg, sie aufzulösen. Wenn es um Dinge geht, die an mir liegen, sagen Sie es mir bitte. Am besten in Form von konkreten Vorschlägen."*

Methode

Sie können diese Runde auch mit der Methode **„Lebendes Stimmungsbarometer"** verbinden. Legen Sie eine runde gelbe Karte mit einem Smiley an das eine Ende des Raums, eine Karte mit einem Anti-Smiley (Mundwinkel nach unten) an das andere Ende. Fragen Sie die Teilnehmer, ob für Sie im Seminar alles im grünen Bereich ist. Wer dazu „Ja" sagt, möge sich nahe zu dem Smiley stellen. Wer mit irgendetwas unzufrieden ist oder wem etwas nach diesem Tag noch zu schaffen macht, suche sich eine passende Position zwischen den Karten, bis zum Extrem des total unzufriedenen Smiley.

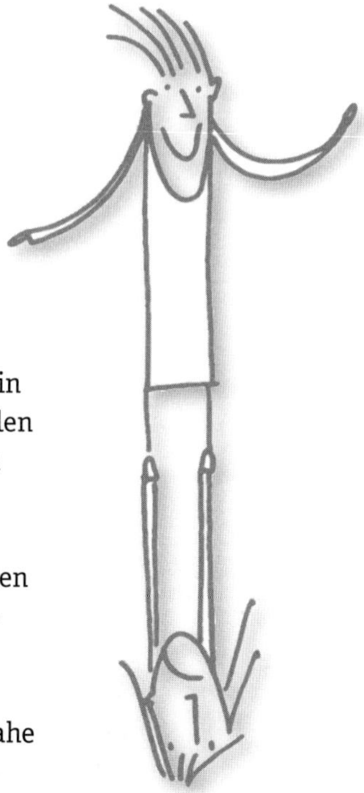

Wenn alle stehen, erkennen Sie, wie die Stimmungen verteilt sind. Je nachdem entscheiden Sie, wie es weitergeht. Wenn es nur Teilnehmer im positiven Bereich gibt, können Sie fragen *„Was stimmt Sie so positiv?"* und dann den Tag beenden. Wenn die Teilnehmer überwiegend im negativen Bereich stehen, machen Sie eine Kartenabfrage zum Thema „Das muss anders werden!", sammeln die Karten ein und verbringen den weiteren Abend damit, sie im stillen Kämmerlein zu analysieren und eine Strategie für den nächsten Tag zu entwickeln.

Wenn sich die Teilnehmer jedoch schön verteilen, bilden Sie Zweiergruppen und spannen je Einen, dem es gutgeht, mit Einem zusammen, dem es nicht so gutgeht. Aufgabe: Der Eine hilft dem Anderen, einen Weg zu finden, damit er oder sie sich das nächste Mal ganz nahe zum Smiley stellen kann.

Vorsätze verwirklichen

Sie als Trainer können die Nachhaltigkeit von Vorsätzen verbessern, wenn Sie eine Phase in Zweiergruppen immer dann anschließen, wenn Ihre Teilnehmer zuvor in Einzelarbeit aus Erkenntnissen im Seminar persönliche Vorsätze formuliert haben (siehe oben im Abschnitt „Einzelarbeit in der Situation: Sich etwas vornehmen", S. 115 ff.). Diesmal sucht sich jeder selbst seinen Partner.

Methode: Zu zweit Vorsätze verwirklichen

Die Tandems betätigen sich wie folgt als Projektmanager für ihre Vorsätze:

- Jeder zeigt dem Anderen seine Vorsätze und hört sich an, wie der oder die Andere darauf reagiert. Typische Äußerungen sind etwa: „Das klingt alles so allgemein. Kannst du das nicht konkreter machen?" „Das sind ganz schön viele Vorsätze. Willst du sie nicht eine Rangfolge bringen? Und erst mal mit dem wichtigsten anfangen?" „Genau das Gleiche habe ich mir auch vorgenommen. Dann schauen wir mal, was das Ganze wert ist." Solche Feedbacks sind allesamt hilfreich.

- Man spielt gemeinsam durch, wie es sein wird, wenn man den Vorsatz X oder Y umsetzt. Diese Simulation muss ganz konkret sein, so als ob sich die Szene gerade ereignet.

  Beispiel: Der eine Teilnehmer in der Zweiergruppe nimmt sich nach einem Modul in einem Kommunikationsseminar vor, ungeklärten Situationen nicht mehr aus dem Weg zu gehen, sondern sie direkt anzusprechen. Mit seinem Duo-Partner spielt er jetzt diesen Vorsatz durch. Anlass ist eine zweideutige Äußerung des Chefs. Der Andere spielt diesen Chef. Er wird kurz instruiert, dann geht es los: *„Ich lasse mir einen Termin beim Chef geben. Die Sekretärin fragt, worum es geht, und ich sage, ich möchte ihn sprechen, weil ich gerne eine Information zu einer Präsentation hätte. Ich kriege den Termin. Der Chef sitzt mir gegenüber. Ich sage: Mir liegt da was auf dem Herzen. Sie haben in der letzten Besprechung nach meiner Präsentation gesagt: ‚Die Fakten wurden ja erschöpfend dargestellt. Lassen Sie uns jetzt darüber diskutieren.' Ich frage mich, ob Sie das als Kritik gemeint haben. Ob ich vielleicht zu viel präsentiert habe und alle erschöpft waren. Wenn ich das weiß, mache ich es das nächste Mal besser. Wie haben Sie es also gemeint?"* Der Andere antwortet nun als Chef. Gemeinsam spinnen Sie den Dialog weiter, bis der Erste sagt: *„Okay, jetzt kann ich es mir vorstellen."* Er kann auch korrigieren und zum Beispiel sagen: *„Nein, mein Chef sagt da bestimmt …"*

Aufgaben der Lerntandems:
- *konkretisieren*
- *simulieren*
- *motivieren*
- *transferieren*

Dieses gemeinsame Simulieren ist die beste Vorbereitung für das Verwirklichen von Vorsätzen. Man stößt zum einen auf mögliche Reaktionen, an die man vorher gar nicht dachte. Und man spürt andererseits, wo man sich sicher ist und wie es funktionieren könnte. Durch das Vier-Augen-Prinzip ist man nicht so anfällig dafür, sich Illusionen hinzugeben. Denn wenn man sich etwas vorgenommen hat, redet man sich gerne ein „Das wird schon klappen" und fällt aus allen Wolken, wenn es in der Praxis ganz anders kommt.

- Man sammelt gemeinsam Motivations-Proviant, um genug Energie und Durchhaltevermögen für das Umsetzen bereitzustellen. Die Tandem-Partner fragen sich gegenseitig: *„Was wäre anders, wenn du deinen Vorsatz erfolgreich umgesetzt hättest? Woran könnte man es feststellen? Was wäre anders bei dir, bei anderen Beteiligten usw.? Welche Gewinne könnten noch eintreten? Welche ‚Quick Wins' kannst du relativ schnell erreichen, weil sie der Motivation guttun? Wie viel ist dir dieser Erfolg wert? Was würde dir Kraft geben, weiterzumachen, auch wenn es mal hakt und stockt?"* Man impft sich damit gegen Widrigkeiten bei der Verwirklichung eines Vorsatzes.

- Man vereinbart, sich gegenseitig bei der Umsetzung als „Transfer-Coach" zu helfen. Jeder sagt dem anderen – wieder ganz konkret –, wie er es gerne hätte.

Beispiel: Der Eine sagt: *„Mein Problem ist: Wenn ich etwas nicht sofort mache, fressen mich die aktuellen Dinge auf und ich vergesse es. Darum wäre es ganz toll, wenn du mich in zwei Wochen anrufst und fragst, was aus diesem Vorsatz geworden ist."* Der Andere sagt: *„Was ich mir da vorgenommen habe, ist ein schwerer Brocken. Keine Ahnung, wie die Kollegen reagieren. Es wäre beruhigend, wenn ich dich immer wieder anrufen könnte, wenn es Probleme gibt. Du wärst so was wie mein Vorsatz-Coach. Aber sag bitte, wenn dir das zuviel wird."* Oder beide vereinbaren jetzt schon einen Termin in vier Wochen für ein Telefonat oder ein Treffen, bei dem sie sich berichten, was aus ihren Vorsätzen geworden ist.

Damit sie ihren Job als „Kümmerer" ausfüllen können, gibt jeder dem Anderen seine Vorsätze schriftlich mit. Dann weiß jeder auch später noch, was sich der Andere damals vorgenommen hat. Die Praxis zeigt, dass ein gegenseitiges „Reporting" zur Umsetzung der Vorsätze die Effektivität des Transfers eindrucksvoll steigert. Wer will schon beim Reporting als Transfer-Versager dastehen?

Nicht vergessen sollte das Duo noch einen „Reminder" für jeden. Das ist ein Objekt, das man über den Schreibtisch hängt oder neben das Telefon stellt. Es erinnert einen jeden Tag daran, dass man sich mal in einem Seminar etwas vorgenommen hat. Schöne Reminder finden sich in der Natur: ein Stein, den man mit einem Motto bemalt oder ein bizarres Stück Holz, um das man ein Papierband mit Aufschrift wickelt. Als Erinnerungshilfe funktioniert auch eine Ansichtskarte oder eine Serviette aus dem Seminarhotel, die man mit einem Reminder-Spruch versieht.

Drei = zwei plus eins

Dreiergruppen – ideal für intensives Lernen

Die Intimität und Vertraulichkeit des „Unter vier Augen" geht sofort zurück, sobald eine dritte Person dazukommt. Was dagegen unbeschadet bleibt, ist die Intensität der Beteiligung. In Dreiergruppen gibt es keine Ausfälle, keine Teilnehmer, die sich

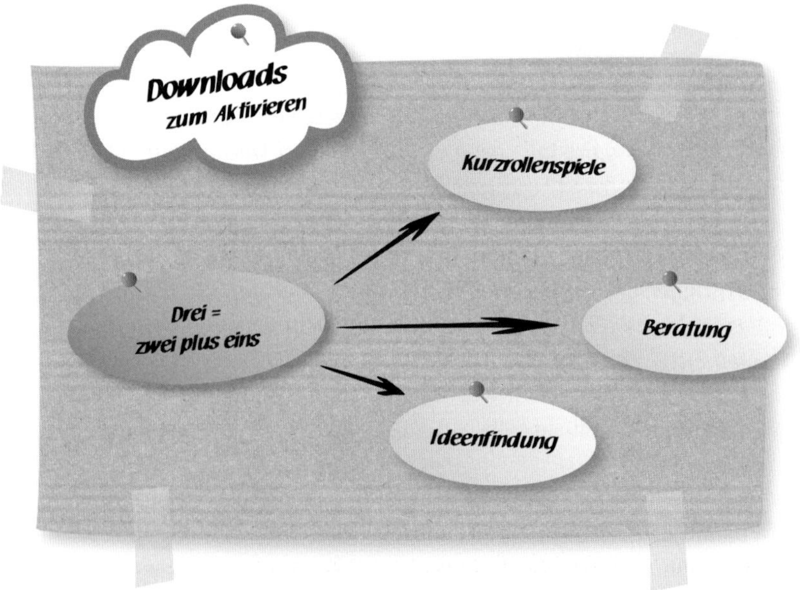

zurücklehnen und die anderen machen lassen. Das beginnt erst bei größeren Gruppen. Zweiergruppen empfindet man eigentlich noch nicht als Gruppen. Gruppenarbeit in Seminaren wird von Teams mit vier bis acht Teilnehmern geleistet. Dreiergruppen liegen dazwischen. Die Frage ist: Was ist an ihnen das Besondere und wie können Sie es als Trainer optimal nutzen?

Ich setze Dreiergruppen ein, wenn die Aufgabe eine sehr intensive Arbeit aller verlangt und Persönliches, Individuelles im Fokus steht. Beides fällt in einer größeren Gruppe schwerer. Dazu im folgenden einige Beispiele:

▶ **Kurzrollenspiele zum Einüben von gelernten Verhaltensweisen**

Methode

Je zwei führen ein kurzes Rollenspiel durch. Der dritte Teilnehmer ist Beobachter und gibt Feedback. Dann wechseln die Rollen und ein anderer beobachtet. Auf diese Weise können mehrere Stegreifrollenspiele als Training inszeniert und ausgewertet werden. Sie als Trainer geben jedem Trio Rollenspielkarten für mehrere Spiele aus, damit das Training zielgenau erfolgt. Außerdem sparen die Dreiergruppen Zeit, wenn sie sich nicht erst Situationen und Rollen ausdenken müssen.

▶ **Beratung**

Methode

Oben haben Sie gelesen, wie sich Teilnehmer in Zweiergruppen gegenseitig beraten können. Wenn ein dritter dazu kommt, gewinnt der Ratsuchende noch einen zusätzlichen Coach. Nach dem Motto „Vier Augen sehen mehr als zwei" kommen die beiden vielleicht zu unterschiedlichen Sichtweisen und Schlussfolgerungen. Das ist gut, weil es den Blick des Ratsuchenden erweitert und ihm die Wahl zwischen Optionen ermöglicht.

▶ **Ideenfindung**

Methode

Dreiergruppen haben wegen ihrer ungeraden Zahl einen großen Vorteil, wenn es darum geht, Entscheidungen zu treffen. Es gibt – wenn man die Entscheidung per Abstimmung durchführt – zu dritt kein Patt. Nehmen wir an, Sie wollen im Seminar für ein Problem eine beste Lösung finden lassen. Dann können Sie die Methode „Wachsende Dreier" anwenden. Sie teilen die Gruppe in eine gerade Zahl von Dreiergruppen ein. Ideal sind also zwölf Teilnehmer. (Wenn es nicht aufgeht, müssen Sie mit einer Zweier- oder Vierergruppe „auffüllen".) Jede Dreiergruppe sammelt Ideen und einigt

© managerSeminare

sich auf eine „beste". Dann schließen sich je zwei Dreiergruppen mit ihrer jeweils besten Idee zusammen. Jetzt wird so lange diskutiert, bis man sich auf eine der beiden geeinigt hat. Danach kommen alle Gruppen im Plenum zusammen und wählen aus den zwei ermittelten „besten" Ideen die endgültig beste aus. Für die Methode spricht, dass sie die Vorteile der Dreiergruppe (Arbeitsintensität, Entscheidungsfähigkeit) mit denen der größeren Gruppen (Vielfalt der Aspekte und Ideen) verbindet.

Vier und mehr: Die Standardgruppe

Gruppen zwischen vier und acht Teilnehmern machen den Löwenanteil der Aktivierungen in Seminaren aus. Deshalb macht es keinen Sinn, in diesem Abschnitt aufzuzeigen, was Sie alles mit diesen Gruppen anstellen können. Stattdessen kann ich Ihnen einige Anregungen anbieten, mit denen Sie Ihre Gruppenarbeiten auffrischen können. Vielleicht kennen Sie die eine oder andere noch nicht.

Equipment

Tischinseln im Seminarraum installieren

Für Gruppenarbeiten sind Tischinseln nach meiner Erfahrung am besten. Die Teilnehmer sitzen so um den Tisch, dass sich alle anschauen. Tische haben den großen Vorteil, dass man eine Schreibunterlage hat. Stuhlkreisgruppen eignen sich nur für kurze Gruppenarbeiten, für die man kein Material braucht. Neben den Gruppentischen richte ich immer noch eine Sitzecke für zwei bis drei Personen ein und hänge daneben ein Poster mit der Aufschrift „Privat" an die Wand. Gerade bei größeren Gruppen und längeren Gruppenarbeiten können sich dann zwei Teilnehmer für eine kurze Zeit zurückziehen und etwas miteinander besprechen.

Wenn die Raumgröße es zulässt, führe ich die Gruppenarbeiten immer im Seminarraum durch. Denn wenn die Teams in diverse Gruppenräume, in die Lobby oder Terrasse des Seminarhotels ausschwärmen, beeinträchtigt das die Konzentration erheblich. Es stört überhaupt nicht, wenn im Seminarraum mehrere Gruppen gleichzeitig aktiv sind. Wenn – wie es zu wünschen ist – neben jedem Tisch eine Pinnwand steht, gibt es auch Raumteiler, sofern eine Gruppe das haben möchte. Und das Bienenkorb-Gesumm passt zu einer Werkstatt, in der fleißig gearbeitet wird.

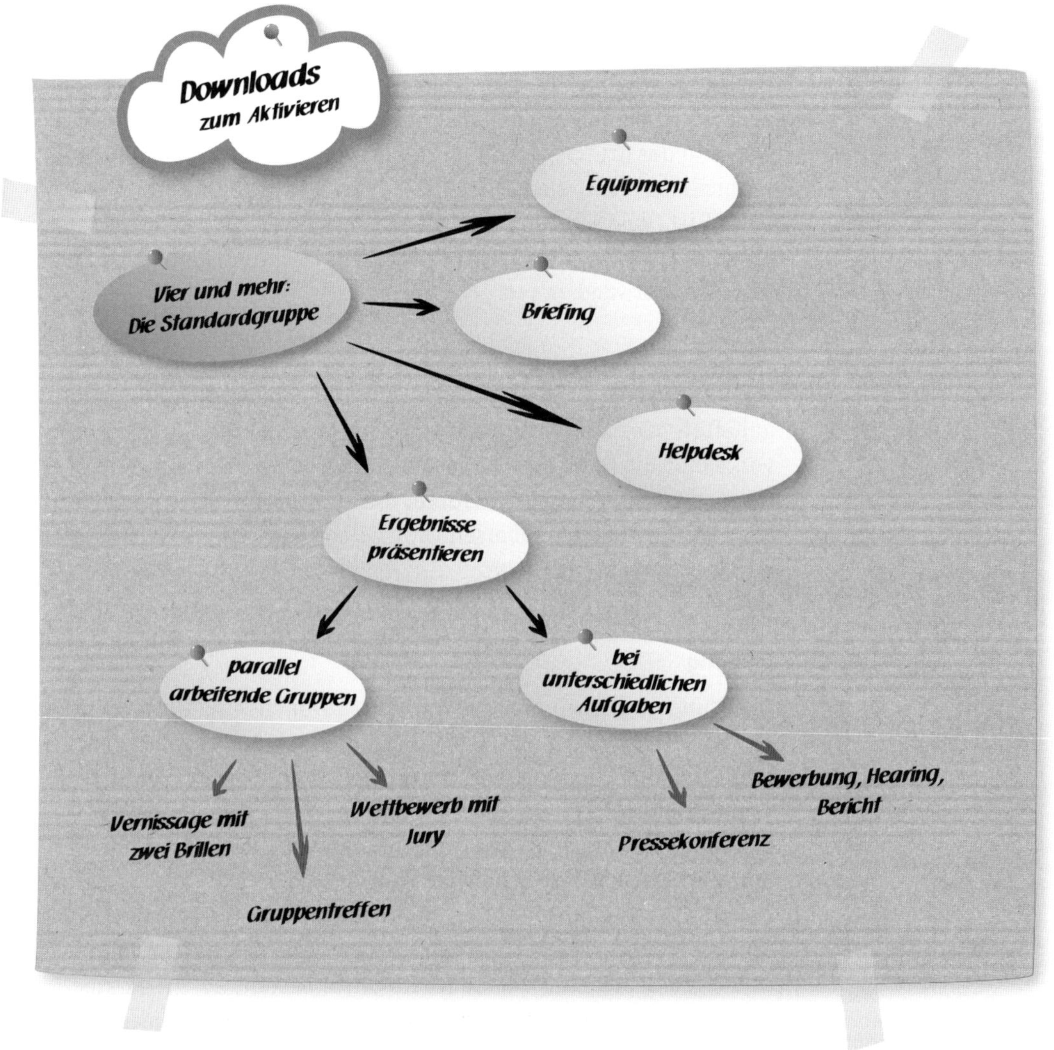

„Grüne Ampel" signalisiert Arbeitsstatus

Auf jeden Tisch stelle ich einen dieser kleinen Ständer mit einer Klammer, in die man bei einer Einladung Namenskarten oder die Speisefolge klemmt. Offiziell heißen sie „Tischkartenhalter" und sind für zwei bis drei Euro zu erstehen. In jeden Halter stecke ich eine grüne runde Moderatorenkarte (im Fachjargon „Kuller"). Der Halter wird flach in die Tischmitte gelegt. Immer wenn eine Gruppe mit ihrer Arbeit fertig ist, stellt sie den Halter auf und signalisiert damit: „Bei uns steht die Ampel auf grün." So sehe ich als Trainer von meinem Platz aus, welche Gruppen ihre Arbeit abgeschlossen haben. Ich muss nicht herumtigern und jede Gruppe fragen, wie der Stand der Dinge ist. Auch die anderen Gruppen sehen mit einem Blick, wie weit die anderen schon sind.

Papiertischdecken als Notizfläche

Haben Sie schon einmal mit Papiertischtüchern auf den Gruppentischen gearbeitet? Es gibt sie in Rollen (z.B. 50 Meter) günstig zu kaufen. Die Teilnehmer wissen es schnell zu schätzen, dass sie während der Gruppenarbeit auf die Tischdecke schreiben, zeichnen, scribbeln können, um etwas zu erklären oder festzuhalten. Der Vorteil ist, dass alle am Tisch die Notizen sehen und sie ergänzen können. Ein besonders kreativ genutztes Tischtuch kann danach eine Seminarwand zieren.

Bei längeren Gruppenarbeiten (ab zwei Stunden) macht es sich gut, wenn die Teams sich Namen geben und ein Symbol für ihren Clan anheften oder umhängen. Als Trainer geben Sie nur die Kategorie vor, damit die Namen nicht zu weit streuen. Beispiel: Tiere. Die einen sind dann die Schildkröten, die anderen die Elefanten, Affen oder Delfine. Es ist unübersehbar, dass solche Attribute das „Wir"-Gefühl kräftig steigern.

Briefing

Die Gruppen müssen arbeitsfähig sein, bevor sie eine Gruppenarbeit starten. So sollten sie in einem Briefing durch Sie Folgendes erfahren: Wozu die Gruppenarbeit dienen soll, worin der Nutzen für die Teilnehmer besteht, was jeder zu tun hat (Ablauf usw.), die Zeitdauer, wie die Ergebnisse zu präsentieren sind, wie man mit den Ergebnissen weiterarbeiten wird (Verwertung).

Briefing visualisieren

Grundsätzlich sind alle Instruktionen zu visualisieren: am Flipchart, per Beamer, als Handout. Trotzdem besteht bei etwas komplizierteren Gruppenarbeiten die Gefahr, dass die Teams meinen, alles verstanden zu haben und dann mitten in der Arbeit bemerken, dass es Unklarheiten gibt. Für diesen Fall lege ich noch einen Verstehens-Check ein, bevor die Gruppen loslegen. Dazu gibt es mehrere Möglichkeiten, die Sie variieren können.

Verstehens-Check vorschalten

Zum einen können Sie sich als Reporter betätigen, der Überraschungsinterviews macht. Wenn alle die Instruktion gehört und gelesen haben, bewaffnen Sie sich mit einem großen Marker als Mikro, gehen zu einem Teilnehmer und überraschen ihn mit einer Frage zur Gruppenarbeit. Zum Beispiel: *„Was tun Sie, wenn Sie mit der ersten Aufgabe fertig sind?"* Dann beglücken Sie einen anderen Teilnehmer mit einer weiteren Frage und so weiter, bis Sie sicher sind, dass alles angekommen ist. Das ist unterhaltsam und erfüllt seinen Zweck.

Eine andere Möglichkeit: Sie bitten aus jedem Team ein Mitglied nach vorne in einen Stuhlkreis. Die Delegierten bekommen die Aufgabe, sicherzustellen, dass die Instruktion komplett verstanden wurde. Sie fragen sich also gegenseitig ab. Auch dabei können Sie sich der Aufmerksamkeit der Teilnehmer sicher sein.

Die dritte Variante des Briefing-Checks ist paradox. Sie fragen die Gruppe: *„Jetzt haben Sie gehört, was zu tun ist. Sie sehen, dass die Aufgabe und der Ablauf diesmal nicht ganz einfach sind. Was könnte alles schief laufen?"* Durch die Wortmeldungen richtet sich die Aufmerksamkeit auf mögliche Fehler bei der anstehenden Gruppenarbeit. Genau die werden danach bestimmt nicht auftreten.

Helpdesk

Trainer auf Stand-by

Wenn die Gruppen arbeiten, stellen Sie an Ihrem Trainerplatz ein Schild mit der Aufschrift „Helpdesk" auf. Sie signalisieren, dass Sie sich nicht in die Arbeit einmischen werden, aber auf Stand-by bereitstehen, wenn eine Gruppe oder ein einzelner Teilnehmer Ihre Unterstützung braucht.

Ergebnisse präsentieren

Monotonie vermeiden

Monotonie bei der Präsentation von Ergebnissen der Gruppenarbeit muss nicht sein. Es gibt Alternativen zum Standardablauf nach dem Muster: Gruppe 1 zeigt ihr Poster und kommentiert es; Gruppe 2 zeigt ihr Poster und kommentiert es; Gruppe 3 zeigt ihr Poster und kommentiert es; Gruppe 4 zeigt ihr Poster und kommentiert es. Bevor Sie im Folgenden einige Ideen zum Downloaden für Ihr Seminar lesen, gilt es einen Unterschied zu beachten: Haben die Gruppen parallel die gleiche Aufgabe bearbeitet oder sind sie arbeitsteilig vorgegangen und haben sich mit unterschiedlichen Fragen beschäftigt?

Bei Parallelarbeit liegt Fokus auf Wettbewerb

Die Situation der Zuhörer bei der Präsentation ist in diesen beiden Fällen eine völlig andere. Bei der Parallelarbeit kennen alle die Aufgabe; sie haben sie ja bearbeitet. Der Aufmerksamkeitsfokus bei der Präsentation einer anderen Gruppe richtet sich hier auf Fragen wie: „Waren die besser als wir?", „Ist was Neues dabei, das wir übersehen haben?" Wenn – wie oft bei parallel arbeitenden Gruppen – der Wettbewerbsfaktor ausgeprägt ist, klopfen die Zuhörer die Präsentationen der anderen gezielt auf Lücken oder Fehler ab, um die eigene Arbeit aufzuwerten.

Geringe Aufmerksamkeit bei arbeitsteiligen Gruppen

Im zweiten Fall – jede Gruppe hatte eine andere Aufgabe – wissen die Adressaten bei der Präsentation der anderen Teams nicht oder nur oberflächlich, was diejenigen bearbeitet haben. Sie sind mit dem Kopf noch bei ihrer Gruppenarbeit und müssten zunächst einen Schalter umlegen, um gute Zuhörer zu sein. Jeder Trainer kann beobachten, dass nach arbeitsteiligem Arbeiten meistens wenig Interesse besteht, sich wirklich auf die Präsentationen der anderen Gruppen einzulassen.

Das hat Konsequenzen dafür, wie Sie als Trainer die Ergebnisse präsentieren lassen. Nach parallelen Gruppenarbeiten kommt es darauf an, Methoden zu finden, die Gemeinsamkeiten und Unterschiede zwischen den Gruppenarbeiten deutlich machen. Im Anschluss an arbeitsteilig arbeitende Gruppen gilt es, die Aufmerksamkeit für die anderen Gruppenergebnisse zu wecken und schnell begreiflich zu machen, worum es bei den anderen Teams ging. Hier einige Ideen für die eine und die andere Situation.

Situation 1: Präsentation bei parallel arbeitenden Gruppen

Methode

▶ Methode „Vernissage mit zwei Brillen"

Bekanntlich werden bei der Seminarmethode „Vernissage" Poster oder Pinnwände mit den Ergebnissen jeder Gruppe aufgestellt und dann von den Teilnehmern besichtigt. Diesmal haben die Teilnehmer jedoch unterschiedliche „Brillen" auf. Die eine Hälfte hat den Job, Gemeinsamkeiten und Übereinstimmungen zu entdecken. Die andere Hälfte schlendert ebenfalls von Poster zu Poster, notiert aber Unterschiede. (Aus jeder Gruppe sollten etwa gleich viele Teilnehmer in der einen und der anderen Hälfte vertreten sein.) Nach der vorgegebenen Besichtigungszeit trifft sich jede der beiden Beobachtergruppen an je einer Pinnwand, schreibt die gefundenen Gemeinsamkeiten bzw. Unterschiede auf Karten und pinnt sie in einer sinnvollen Konstellation an. Nun stellt man die beiden

Pinnwände nebeneinander und schaut, was sich daraus lernen lässt. Ergiebig sind besonders die Diskussionen über die Unterschiede, weil sie unterschiedliche Sichtweisen eröffnen.

Methode

Methode „Gruppentreffen"

Wenn alle Teams mit ihrer Arbeit fertig sind, setzen sich je zwei Gruppen zusammen und vergleichen ihre Resultate. Sie halten Übereinstimmungen und Unterschiede fest. Diese werden dann im Plenum vorgestellt. Vorteile: Jede Gruppe beschäftigt sich intensiv mit dem Ergebnis einer anderen Gruppe. Und im Plenum sind nur noch halb so viele Präsentationen nötig.

Methode

Methode „Wettbewerb mit Jury"

Bei manchen parallelen Gruppenarbeiten kommt es darauf an, eine beste Idee oder Lösung zu finden. Schon beim Briefing werden die Gruppen auf Wettbewerb eingestellt und „heiß" gemacht, das Beste zu geben. Die Gruppen wissen auch, dass es im Anschluss eine Prämierung gibt. Schon vor der Gruppenarbeit erstellen Trainer und Teilnehmer eine Liste mit drei bis fünf Gütekriterien, nach denen man die Präsentationen später bewertet. Weil die Teams die Kriterien kennen, achten sie während der Arbeit darauf, dass ihre Ergebnisse diese Maßstäbe erfüllen. Das steigert die Qualität der Gruppenarbeiten.

Nach den Präsentationen bekommt jede Gruppe einen Punktwert entsprechend den Qualitätskriterien. Alle Teilnehmer – mit Ausnahme der Mitglieder der Gruppe, deren Produkt gerade bewertet wird

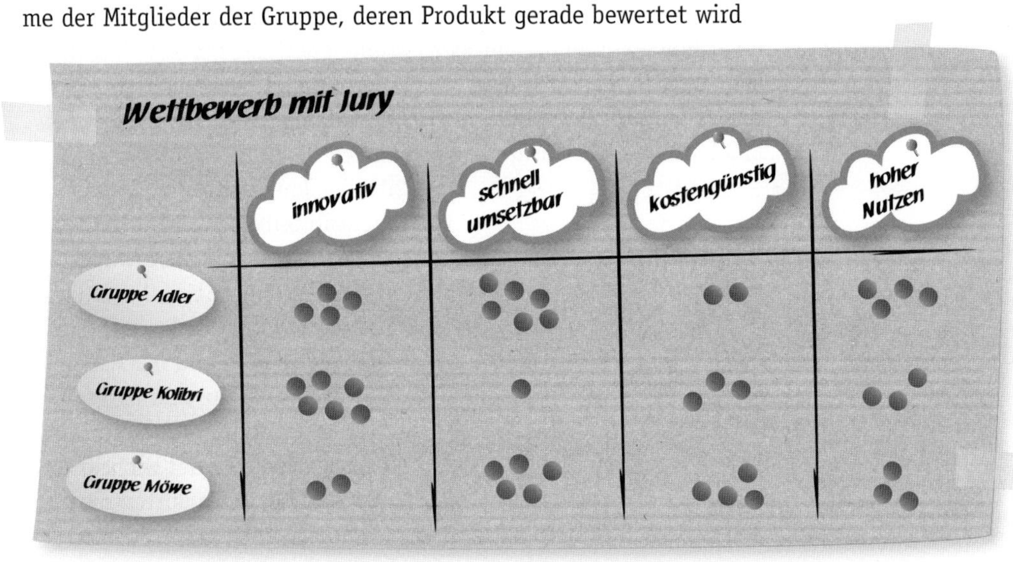

– gehören zur Jury. Sie als Trainer legen auf einem Flipchart ein Raster an. In den Zeilen stehen die Gruppen. In den Spalten stehen die Qualitätskriterien. Bei jedem Kriterium können maximal sieben Punkte erreicht werden (siehe Abb., S. 137). Am leichtesten geht es mit Klebepunkten.

Die Bewertung ist der Maßstab.

Am Ende „siegt" die Präsentation, die über alle fünf Kriterien den höchsten Gesamtwert erreicht hat. Gelernt wird allerdings nicht durch dieses Ranking, sondern durch die Gründe für die Bewertungen. Nach jeder Bewertungsrunde für eine Präsentation sollten Sie daher die Jury erläutern lassen, wie die Bewertung zustande kam, was sie als gut oder weniger gut empfunden hat. Nach der Siegerehrung halten Sie als Trainer zusammenfassend fest, welche Folgerungen aus dem Positiven und Negativen zu ziehen sind.

Situation 2: Präsentation bei Gruppen mit unterschiedlichen Aufgaben

Sie erinnern sich, dass es hier auf zweierlei ankommt: Die Zuhörer werden in die Aufgaben der anderen Gruppen „eingefädelt" und die Ergebnisse sind so attraktiv darzubieten, dass alle sich für die Ergebnisse der anderen Teams interessieren und nicht nur an die eigene Arbeit denken.

Methode

▶ Methode „Pressekonferenz"

Aus jeder Gruppe setzt sich ein Mitglied aufs „Podium". Im Seminarraum sind das ein paar aneinander gestellte Tische. Das Flair einer Pressekonferenz gilt es zu arrangieren: mit großen Filzstiften als Mikro, Namensschildern, Getränken und einem Moderator. Hinter jedem Sprecher steht ein Flipchart oder eine Pinnwand mit den Ergebnissen seiner Gruppe. Alle anderen Seminarteilnehmer sind kritische Journalisten und sitzen in Stuhlreihen vor dem Podium. Die Gruppensprecher werden der Reihe nach von den Journalisten befragt. Der Erste startet mit einer neugierig machenden Information zur bearbeiteten Aufgabe. Dann folgt ein knackiges Resümee der wichtigsten Ergebnisse. Jetzt dürfen die „Journalisten" Fragen stellen.

Insgesamt sollten Präsentation und Befragung nicht länger als zehn Minuten pro Gruppe dauern. Den Teilnehmern macht es besonderen Spaß, die Journalistenrolle zu spielen. Sie trauen sich dann, ohne Hemmungen auch Kritik anzubringen.

▶ **Methoden „Bewerbung, Hearing, Bericht"**

Methode

Sie können sich auch von anderen Formaten inspirieren lassen und diese je nach Thema als Abwechslung zur Pressekonferenz inszenieren.

- *Erstes Beispiel:* Bewerbung um Sponsorengelder. Dieses Setting passt zu Gruppenarbeiten, in denen Ideen und Lösungen gefunden werden sollen. Die anderen Teilnehmer sind potenzielle Förderer oder Investoren.
- *Zweites Beispiel:* Hearing mit Gutachtern. Diese Situation bietet sich an, wenn die Gruppen Stellungnahmen oder Empfehlungen erarbeitet haben. Die Zuhörer sind in der Rolle von Entscheidungsträgern, z.B. Politikern.
- *Drittes Beispiel:* Bericht vor dem Vorstand. Die Sprecher der Gruppen legen Ergebnisse vor, die sie im Auftrag des Vorstandes als Spezialistenteams oder Task Forces erarbeitet haben. Die zuhörenden Teilnehmer spielen Vorstandsmitglieder.

Es ist beeindruckend, wie schnell solche leicht zu inszenierenden Setting eine Eigendynamik entwickeln. Die Seminarteilnehmer agieren in ihren Rollen mit Verve und finden die Präsentationen von Gruppenarbeiten überhaupt nicht mehr langweilig. Genau das ist ja die Herausforderung, wenn Gruppen an verschiedenen Themen gearbeitet haben.

Plenum: alle zusammen

Fragen zum Seminarprozess gehören ins Plenum.

In meinen Seminaren favorisiere ich die Arbeit in Kleingruppen, weil sie intensiver ist und die Teilnehmer näher zusammenbringt als Aktivitäten im Plenum. Doch es gibt Situationen und Aufgaben, für die das Plenum das richtige Forum ist, zum Beispiel bei Themen, die mit dem Seminarprozess zu tun haben. Wenn Sie als Trainer wissen wollen, was die Teilnehmer zu einem Thema wünschen oder wenn es ein Problem gibt und Sie Lösungsideen abrufen. Die effizienteste Methode dafür ist immer die Kartenabfrage.

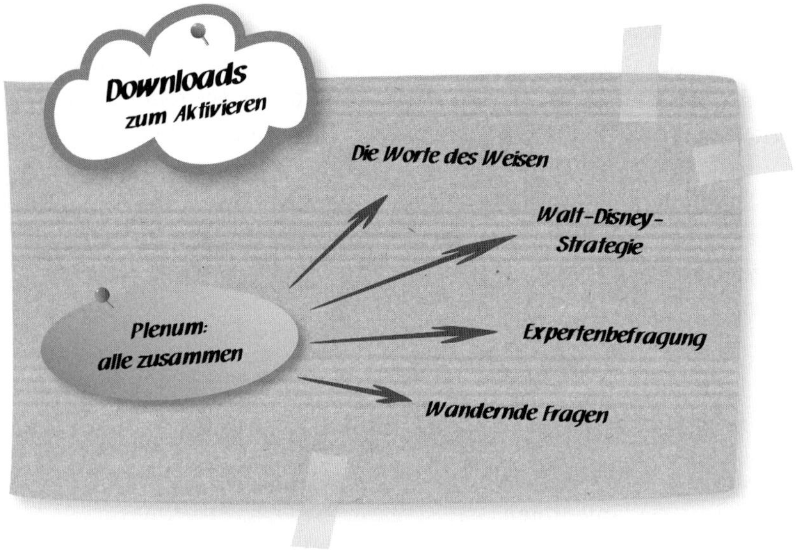

Klassiker Blitzlicht

Für eine Momentaufnahme des Seminarprozesses ist auch das Blitzlicht eine gute Methode. Sie geben als Trainer einen Impuls vor (z.B.: *„Ergänzen Sie doch bitte den Satz: ‚Im Augenblick geht es mir…' oder ‚Nach dem heutigen Tag …' oder ‚Es ginge mir besser, wenn …'"*) und reihum sagt jeder Teilnehmer etwas dazu. Man kann auch passen und das Wort an den Nachbarn weitergeben. Wie bei der Kartenabfrage sind beim Blitzlicht die Antworten öffentlich. Alle bekommen mit, was die Anderen sagen. Das Thema betrifft ja auch alle.

Neben diesen Standardmethoden gibt es andere originelle Methoden, mit denen Sie die Gruppe im Plenum aktivieren. Einige Verfahren haben Sie schon in vorigen Abschnitten kennengelernt: z.B. die Rückenpost, das Kugellager, die Vorstellungsrunden, die Pressekonferenz, die Ballonfahrt, den magischen Stuhl und andere. Als Zugabe gibt es nun weitere Aktivierungen im Plenum, die mir und meinen Teilnehmern gut gefallen haben.

Methode

▶ Die Worte des Weisen

Diese Idee habe ich bei Jörg Wendorff in „Das LEHRbuch" (managerSeminare 2009) gefunden und sie in ein anderes Szenario verpflanzt. Im Buch heißt die Methode „Stolpersteine zu Steigbügeln umwandeln" und passt in den Seminarabschnitt „Vorsätze verwirklichen" (siehe dazu auch den gleichnamigen Abschnitt in der Rubrik „Arbeit zu zweit", S. 127 ff.).

Zuerst schreibt jeder in Einzelarbeit auf Moderationskarten, welche Probleme auftreten könnten, wenn er oder sie seinen Vorsatz in die Tat umsetzen möchte. Dann geht jeder Teilnehmer seine Liste mit möglichen Hindernissen noch einmal durch und prüft, ob ein Hindernis darunter ist, zu dem ihm oder ihr partout keine Idee einfällt, wie sich der Vorsatz trotzdem realisieren ließe. Der Trainer fragt, welche Teilnehmer auf ein Hindernis gestoßen sind, das sie ratlos macht. Er sammelt die Meldungen und legt sowohl eine Reihenfolge fest als auch einen Zeitrahmen.

Nun stellt er einen Stuhl vorne in die Mitte und erklärt ihn zum Thron des Weisen. Der erste Teilnehmer geht nach vorne, liest seine Karte mit dem scheinbar unüberwindbaren Hindernis für seinen Vorsatz vor und legt sie vor dem Stuhl auf den Boden. Dann setzt er sich wieder an seinen Platz. Wenn andere Teilnehmer für sich das gleiche Hindernis notiert haben, legen sie ihre Karten dazu. Nun kann sich jeder Teilnehmer, der eine gute Idee zur Überwindung des Hindernisses hat, auf den Thron setzen und als Weiser seinen Rat kundtun. Vielleicht finden sich noch andere Weise. Über die Ideen wird nicht diskutiert. Es bleibt den Betroffenen überlassen, ob und welche Ratschläge sie annehmen. Ist die erste Runde zu Ende, legt der nächste Teilnehmer auf der Warteliste seine Problemkarte vor dem Thron ab und wartet auf die Worte des Weisen.

▶ Walt-Disney-Strategie

Methode

Walt Disney, der legendäre Erfinder der Micky Maus, hat in seinem Unternehmen mit Vorliebe eine Methode praktiziert, die Sie auch im Seminar in verschiedenen Varianten einsetzen können. Ich beschreibe das Vorgehen zuerst für die Situation, dass ein Team Lösungen für ein Problem gesucht hat. In einem Bewertungsverfahren hat die Gruppe dann eine vermutlich beste Lösung ermittelt. Nun will sie diese aber noch einmal auf Herz und Nieren prüfen. Dazu richtet man mit einfachen Requisiten (Poster usw.) drei Ecken des Raumes ein: Die erste Ecke ist der Ort des Träumers, die zweite die des Realisten, die dritte die des Kritikers. In der Mitte des Raumes befindet sich der neutrale Meeting-Point. Dort warten Flipchart, Pinnwand, Karten und Stifte (siehe Abb., S. 142).

Das Team geht mit der Idee, die geprüft werden soll, zuerst in die Träumerecke. Jedes Mitglied schließt die Augen und macht mit der Idee eine Fantasiereise. Man stellt sich vor, was diese Idee verändern wird, wie sich die Beteiligten und Betroffenen dabei fühlen,

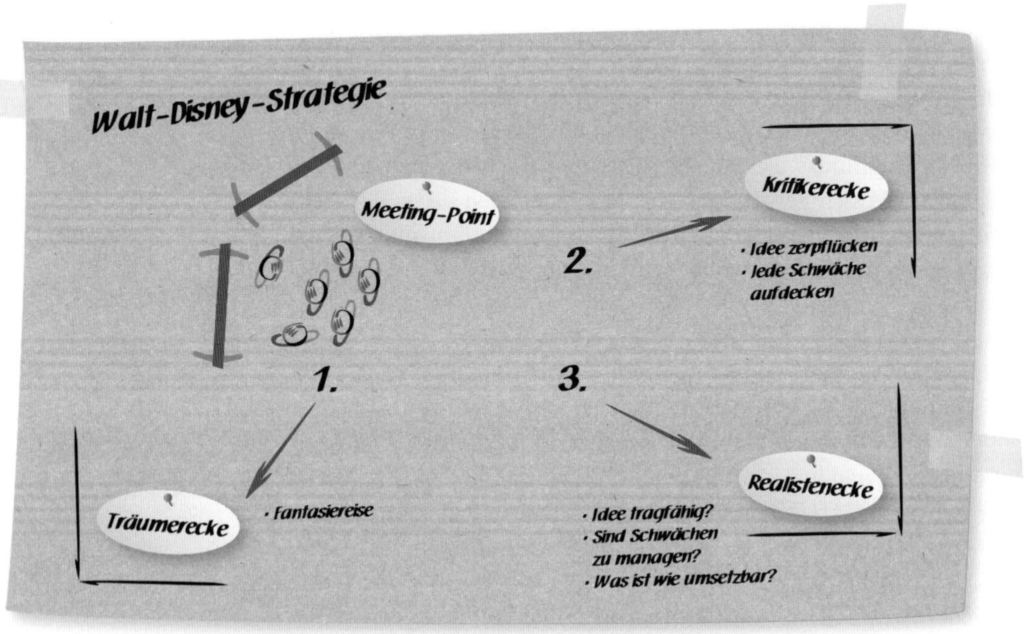

wie es weitergehen könnte. Die Teilnehmer überlassen sich den Bildern und anderen Eindrücken, wie sie kommen und gehen. Das fällt leichter, wenn man bequem sitzt oder liegt und leise Musik im Hintergrund läuft. Danach begeben sich alle zum neutralen Treffpunkt. Hier berichtet man die Erlebnisse als Träumer.

Nach einer Pause sucht die Gruppe die Kritikerecke auf. In hartem Kontrast zum Träumer unterzieht man jetzt die Idee einem knallharten Tauglichkeitstest. Jede Schwäche gilt es zu entdecken. Beim anschließenden Treffen in der neutralen Raummitte kommen alle Bedenken auf den Tisch und werden – wie zuvor schon die „Träume" – an Flipchart oder Pinnwand festgehalten.

Nach einer weiteren Pause begeben sich alle in die Realisten-Ecke. Hier regiert der gesunde Menschenverstand. Als Realist verarbeitet jeder die Erfahrungen aus den beiden anderen Ecken und fragt: „Wird das was oder machen wir uns was vor? Ist die Idee tragfähig? Fällt uns Überzeugendes ein, um die Schwächen zu managen? Stehen wir wirklich hinter der Idee? Was sind wir bereit zu investieren?" Anschließend tauscht man seine Einschätzungen wieder im neutralen Meeting-Point aus und zieht gemeinsam Bilanz.

Ecken und Rollen sind variabel.

Der Clou mit den drei Orten und Rollen lässt sich auch für Anlässe und Ziele nutzen, bei denen es nicht um die Prüfung einer Idee geht: z.B. um ein Problem zu analysieren, eine These zu bewerten, Optionen abzuwägen, Vorsätze zu sichern, Feedbacks zur eigenen Person auszuwerten. Sie können die Ecken auch für andere Zwecke definieren. In einem Training für Führungskräfte können Sie zum Beispiel eine Ecke „Mitarbeiter", eine „Führungskraft" und eine „Unternehmen" installieren. Wenn die Gruppe dann in einer dieser Ecken steht, sieht sie alles aus dieser Perspektive und argumentiert in der dazu passenden Rolle.

Methode

▶ Expertenbefragung

Das ist eine wohltuende Abwechslung zu den üblichen Trainer-Inputs zur Wissensvermittlung. Diesmal sagen die Teilnehmer, was sie zu einem Thema wissen wollen und zapfen den Experten dazu gezielt an. Sparen Sie sich also beim nächsten Wissensblock einmal Ihren Trainervortrag und legen Sie stattdessen Ihren Teilnehmern einen Stapel Moderationskarten auf den Tisch. Sagen Sie: *„Es geht im nächsten Modul um das Thema X. Ich lade Sie zu einem Wunschkonzert ein. Überlegen Sie, was Sie zu diesem Thema unbedingt wissen wollen und schreiben Sie jeden Punkt auf eine Karte. Ich verspreche Ihnen, dass Sie auf jede Frage eine Antwort bekommen."*

Bei größeren Gruppen überlegt sich zuerst jeder Einzelne seine Fragen und vergleicht sie dann mit den Karten von zwei oder drei weiteren Teilnehmern. Dadurch werden Doppelungen aussortiert und sehr ähnliche Fragen zu einer neuen zusammengefasst. Anschließend pinnen alle ihre Karten an die Pinnwand. Gemeinsam werden jetzt Fragen gesucht, die zum gleichen Thema gehören, und als Cluster an eine zweite Pinnwand daneben gehängt. Jede Kartengruppe bekommt eine Überschrift (ovale weiße Karte). Fragen, die sich nicht zuordnen lassen, werden als Einzelfragen angepinnt. Jetzt kann die Expertenbefragung starten.

Arbeit mit Assistent

Bevor Sie die Fragecluster nach und nach abarbeiten, sollten Sie allerdings noch einen Assistenten gewinnen, der zwei Jobs hat: Er oder sie markiert jede Karte, die beantwortet wurde, mit einem Eselsohr als „erledigt". Und er oder sie macht Sie mit einer roten Karte darauf aufmerksam, sollten Sie über eine Karte zu lange reden. Vergessen Sie auch nicht, die Gruppe um Verständnis zu bitten, dass Sie während der Expertenbefragung aus Zeitgründen keine

© managerSeminare

Nachfragen zulassen. Dann widmen Sie sich dem ersten Cluster mit den Fragekarten.

Im Auge behalten!

Die Expertenbefragung macht nur Sinn, wenn die Teilnehmer zum Thema Vorwissen mitbringen. Sie ist besonders effektiv, wenn es in der Gruppe deutliche Wissensunterschiede gibt. Heterogenes Vorwissen bei den Zuhörern treibt einem als Trainer ja den Schweiß auf die Stirn, weil man die Informierten nicht langweilen und die Uninformierten nicht überfordern will. Ein Drahtseilakt. Die Expertenbefragung ist hier das Ei des Kolumbus. Die einen Teilnehmer werden anspruchsvollere Fragen stellen, die anderen elementare. Und wenn Sie als Experte zu einem neuen Unterthema mit mehreren Karten an der Pinnwand kommen, legen Sie nicht gleich los, sondern fragen erst in die Runde: *„Kann jemand von Ihnen eine dieser Karten beantworten?"* So können die gut Informierten zu Wort kommen und Abwechslung in die Expertenbefragung bringen.

Ergänzender Trainer-Input im Anschluss

Nach der Expertenbefragung werden Sie in der Regel nicht um einen ergänzenden Input herumkommen, denn nur selten sind durch die Teilnehmerfragen alle Inhalte abgedeckt, die Sie für nötig erachten. Aber dieser Input ist in der Regel nur ein Nachschlag. Der größte Informationsteil wurde zuvor nach den Wünschen der Teilnehmer vermittelt. Und bei jeder Karte konnten Sie sicher sein, dass Sie mindestens einen Teilnehmer mit ihren Ausführungen erfreut haben.

Methode

▶ Wandernde Fragen

Das ist eine Methode, bei der jeder jedem hilft, zum Beispiel um Wissenslücken zu schließen oder um Lösungen für persönliche Anliegen zu finden. Im ersten Schritt schreibt jeder in Einzelarbeit eine Frage oder ein Anliegen als Überschrift auf ein Blatt Papier, zusammen mit seinem Namen. Wenn keiner mehr grübelt oder schreibt, geben Sie als Trainer ein Zeichen und jeder reicht sein Blatt im Uhrzeigersinn an den Nachbarn weiter. Der überlegt, ob er oder sie zur Frage auf dem Blatt, das zugewandert ist, eine Antwort oder eine Idee hat. Wenn ja, wird die Idee in der ersten Zeile unter der Frage notiert, zusammen mit dem Namen des Helfers. Wenn nein, bleibt die Zeile leer. Danach reicht man das Blatt nach links weiter und bekommt von rechts eine neues. Irgendwann landet wieder das eigene Blatt beim Verfasser. Jetzt hat man Zeit, um die Vorschläge zu studieren und sie zu bewerten. Sollte man eine

Antwort oder Idee nicht richtig verstehen, kennt man den Namen des Autors und kann ihn oder sie fragen.

Ich schätze an dieser Methode mehrere Dinge: Für jedes Anliegen wird die Kapazität der gesamten Gruppe mobilisiert: Es geht durch die Parallelarbeit sehr effizient und wegen der Verschriftlichung angenehm leise zu; das Erlebnis „Mir wird geholfen" stellt Wärme und Wir-Gefühl her. Und all das leistet die Gruppe für sich. Da freut sich die Trainerseele.

Methode

Wenn Sie Rituale lieben, können Sie sich zu dieser Methode etwas einfallen lassen, mit dem die Teilnehmer ihren Dank ausdrücken. Ich habe es so gemacht: Jeder schreibt an einen seiner Helfer etwas Schönes, faltet das Blatt zu einem Papierflieger, schreibt den Namen des Empfängers auf die Tragflächen und lässt das Gerät zum Adressaten schweben. Das führt zu einem lustigen Durcheinander. Dank der Adressen kommt jedoch nach flugbedingten Umwegen jede Postille schließlich dort an, wo sie hingehört.

Plenumsarbeit: Wichtig für das Wir-Gefühl

Wie Sie sehen, erreichen Sie mit Plenumsmethoden etwas, das Einzel- oder Gruppenarbeiten fehlt: ein Wir-Gefühl der ganzen Gruppe. Andererseits bleiben im Plenum die vielen Vorzüge der Einzelarbeit und der Kleingruppenarbeit außen vor. Die Lösung liegt auf der Hand: Organisieren Sie bei anspruchsvolleren Aufgaben die Aktivierung als optimale Kombination von Einzel- oder Gruppenarbeit sowie Plenum. Die meisten der oben beschriebenen Methoden, bei denen auch das Plenum eine Rolle spielt, sind solche Kombinationen.

Wenn Sie Aktivierungsmethoden wie die geschilderten einsetzen, erfüllen Sie auch die Forderung der modernen Didaktik (siehe Update 1) nach kooperativem Lernen. Mit Ausnahme der Einzelarbeit macht jeder Teilnehmer in allen beschriebenen Aktivierungen soziale Erfahrungen mit den entsprechenden Vorteilen für das Lernen, z.B.:

Erfahrungen beim kooperativen Lernen

- Ich mache mir das Gelernte klar, damit ich mit anderen darüber reden oder mit ihnen dazu arbeiten kann.
- Ich erlebe, wie andere auf meine Beiträge reagieren.
- Ich erfahre, wie andere über das gleiche Thema denken, wie sie die gleiche Aufgabe anpacken.
- Ich lerne durch die Äußerungen der anderen, meine Sichtweise zu erweitern oder zu korrigieren.
- Ich erfahre die Zusammenarbeit mit anderen als anregend und bereichernd.
- Ich bin froh, mit diesen Teilnehmern in einem Seminar zu sein.

Jede Minute im Seminar, die Sie als Trainer allein bestreiten, ist eine Minute, in der Ihre Teilnehmer keine Chance haben, diese Erfahrungen zu machen. Für längere Monologe sollten Sie also – mit Verlaub – schon verdammt gute Gründe anführen können.

Teil II

Wie machen Sie Ihr Seminar nachhaltig?

© managerSeminare

Im zweiten Kapitel finden Sie ...

In einem sind sich alle Beteiligten an einem Seminar – Trainer, Teilnehmer, Auftraggeber – einig: Alle wollen, dass die Resultate der Maßnahme möglichst lange andauern. Denn nur wenn der Lernerfolg nachhaltig ist, lohnt sich das Investment in Zeit, Anstrengung, Geld und andere Ressourcen. „Was bleibt nach dem Seminar?" lautet zurecht die entscheidende Frage. Angesichts der Bedeutung dieser Frage reibt man sich verwundert die Augen, wenn man sieht, wie wenig für die Nachhaltigkeit von Seminaren getan wird.

Sie können sich ja einmal selbst fragen:

Wie steht es um die Nachhaltigkeit?

- Wie wichtig ist das Ziel „Nachhaltigkeit" in meiner Seminarplanung?
- Wie viel Zeit in meinem Seminar verbringen die Teilnehmer mit Aktivitäten, die gezielt der Nachhaltigkeit dienen?
- Versuche ich und bemüht sich der Auftraggeber herauszufinden, wie es mit der Nachhaltigkeit einige Wochen oder Monate nach dem Seminar bestellt ist?

Trainer konzentrieren sich vor allem auf Methoden und Inputs.

Wenn Sie bei diesen Fragen ins Schwimmen kommen, befinden Sie sich in guter Gesellschaft. Nach meiner Erfahrung konzentriert sich die Mehrzahl der Trainer ausschließlich darauf, dass die Teilnehmer die Seminarziele erreichen. Genauer: Sie konzentrieren sich darauf, mit welchen Methoden und welchen Inputs sie am besten dazu beitragen, dass die Teilnehmer die Lernziele erreichen. Denn ob und in welchem Ausmaß die Ziele tatsächlich erreicht werden, wird selten systematisch erfasst, auch nicht vom Auftraggeber. Erst recht bleibt im Nebel, wie nachhaltig Lernerfolge sind. Auch bei Axel Kochs Kritik an den „Weiterbildungslügen" (siehe oben Update 1) kommt Nachhaltigkeit nur am Rande vor: Lediglich bei Lüge 4 spricht er an, wie die Erinnerung an Gelerntes schon nach kurzer Zeit gegen Null geht, wenn man nichts dagegen unternimmt.

Wenn Sie Nachhaltigkeit als ein zentrales Ziel Ihrer Seminare bisher nicht auf dem Bildschirm hatten, sind die beiden folgenden Updates mit zugehörigen Downloads etwas für Sie.

Update 8

Wie intelligent ist Ihr Zeitmanagement beim Seminardesign?

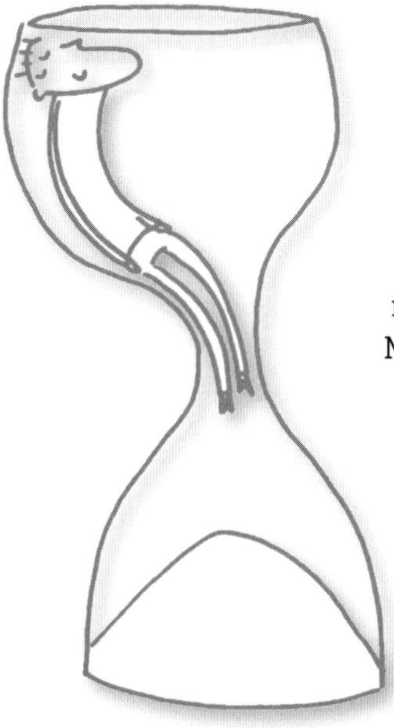

Wenn Sie fragen „Was hat Zeitmanagement beim Seminardesign mit Nachhaltigkeit zu tun?", habe ich eine kleine Geschichte für Sie, die Zeitmanagement-Trainer gerne ihren Teilnehmern zum Besten geben.

Die Geschichte von den Steinen

Beispiel

Eines Tages wird ein in Ehren ergrauter Professor gebeten, vor Führungskräften ein Referat zum Thema „Zeitmanagement" zu halten. Zur vereinbarten Zeit steht er vor fünfzehn wissbegierigen Managern, die gespannt erwarten, einen klugen Vortrag zu hören. Der Professor sagt jedoch: „Wir machen ein Experiment." Er stellt eine große gläserne Schüssel auf den Tisch. Dann holt er unter dem Tisch Steine hervor, groß wie Tennisbälle. Er legt sie vorsichtig, einen nach dem anderen, in die Schüssel. Als kein weiterer Stein mehr Platz findet, blickt der Professor auf und fragt: „Ist die Schüssel voll?" Alle: „Ja!" Der Professor wartet ein paar Sekunden und fügt hinzu: „Wirklich?"

Jetzt holt er einen Behälter mit Kies hervor. Mit Sorgfalt kippt er den Kies über die großen Steine, schüttelt die Schüssel hin und wieder, bis der Kies zwischen den großen Steinen zum Boden des Gefäßes vordringt. Der alte Professor fragt erneut: „Ist die Schüssel voll?“ Dieses Mal riechen die Teilnehmer den Braten. Ein Manager antwortet: „Sehr wahrscheinlich nicht!“ „Gut!“ antwortet der Professor. Er beugt sich wieder unter den Tisch und holt einen kleinen Eimer voll Sand hervor. Er kippt den Sand in das Glasgefäß und füllt damit die Hohlräume zwischen den Steinen und dem Kies. Erneut fragt der Professor: „Ist die Schüssel voll?“ Die Kursteilnehmer denken gar nicht mehr nach, sondern antworten: „Nein!“ „Gut!“ erwidert der Professor. Er nimmt einen Krug Wasser und füllt das Glas bis zum oberen Rand. Dann blickt er auf und fragt: „Welche Wahrheit lässt sich mit diesem Experiment zeigen?“

Alle wissen, dass es etwas mit dem Thema „Zeitmanagement“ zu tun haben muss. Ein Manager unternimmt einen Anlauf: „Das Experiment beweist, dass man auch bei einem vollem Terminkalender noch Termine unterbekommt, wenn man wirklich will.“ „Nein“, widerspricht der weise Professor: „Das ist es nicht! Dieses Experiment beweist folgende große Wahrheit: Wenn man nicht zu allererst die großen Steine in den Behälter legt, haben Sie später keinen Platz mehr dafür. So viel Material konnte ich nur einfüllen, weil die Reihenfolge stimmte.“

Da breitet sich unter den Zuhörern ein nachdenkliches Schweigen aus. Jedem leuchtet die tiefe Wahrheit des Experiments ein. In die Stille hinein fragt der weise Professor: „Denken Sie jetzt einmal nach: Was sind die großen Steine in Ihrem Leben? Sind es Gesundheit, Familie, Freunde, tun, was man mag, Träume verwirklichen, persönlich wachsen, einer Sache dienen, Entspannung, Sport oder etwas ganz anderes? Legen Sie diese ‚Steine‘ zuerst in Ihr Leben. Wenn Sie den Lappalien – dem ‚Kies‘, dem ‚Sand‘ und dem ‚Wasser‘ – den Vorrang geben, füllen Sie Ihr Leben mit Nichtigkeiten. Es bleibt Ihnen dann nichts mehr von der kostbaren Zeit für die wichtigsten Inhalte Ihres Lebens.“

Verlassen Sie nun die Manager mit ihren vollen Terminplanern und versetzen Sie sich in die Situation, dass Sie gerade dabei sind, ein Seminar zu entwickeln. Ich behaupte, dass die Anekdote mit den Steinen, dem Kies, dem Sand und dem Wasser auch für diese Situation eine Schlüsselgeschichte ist. Denn auch wenn Sie ein Seminar zusammenstellen, haben Sie eine Menge Inhalte und einen festen Zeitrahmen. Wenn Sie nicht aufpassen, haben Sie für die großen Steine keinen Platz mehr. Was das für Ihre künftige Seminarplanung bedeutet, lesen Sie in den folgenden Downloads.

Downloads zum Zeitmanagement beim Seminardesign

Die klassische Trainingskonzeption vernachlässigt die A-Inhalte.

Üblicherweise geht man als Trainer bei der Seminarplanung so vor: Man bringt die Inhalte oder Inhaltsmodule des Seminars in eine zeitliche Reihenfolge, die einem sinnvoll erscheint. Dann schaut man sich an, wie viel Zeit man für jedes Modul braucht und wo Pausen angesagt sind. Vielleicht kürzt man dann das eine oder andere Modul oder ändert noch Details im zeitlichen Ablauf. Jetzt weiß man, was zwischen der Begrüßung und der Verabschiedung der Teilnehmer auf der Agenda steht. Danach kann man sich der methodisch-didaktischen Ausgestaltung jedes Moduls widmen. Noch ein letzter Blick auf das Ganze und das Seminar steht. Jetzt beginnt die Arbeit, alle Materialien – von den PowerPoint-Slides bis zu den Handouts für die Teilnehmer – zu erstellen.

Der weise Professor in der Anekdote wäre von diesem Vorgehen nicht begeistert. Er würde die Stirn in Falten legen und fragen: „Warum haben Sie nicht mit den großen Steinen angefangen?" Als Gegenfrage kommt natürlich: „Was meinen Sie mit großen Stei-

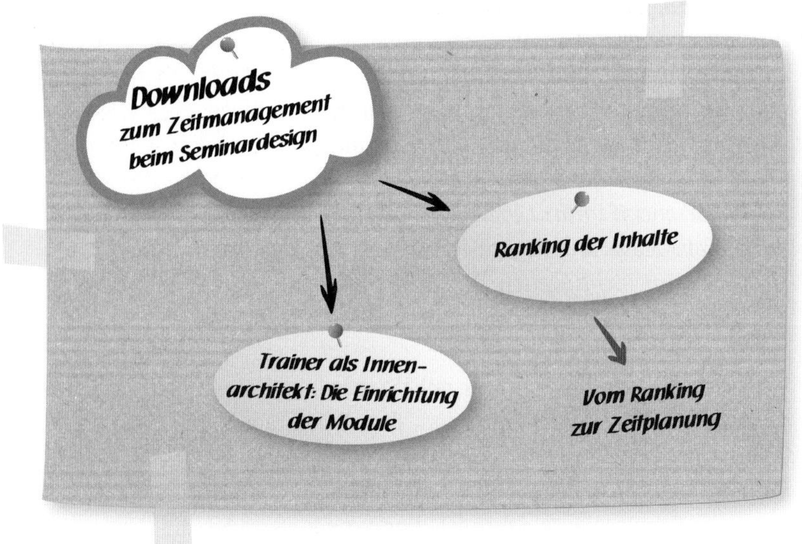

nen?" An dieser Stelle möchte ich mich einschalten und den fiktiven Professor ablösen. „Große Steine" in der Seminarplanung sind nach meinem Verständnis Inhalte, die ...

- zentral für die Lernziele des Seminars sind und
- die Teilnehmer unbedingt können müssen (verstehen, anwenden).

Die Lernziele definieren die A-Inhalte.

„Große Steine" sind nicht zu verwechseln mit Inhalten, für die Sie in Ihrer Planung einen größeren Zeitraum vorgesehen haben. „Größe" heißt stattdessen: Für diese Inhalte muss der Lernerfolg „groß" sein, weil sie so wichtig sind. Bei ihnen stellen Sie als Trainer den höchsten Anspruch: Diese Inhalte sollen später alle Teilnehmer auf einem sehr hohen Niveau und mit großer Sicherheit beherrschen.

Ranking der Inhalte

Wie in dem Experiment mit dem Glasbehälter gibt es auch in Ihrem Seminar nicht nur große Steine, sondern auch Kiesel, Sand und Wasser. Doch wie finden Sie diese Unterschiede heraus? Ich arbeite mit folgendem Trick, der mir hilft, die Seminarinhalte nach ihrer „Größe" (wie eben beschrieben) zu kategorisieren.

Methode

- **A-Inhalte („große Steine"):** Ich stelle mir vor, ich hätte mit einem Mal nur die halbe Seminarzeit zur Verfügung. Man kann sich das ja ausmalen: zum Beispiel, dass der Auftraggeber es sich anders überlegt hat oder dass plötzlich Terminschwierigkeiten auftreten. Fakt ist: Ich habe die Inhalte auf ein Vier-Tages-Seminar ausgerichtet und kann auf einen Schlag nur noch mit zwei Tagen rechnen. Die Frage ist nun: „Welche Inhalte gehören unbedingt in dieses halbierte Seminar?" Nach langem Hin und Her habe ich einen brutal gekürzten Inhaltskatalog erstellt. Was er enthält, sind die „großen Steine", meine A-Inhalte.

- **B-Inhalte („Kiesel"):** Ich führe das Szenario weiter, diesmal aber in die angenehme Richtung. Jetzt stelle ich mir vor, die Kürzung der Seminarzeit um die Hälfte würde ein Stück weit aufgehoben: Ich bekomme wieder 25 Prozent der ursprünglichen Zeit dazu. Beim Vier-Tages-Seminar wären das drei statt zwei Tage. Ich entscheide nun, welche der übrig gebliebenen Inhalte (außer den schon verplanten A-Inhalten) ich in dieses zusätzliche Viertel aufnehme. Das sind meine B-Inhalte.

- **N-Inhalte:** Wenn ich A- und B-Inhalte definiert habe, bleiben aus meiner ursprünglichen Seminar-Agenda 25 Prozent der Inhalte übrig. Ich nenne sie N-Inhalte, nach dem ersten Buchstaben von „nice to have". Sie sind relevant für die Seminarziele, denn sonst hätte ich sie nicht in meine Planung aufgenommen. Doch für sie gibt es keine Zeit mehr.

  Ich kann nun entscheiden, ob ich ganz auf die N-Inhalte verzichten oder eine der folgenden Optionen wählen will. Erste Option: Sie halten diese Inhalte in Reserve, wenn eines oder mehrere Module im Seminar weniger Zeit verlangen sollten als geplant. Zweite Option: Ich gestalte zu diesen Inhalten ein lesefreundliches Handout (eventuell auch als Datei für die Teilnehmer). Zur Erinnerung: Bei den Downloads zum Thema „Entlastung des Arbeitsspeichers" in Update 1 haben Sie Tipps zur Erstellung von Handouts gelesen.

Faustregel: Nur 75% der Zeit für Inhalte verplanen.

Es liegt auf der Hand, dass Sie jetzt denken: „Wieso fehlt für die N-Inhalte die Zeit? Die Kürzungen waren doch nur ein Gedankenspiel, ein psychologischer Trick, um die Inhalte nach ihrer Wichtigkeit zu kategorisieren. Faktisch habe ich doch nach wie vor meine gesamte Seminarzeit zur Verfügung!?" Meine Antwort: „Sie haben keine Zeit für mehr Inhalte, als in 75 Prozent der Seminarzeit passen." Der Grund dafür steht in der Überschrift zu diesem Teil des Buches: die Nachhaltigkeit Ihres Seminars. Sie brauchen nämlich mindestens 25 Prozent der gesamten Seminarzeit für ein „Nachhaltigkeits-Training". In dieser Zeit gibt es keine neuen Inhalte. Stattdessen wird alles unternommen, damit das zuvor in den Inhaltsmodulen Gelernte nachhaltig bleibt. Wie Sie das im Einzelnen anstellen, lesen Sie in Update 9 und den dazugehörigen Downloads.

Die Abbildung auf der folgenden Seite gibt einen Überblick über die Zeitaufteilung. Beachten Sie bitte, dass es sich um die Nettozeit ohne Pausen handelt. Dargestellt werden auch nur die Proportionen der drei Inhalts-Typen, nicht ihre Anordnung im Seminarablauf. Diese legen Sie im nächsten Abschnitt fest.

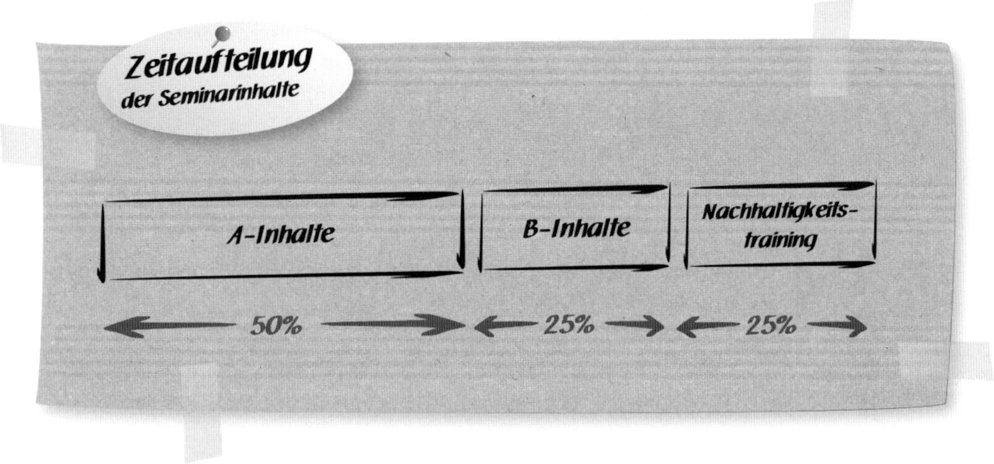

Vom Ranking zur Zeitplanung

Das Ranking ist die Basis für ein intelligentes Zeitmanagement. Sie planen Ihr Seminar nicht einfach, indem Sie alle Inhalte in eine Reihenfolge bringen und ihnen eine Zeit zuweisen, sondern gehen strategisch nach der Bedeutung der Inhalte vor. Außerdem führen Sie Zeitfenster für das Nachhaltigkeits-Training ein und geben ihnen so viel Zeit wie für die Vermittlung der B-Inhalte.

Hier der Fahrplan für diese „andere" Seminarplanung:

Planungs-Check

1. Legen Sie einen schwarzen Marker und einen Stapel Moderationskarten in einer Farbe bereit. Gelb oder helles Grün sind gut geeignet. (Bitte kein Orange, das brauchen Sie später.)

2. Sammeln Sie für Ihr Seminar Inhalte, am besten gruppiert zu Modulen von ein bis zwei Stunden. Beschriften Sie für jeden Inhalt in Stichworten eine Moderationskarte. Legen Sie die Karten auf einem Tisch aus oder nadeln Sie sie an eine Pinnwand.

3. Suchen Sie nun Ihre A-Inhalte. Stellen Sie sich vor, Sie hätten nur die halbe Seminarzeit zur Verfügung. Welche Inhalte würden Sie unbedingt in dieses Rumpfseminar übernehmen? Markieren Sie diese Karten farbig (mit Klebepunkt oder Marker) und legen Sie sie beiseite.

4. Suchen Sie aus den verbliebenen Inhalten Ihre B-Inhalte. Stellen Sie sich vor, man würde Ihnen zu den 50 Prozent noch wei-

tere 25 Prozent der Zeit einräumen. Markieren Sie diese Karten mit einer anderen Farbe und legen Sie sie auf einen Stapel.

5. Die verbliebenen Karten enthalten Ihre N-Inhalte. Sie werden später entscheiden, was mit ihnen geschehen soll.

6. Bringen Sie die A- und B-Inhalte in eine sinnvolle zeitliche Reihenfolge. Schieben Sie die Karten so lange auf der Zeitachse hin und her, bis Sie zufrieden sind.

7. Weisen Sie jeder Karte eine ungefähre Zeitdauer in Minuten zu. An der Pinnwand können Sie das mit kleinen runden weißen Kullern tun, die Sie neben jede Karte heften. Bei einer Kartenreihe auf dem Tisch oder Boden klammern Sie die Zeitkuller mit dem Bürohefter an die jeweilige Karte.

   Achtung: Verplanen Sie insgesamt nur 75 Prozent der Seminarzeit!

Planungsschritte zur Nachhaltigkeit

Jetzt haben Sie Ihren Seminarblauf für die Inhalte gefunden und übersichtlich visualisiert. Was nun noch fehlt, sind die Zeitfenster für die Phasen des Nachhaltigkeits-Trainings.

So geht es weiter:

8. Legen Sie orangefarbige Pinnwandkarten bereit. Sie stehen für die Phasen des Nachhaltigkeits-Trainings. Orange gilt als aktivierende Farbe.

9. Gehen Sie nacheinander die Karten mit den „großen Steinen", also den A-Inhalten, durch. Schätzen Sie bei jeder Karte, wie viel Zeit Sie im Nachhaltigkeits-Training in etwa brauchen werden, um sicherzustellen, dass möglichst alle Teilnehmer diesen A-Inhalt vollständig beherrschen. Schreiben Sie die Zeit auf einen weißen Kuller wie oben und verfahren Sie wie bei Schritt 7.

10. Beschriften Sie nun die Nachhaltigkeits-Karten zu den B-Inhalten.

11. Platzieren Sie jede Nachhaltigkeits-Karte unter der jeweiligen Inhaltskarte.

12. Checken Sie abschließend, ob die Gesamtzeit stimmt: mindestens 25 Prozent der Zeit für Nachhaltigkeits-Trainings, maximal 50 Prozent der Zeit für A-Inhalte, maximal 25 Prozent für B-Inhalte.

13. Halten Sie diese Abfolge fest. An der Pinnwand fixieren Sie den Gesamtablauf durch Anpinnen aller Karten von oben nach unten einschließlich der Zeitkuller. Auf dem Tisch verbinden Sie die Karten in der richtigen Reihenfolge durch Klebeband zu einer Kartenschlange. Diese können Sie auch an die Wand hängen.

Der Trainer als Innenarchitekt: Die Einrichtung der Module

Die Seminarinhalte ausgestalten

Jetzt können Sie sich wie gewohnt an die methodische und dramaturgische Ausarbeitung der einzelnen Einheiten machen. Sehen Sie sich dabei – wie schon oben beschrieben – in der Rolle eines Innenarchitekten. Die Räume sind da und warten darauf, so eingerichtet zu werden, dass die Bewohner gerne in ihnen leben. Als Trainer richten Sie die Zeiträume in Ihrer Seminarplanung so ein, dass Ihre Teilnehmer gerne und erfolgreich in ihnen lernen. Auch für diese Phase der Seminarvorbereitung habe ich eine etwas andere Vorgehensweise anzubieten. Sie basiert auf der Lernpsychologie, die Sie in Update 1 gelesen haben (und die sich auch in den anderen Updates des ersten Kapitels wiederfindet).

Wenn Sie bei Ihrer Seminarvorbereitung so vorgegangen sind, wie in den dreizehn Schritten geschildert, haben Sie zwei verschiedene Typen von Seminarmodulen vor sich: zum einen Inhaltsmodule, zum anderen Nachhaltigkeitsmodule (Karten in Orange).

Methode

Für die Ausgestaltung der Inhaltsmodule empfehle ich Ihnen folgendes Vorgehen. Finden Sie für jedes einzelne Modul der Reihe nach eine Antwort auf folgende Fragen und notieren Sie sich Ihre Ideen dazu:

▶ **Kompetenzen**
Was genau müssen die Teilnehmer nach dem Seminar mit dem jeweiligen Inhalt des Moduls anstellen können?

Beispiele: präzise beschreiben, Unterschiede klären, anwenden, Probleme damit lösen, Praxissituationen dafür finden, eigene Einstellungen und Verhaltensweisen ändern usw.

Der Vorteil für Sie: Jetzt können Sie Ihr Lernangebot für ein Modul genau auf diese Zielkompetenzen abstimmen. Sie wissen jetzt auch, wie Sie den Lernerfolg in den Nachhaltigkeitsmodulen überprüfen und sichern werden.

▶ Nutzen

Worin genau besteht der Nutzen oder Gewinn dieses Inhalts für die Teilnehmer? Wie kann ich ihn den Teilnehmern möglichst konkret verdeutlichen? (Siehe dazu die Ausführungen zum „Lohnt-es-sich?"-Sensor in Update 1, S. 27 ff.)

Situieren erhöht den Nutzen.

Der Vorteil für Sie: Sie haben im Seminar gute Formulierungen zur Hand, mit denen Sie das Interesse der Teilnehmer für das Inhaltsmodul wecken. Außerdem trägt Ihr Nachdenken über den Nutzen dazu bei, dass Sie das Modul situieren, also Bezüge zur Lebenswelt der Teilnehmer herstellen (siehe auch hierzu Update 1).

▶ Vermittlung

Wie kann ich als Experte den Teilnehmern am besten helfen, den Inhalt zu verstehen oder – wenn es um Verhaltenstraining geht – das gewünschte Können zu erwerben? Wie gestalte ich meine Inputs gehirnfreundlich (siehe Input 1)? Welche Trainingsmethoden (z.B. Rollenspiele) führen am besten zum Ziel?

▶ Aktivierung

Wie kann ich Erfahrungen der Teilnehmer, die sie zu diesem Modul mitbringen, abrufen und für das Lernen fruchtbar machen? Wie können die Teilnehmer während dieses Moduls eigene Erfahrungen zum Inhalt machen? Welche Situationen soll ich für diese Aktivierungen arrangieren?

Auch das Nachdenken über die besten Aktivierungen situiert Ihre Module, denn Sie werden bevorzugt Aktivierungen suchen, die authentisch und alltagsnah sind.

▶ **Specials**
Was fällt mir ein, um die Aufmerksamkeit der Teilnehmer zu wecken und zu fesseln? Wie kann ich mit Mini-Events und Kicks die Arbeitsfähigkeit der Teilnehmer aufrechterhalten? Wie kann ich meinem Seminar das gewisse Etwas geben? (In Teil 4 dieses Buches finden Sie dazu Anregungen.)

Nutzen Sie diese Fragen als Checkliste für Ihren Job als Seminar-Innenarchitekt. Wenn Sie dann bei einem Modul für jede Frage der Liste eine überzeugende Antwort gefunden haben, können Sie sicher sein, dass Ihre Teilnehmer in diesem „Raum" erfolgreich sowie mit Engagement und Freude arbeiten werden.

Für die Gestaltung der Nachhaltigkeitsmodule (Karten in Orange) finden Sie alles im nächsten Update.

Update 9

Wie gut ist Ihr Methodenrepertoire für das Nachhaltigkeits-Training?

Bei der Vorbereitung haben Sie auf orangefarbigen Karten Zeitfenster zum Nachhaltigkeits-Training in Ihren Seminarablauf eingebaut. 25 Prozent der Seminarzeit haben Sie dafür freigeräumt. Diese Zeit gilt es nun optimal zu nutzen, denn Sie wollen in diesen Seminarabschnitten die Nachhaltigkeit Ihres Seminars spürbar steigern. Sie erreichen das, indem Sie bei Ihren Teilnehmern …

Nachhaltigkeit steigern heißt …

- Defizite im gelernten Wissen und Können aufspüren,
- diese Defizite reparieren,
- das Gelernte ankern und sichern.

Jetzt wechseln Sie von der Rolle des Seminar-Innenarchitekten (das waren Sie bei den Inhaltsmodulen) in die Rolle eines Fitnesstrainers. Auch der checkt bei seinen Kunden den körperlichen Zustand und die Leistungsfähigkeit, erkennt Defizite und beseitigt sie mit einem gezielten Trainingsprogramm.

Dieses Trainingsprogramm soll den Personen in Fleisch und Blut übergehen und später dafür sorgen, dass die Defizite nicht wieder auftreten. Wie gut ein Fitness-Studio ist, zeigt sich in der Vielfalt seines Geräteparks und in der Qualität seiner Trainer. Professionelle Trainer kennen jedes Gerät und wissen, welches sie wofür empfehlen. Ihr Gerätepark als Fitnesstrainer für Nachhaltigkeit ist ein

Repertoire von geeigneten Methoden. Und auch Sie wissen, welche Methoden am besten wofür geeignet sind. Die folgenden Downloads können Ihnen dabei helfen.

Downloads zum Nachhaltigkeits-Training

Wie Sie Ihre Teilnehmer für einen Lerncheck gewinnen

Etappe geschafft – Teilnehmer geschafft

Warnung: Sie betreten jetzt vermintes Gelände! Wenn ein Modul abgeschlossen ist, sind erst einmal alle Beteiligten froh. Die Etappe ist geschafft. Geschafft sind oft auch Teilnehmer und Trainer. Alle sind erleichtert, das Thema abhaken und in die Pause gehen zu können. Kraft tanken für die nächste Runde.

Wer jetzt sagen würde „Halt, lasst uns erst noch überprüfen, was jeder tatsächlich gelernt hat", wäre von einem Moment auf den anderen der Buhmann und Spielverderber. Plötzlich liegen allerorts Tretminen, die nur darauf warten, zu explodieren: „Haben wir uns denn nicht genug mit dem Thema beschäftigt? Reicht es immer

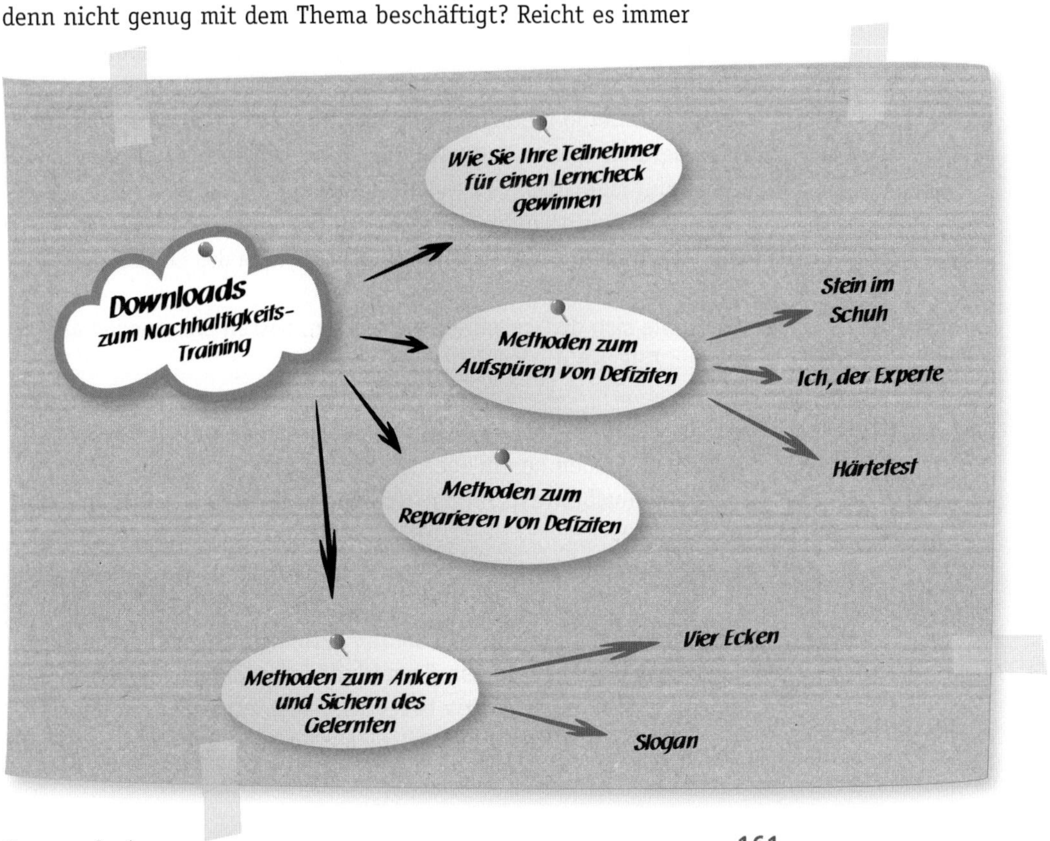

noch nicht? Traut man uns nicht zu, dass wir alles wissen und können, was wir lernen sollten? Mit Tests haben sie uns schon in der Schule gequält. Jetzt sind wir erwachsen und wissen selbst, was wir können. Wenn wir noch lang und breit geprüft werden sollen, fehlt die Zeit für die folgenden Themen."

Die Angst des Trainers vor der Lerndiagnose

Auch als Trainer wird man beim Gedanken an eine Lerndiagnose von düsteren Zweifeln heimgesucht: „Was tue ich bloß, wenn Lücken zutage treten? Wo nehme ich die Zeit her, um sie zu schließen? Selbst wenn ich Zeit hätte: Wie kriege ich das methodisch hin? Ich habe doch schon alles perfekt präsentiert. Wiederholungen bringen jetzt auch nichts und langweilen nur diejenigen, die alles verstanden haben. Und überhaupt: Die Teilnehmer sind Erwachsene. Sie haben doch selbst die Verantwortung, ob und wie gut sie lernen. Wenn das mal nicht hundertprozentig funktioniert, ist es ihre Sache, es in Ordnung zu bringen. Ich habe einen guten Job abgeliefert."

So kommt es, dass Teilnehmer und Trainer fast immer das Minenfeld meiden und sich zum nächsten Ziel aufmachen. Augen zu und durch. Sie verhalten sich wie jene Menschen, die nie zu einem Gesundheitscheck gehen. Es könnte sich ja herausstellen, dass nicht alles in Ordnung ist. Solange man sich nicht untersuchen lässt, ist man gesund. Und solange man den Lernerfolg nicht überprüft, weiß und kann man alles, was es zu lernen gab. Als guter Trainer gehen Sie dieser Illusion natürlich nicht auf den Leim. Doch wie gewinnen Sie Ihre Teilnehmer für eine ehrliche Diagnose des Lernerfolgs?

Wenn Sie sich die Tretminen anschauen, wissen Sie, was Sie auf keinen Fall tun dürfen:

No-Gos beim Lerncheck

- An das Abfragen aus der Schule erinnern („Der will mich mit seinen Fragen hereinlegen").
- Das Selbstbewusstsein der Teilnehmer bedrohen („Blamiere ich mich?").
- Das Ergebnis bewerten („Bin ich schlechter als die anderen?").

Es beginnt schon damit, wie Sie die Lerndiagnose einfädeln. Was Sie zuerst brauchen, ist ein Szenarium dafür, das nichts mit Schule zu tun hat, sondern positiv besetzt ist oder zumindest allgemein akzeptiert wird. Hier einige Beispiele und Formulierungsvorschläge:

So gelingt der Einstieg.

- Fahrzeugcheck: *„Wenn Sie ein Auto kaufen, möchten Sie natürlich ganz genau wissen, ob alles in Ordnung ist. Das bedeutet Sicherheit. Genauso ist es mit den Lerninhalten dieses Moduls. Wenn Sie jetzt überprüfen, ob alles „sitzt", können Sie sich später in Ihrer Praxis sicher fühlen."*

- Qualitätskontrolle: *„Wenn Sie ein Auto oder ein Handy kaufen, erwarten Sie, dass es fehlerfrei funktioniert. Die Hersteller geben deshalb viel Geld für Qualitätskontrollen aus. Kein Auto oder Handy verlässt die Firma, bevor es nicht einen harten Qualitätscheck überstanden hat. Auch Sie sollten dieses Seminar erst verlassen, wenn Sie Ihr Wissen und Können gecheckt haben. Denn die Menschen in Ihrem beruflichen Alltag sind genauso unerbittlich wie Sie als Kunde. Sie erwarten automatisch, dass Sie in Ihrem Gebiet Experte sind und keine Fehler machen."*

- Fallschirmspringen: *„Bei den Fallschirmspringern packt jeder seinen Fallschirm eigenhändig. Denn wenn nicht alles perfekt ist, gibt es keine zweite Chance. Da kontrolliert man lieber selbst. Stellen Sie sich vor, unser Seminar ist das Flugzeug, aus dem Sie in Ihre Praxis springen. Wollen Sie vorher nicht prüfen, ob Ihr Fallschirm auch tatsächlich perfekt gepackt ist?"*

Positive Assoziationen schaffen

Wenn Sie andere Szenarien entdecken, die besser zu Ihnen oder Ihren Teilnehmern passen, umso besser. Mit den drei Beispielen wollte ich nur verdeutlichen, mit welchen Assoziationen Sie Ihre Teilnehmer für eine Wissensdiagnose gewinnen können: Professionalität, hoher Qualitätsstandard, Sicherheit und Souveränität im harten Berufsalltag. Das riecht nicht mehr nach Schule, bohrenden Paukern und peinlicher Blamage, nur weil man etwas nicht weiß.

Jetzt wird klar, dass es zur Qualitätskontrolle auch im Seminar keine Alternative gibt. Es sei denn, man will sich in die Tasche lügen und in der Praxis auf die Nase fallen.

Methoden zum Aufspüren von Defiziten

Damit die Teilnehmer den Sinn einer Qualitätskontrolle einsehen (sie müssen ja nicht begeistert sein), müssen Sie von allen Methoden die Finger lassen, die an Schule erinnern.

Ungeeignete Vorbilder

Ich will Ihnen an dieser Stelle nicht verhehlen, dass mich die Literatur zum Thema „Lernspiele“ enttäuscht. Viele der propagierten Methoden sind Repliken von teils uralten TV-Formaten wie „Der große Preis“, „Wer wird Millionär?“, „Dalli-Dalli“, „1,2,3“, „Glücksrad“, „Montagsmaler“. Andere Lernspiele verdanken sich dem angestrengten Versuch der AutorInnen, altbekannte Familienspiele für Seminare umzufunktionieren: Domino, Mau-Mau, Puzzle, Quartett, Scharade, Schwarzer Peter, Scrabble, Stadt-Land-Fluss, Memory, Kreuzwort- und Silbenrätsel. Zur Abrundung werden noch „Spiele“ zur Lerndiagnose ausgeliehen, bei denen Rentner in Florida rote Backen bekommen, wie Bingo oder Jeopardy.

Die Lerndiagnose ist nichts zum „Spielen“.

Ich will meinen Teilnehmern solche „Lernspiele“ aus drei Gründen nicht zumuten. Erstens würden einige streiken. Zweitens ist eine Lerndiagnose nichts zum „Spielen“. Drittens testen diese Methoden nur Oberflächenwissen. Ich will aber nicht überprüfen, ob die Teilnehmer einen Begriff oder eine Vokabel wortgetreu replizieren können (ich halte keine Fremdsprachenkurse), sondern ob sie berufsrelevantes Wissen und Können so gelernt haben, dass sie darüber souverän verfügen können.

Die beliebten Wissens-Shows im Fernsehen fragen nur Lexikonwissen ab. Mit Verstehen, intellektueller Souveränität oder gar Bildung (nach dem zugespitzten Motto: „Bildung ist, was bleibt, wenn man alles vergessen hat, was man gelernt hat.“) haben sie nichts zu tun. Das Quiz funktioniert so geistlos wie ein Getränke-Automat: Wenn man die richtige Münze einwirft, fällt die Limoflasche heraus.

So will ich als Trainer nicht testen. Selbst wenn man im einen oder anderen Inhaltsblock einmal um Paukwissen nicht herum kommt (z.B. Tarife, Kennwerte, gesetzliche Bestimmungen, Produktdaten usw.), würde ich es nicht wie im TV-Quiz oder beim Bingo testen, sondern immer im Kontext von authentischen Situationen. Denn Wissen ist nur so lange träges Wissen, bis man es in konkreten Situationen nutzt und nutzen kann (siehe auch Update 1).

Hier einige Methoden, mit denen ich gerne in den Nachhaltigkeitsphasen die Lerndiagnose organisiere.

Stein im Schuh

Methode

Wenn Sie nach einem Inhaltsblock das Nachhaltigkeits-Training dazu starten, ist „Stein im Schuh"* ein guter Einstieg. So können Sie die Teilnehmer aktivieren: *„Sie kennen das: Mitten im Gehen bemerken Sie plötzlich, dass irgendwas in Ihrem Schuh ist, das dort nicht hingehört. Ein kleines lästiges Steinchen. Sie haben keine Lust, den Schuh auszuziehen und versuchen erst einmal, den Störenfried irgendwie auf die Seite zu kriegen, wo Sie ihn nicht mehr spüren. Aber meistens ist das Ding hartnäckig und Sie müssen sich doch hinsetzen, den Schuh aufschnüren, womöglich noch die Socke ausziehen, den Quälgeist entfernen und alles wieder anziehen. Ärgerlich. Aber es muss sein. Genauso kann es Ihnen mit den Informationen aus dem letzten Seminarabschnitt ergehen. Sie spüren vielleicht, dass da noch nicht alles glatt geht, dass noch etwas drückt. Hören Sie in sich hinein. Vielleicht finden Sie etwas, das Sie am bequemen Gehen mit dem Gelernten hindert. Etwas, das Sie noch richten müssen, damit es Ihnen gutgeht. Notieren Sie jeden Punkt auf einer Moderationskarte. Ich verspreche Ihnen, dass Sie alle Steinchen loswerden."*

Wenn alle Karten geschrieben sind (manche Teilnehmer werden auch keine beschriften), können Sie ans Reparieren gehen. Dazu gibt es weiter unten in diesem Download Methodenvorschläge. Das beschriebene Vorgehen hat mehrere Vorzüge. Die Metapher „Stein im Schuh" ist psychologisch wirkungsvoll, denn sie macht es jedem leicht, Defizite zuzugeben. Ein Stein ist ja ein Fremdkörper und hat nichts mit einer persönlichen Schwäche zu tun. Man erinnert sich auch an die Erfahrung, wie erleichtert man ist, wenn man ein lästiges Problem gelöst hat.

Hier macht es Sinn, die Defizitanalyse als Einzelarbeit durchzuführen. Erst das Reparieren geschieht dann mit anderen gemeinsam.

Ich, der Experte

Methode

Stimmen Sie die Teilnehmer auf folgende Situation ein: *„Stellen Sie sich vor, Sie kämen nach unserem Trainingsmodul an Ihren Arbeitsplatz zurück und gälten dort jetzt für alle anderen als der Experte*

---

* Das Prinzip dieser Methode wurde schon kurz bei den Downloads für den kritischen „Lohnt-es-sich?"-Sensor erwähnt. Es ging darum, wie Sie sich schon vor dem Seminar telefonisch mit Teilnehmern in Verbindung setzen können. Da gab es eine Frage zum „Muddiest Point".

für dieses Thema. Was könnte da konkret auf Sie zukommen?" Lassen Sie sich aus der Gruppe einige Beispiele zurufen, damit sich alle lebhaft vorstellen, wie es sich „anfühlt", Experte zu sein.

Beispiele: „Ein Kunde wird zu mir durchgestellt, weil er das und das wissen möchte." „Mein Chef spannt mich als Berater bei dieser Fachfrage ein." „Ich soll zu diesem Thema bei einer Schulung ein Fachreferat halten." – Wenn es im Seminarabschnitt weniger um Wissensinhalte als um Verhaltensschulung ging: *„Ich soll Kollegen zeigen, wie man so etwas macht"* oder *„Ich soll Kollegen zu ihrem Verhalten Feedback geben und sie trainieren, es besser zu machen".*

Fragen Sie als Trainer nach, wenn die Teilnehmer zu allgemeine Formulierungen benutzen: *„Zu welcher Fachfrage?" „Was fragt der Kunde genau?"*

Nach diesem Warming-up leiten Sie wie bei der Methode „Stein im Schuh" zur Einzelarbeit über: *„Gehen Sie noch einmal alle Punkte des letzten Seminarblocks durch. Notieren Sie zuerst das Thema, bei dem Sie sich in der Rolle des Experten am sichersten fühlen, und danach das Thema, bei dem Sie sich als Experte blamieren würden. Notieren Sie das erste Thema auf einer gelben Moderationskarte, das zweite auf einer roten."*

Wenn keiner mehr schreibt, heften alle ihre Karten an die Pinnwand, die gelben links, die roten rechts. Wie Sie damit weiterarbeiten können, erfahren Sie weiter unten bei den Downloads „Methoden zum Reparieren".

Beide Methoden animieren jeden Teilnehmer zu einer Selbstdiagnose im Hinblick auf das abgelaufene Inhaltsmodul. Der Vorteil dieses Vorgehens ist, dass man seinen Scheinwerfer auf den aktuellen Stand seiner Kompetenzen zum Thema richtet. Nebenbei geht man noch einmal die Themen des Moduls durch, was zu einer weiteren Beschäftigung damit führt und die Erinnerung auffrischt.

Ein weiterer Vorteil ist, dass die entdeckten Lücken zeitnah geschlossen werden. Das ist der Nutzen für die Teilnehmer und deshalb sollten Sie als Trainer die Reparatur unbedingt vor der Übung ankündigen (wie in den beiden Beispielen oben).

Der Gefahr der Wissensillusion ...

Die Selbstdiagnose – das Gelernte wird in den beiden Beispielen ja nicht objektiv geprüft – hat eine Schwachstelle: die Gefahr der „Wissensillusion" (siehe dazu Update 1). Auch wenn ein Teilnehmer sich ernsthaft auf die eine oder andere Übung einlässt, ist er oder sie nicht gefeit davor, das eigene Kompetenzlevel zu überschätzen. Auch der Fallschirmspringer kann sich in der Sicherheit wiegen, er habe das Gerät richtig gepackt, obwohl ihm ein Fehler unterlaufen ist. Irren ist menschlich.

... durch eine zweite Runde im Plenum begegnen.

Nun wirkt die anschließende Reparatur der entdeckten Lücken im Plenum teilweise als Korrektur solcher Wissensillusionen. Wenn ein Teilnehmer seine Kompetenz in einem Punkt überschätzt, bekommt er es mit, wenn ein anderer den gleichen Punkt bei sich als Schwäche entdeckt und als Karte angeheftet hat. Beim Klären der Karte lernt dann auch der hinzu, der vorher meinte, er hätte es nicht mehr nötig. Trotzdem: Bei wichtigen Themen (A-Inhalten) inszeniere ich als Trainer nach der ersten Runde der Selbstdiagnose noch eine zweite Runde, in der das Wissen oder Können eines Teilnehmers von Anderen gecheckt wird. Infrage kommen andere Teilnehmer oder Sie als Trainer. Dazu im Folgenden wieder einige Methodenvorschläge.

Härtetest

Methode

Leiten Sie diese Methode und ihre Varianten mit einem Szenarium wie oben beschrieben ein (siehe „Wie Sie Ihre Teilnehmer für einen Lerncheck gewinnen", S. 161 ff.), etwa mit dem Beispiel „Autoproduktion": *„Testautos sind wirklich zu bedauern. Man schickt sie über brutale Rüttelstrecken, jagt sie durch glatte Kurven, treibt sie ins Aquaplaning, setzt sie wochenlang arktischen Temperaturen und tropischer Hitze aus, dreht den Motor bis an die Schmerzgrenze und vieles mehr. Man tut alles, um irgendeine Schwachstelle zu finden. Warum dieser Aufwand? Der einzige Grund sind Sie. Die Firmen wissen, dass die Kunden keine Fehler und Pannen verzeihen. Jetzt werden Sie dem Härtetest ausgesetzt. Kein Aufwand wird gescheut, eine Schwachstelle zu finden. Und wie beim Auto machen wir das nur zu Ihrem Vorteil. Denn jede Schwachstelle wird danach sofort in Ordnung gebracht. Damit es später keine Panne gibt."* Eindringlicher wird dieses Intro, wenn Sie dazu ein paar starke Fotos aus der Rubrik Autotest projizieren.

© managerSeminare

Passt das Szenarium?

Natürlich können Sie auch andere Szenarien bevorzugen. Doch prüfen Sie vorher sorgfältig, ob Ihr Szenarium nicht den einen oder anderen unerwünschten Geschmack hat, wie Fehltöne bei einem Wein oder Olivenöl.

Beispiel: Ein Trainer findet als animierenden Rahmen für eine Wissensdiagnose zwischen Teilnehmern (siehe Beispiele unten) das Szenarium „Boxen" ganz gut. Ihm gefallen folgende Parallelen: Jeder sucht die Lücke beim anderen, Fehler spürt man sofort, es ist spannend und verlangt Konzentration. Doch wenn Sie das Szenarium auf sich wirken lassen, entdecken Sie mehrere „Fehltöne": Konkurrenz, Kampf um den Sieg, man tut sich weh. Fazit: Finger weg von diesem Szenarium.

Faustregel: Keine Methoden zweimal einsetzen.

Nach Ihrer bildhaften Einleitung in das Szenarium haben Sie die Wahl zwischen vielen Varianten, wie Sie den Härtetest gestalten. Ich beschreibe im Folgenden nur einige davon. Sicher haben Sie auch einige in Ihrem Repertoire. Andere finden Sie in der Trainerliteratur (Stichwort: Lernspiele, Wissenstest usw.) und im Internet. Wenn Sie ein großes Repertoire solcher Methoden im Koffer haben, werden Sie auch in einem Seminar mit einer größeren Zahl von Nachhaltigkeits-Abschnitten (Sie erinnern sich: die orangenen Karten bei Ihrer Planung) keine Methode zweimal verwenden, sondern Ihre Teilnehmer immer aufs Neue überraschen. Keiner denkt dann noch an Schule und bohrende Pauker, obwohl es auch hier um nichts anderes als Abfragen und Tests geht. Aber die Verpackung macht den Unterschied – und die Überzeugung, dass alles im ureigenen Interesse jedes einzelnen Teilnehmers geschieht.

Varianten des Härtetests

I. Teilnehmer testen Teilnehmer

Die Dramaturgie: Sie als Trainer machen die Teilnehmer heiß. Sie sollen sich Fragen ausdenken, mit denen sich messerscharf prüfen lässt, ob jemand die Inhalte des vorigen Moduls wirklich „kann". Was Sie mit „kann" meinen, sollten Sie mit ein paar Worten erläutern. Das hängt vom Inhalt und Ihren Zielen ab.

Teilnehmer sammeln Testfragen

Im ersten Schritt sammeln die Teilnehmer Testfragen. Das kann in Einzelarbeit oder in Gruppen geschehen. Am Ende dieser Etappe liegt ein Pool von Testfragen vor, am besten auf Moderationskarten.

Für den zweiten Schritt, das Testen mit den gesammelten Fragen, gibt es verschiedene Optionen.

- **Paarweises Testen**

Je zwei Teilnehmer setzen sich zusammen, munitioniert mit ihren Fragekarten. Abwechselnd ist man Fragender oder Befragter. Ich ziehe Dreiergruppen mit rotierenden Rollen vor. Dann gibt es immer noch einen Dritten, der oder die sein Wissen einbringen kann, wenn sich die beiden über die richtige Antwort nicht einig sind.

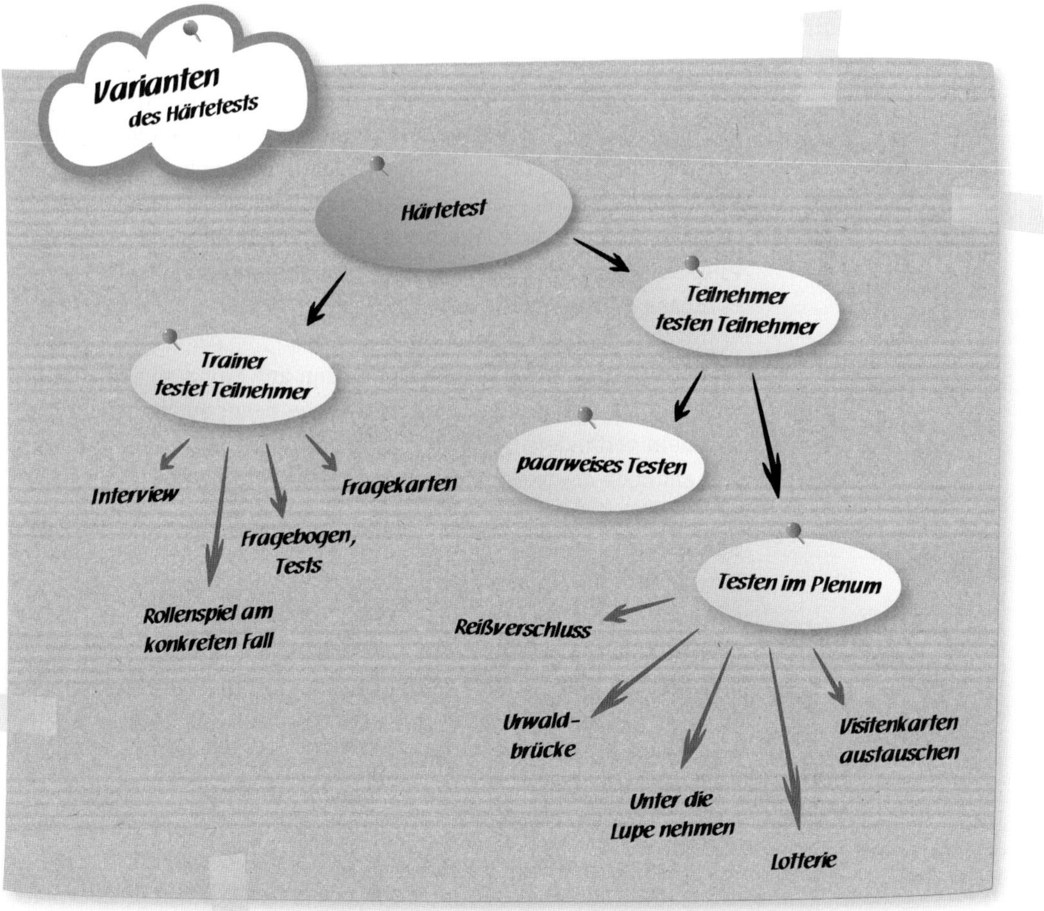

Als Trainer können Sie die Zusammensetzung der Kleingruppen den Teilnehmern überlassen oder nach dem Zufallsprinzip organisieren. Zum Beispiel: Alle stellen sich nach dem Tag und Monat ihres Geburtstages in eine Reihe (vom 1.1. bis 31.12.). Dann arbeiten die ersten zwei oder drei zusammen, die nächsten usw.

Methoden für Paartests

Paarweises Testen kann auch im **„Kugellager"** erfolgen (siehe dazu S. 77 sowie S. 98). Ein Innenkreis steht einem gleich großen Außenkreis gegenüber. Die Paare fragen sich gegenseitig ab. Dann rücken die Teilnehmer im Außenkreis im Uhrzeigersinn eine Person weiter.

Eine zwanglose Form des Paartestens ist der **„Testwalk"**. Die Teilnehmer schlendern kreuz und quer durch den Raum. Man spricht immer wieder jemanden an, der gerade vorbeikommt, und stellt ihm eine Frage. Oder man wird selbst angesprochen und kann sein Wissen unter Beweis stellen.

Mündliche Prüfung: Statt des Hin und Her von Einzelfragen hat in dieser Variante jeder Teilnehmer der Zweier- oder Dreiergruppe fünf Minuten lang das Fragerecht, wie ein Prüfer im Mündlichen. Jetzt kann man „am Ball bleiben", nachfragen, Zusammenhänge erläutern lassen. Nach fünf Minuten werden die Rollen gewechselt. Wenn es einen Beobachter gibt, kann er oder sie jeweils auch ein kurzes Feedback zur Befragung geben.

Wettbewerb: Manche Teilnehmer blühen auf, wenn es etwas zu gewinnen gibt. Sie können die Paar-Abfrage daher auch mit Punktesammeln verbinden. Für jede richtige Antwort gibt es einen Punkt. Wer am Ende die meisten Punkte auf dem Konto hat, ist der Sieger.

Spickzettel: Das ist eigentlich – wie das One-Minute-Paper (siehe Downloads zum Update „Aktivieren", S. 114 f.) – eine Review-Methode, in der die Teilnehmer rückblickend festhalten, was sie gelernt haben. Doch beim „Spickzettel", wie im Folgenden beschrieben, werden indirekt auch Wissenslücken sichtbar. Die Methode erinnert zwar an die Schule, macht aber ausnahmsweise auch noch den Erwachsenen Spaß, weil man mit dem Spickzettel die Lehrer austrickste. Sie leiten die Methode so ein: *„Stellen Sie sich vor, Ihnen stünde zu unserem letzten Seminarabschnitt eine schriftliche Prüfung bevor. Ihnen fällt ein, dass Sie in der Schule ein Meister des Spickzettels waren. Nehmen Sie sich ein paar Minuten Zeit und* *basteln Sie sich einen erstklassigen Spickzettel. Er muss auf eine Moderatorenkarte passen. Sie können auch die Rückseite verwenden. Danach treffen Sie sich mit einem anderen Teilnehmer und vergleichen ihre beiden Meisterwerke."*

Nach der Einzelarbeit setzen sich je zwei Teilnehmer zusammen, vergleichen ihre Spickzettel und reden über die Unterschiede. Dabei stellen sich manche Wissenslücken heraus, die an Ort und Stelle geschlossen werden.

Ich streue diese Methode immer mal wieder für die Analyse von B-Inhalten ein. Bei A-Inhalten muss die Lerndiagnose detaillierter erfolgen.

Wenn Sie wollen, können Sie Spickzettel auch als Hilfe für die eine oder andere Testmethode erlauben, die in diesen Downloads beschrieben wird. (Zum Beispiel für die „mündliche Prüfung" im letzten Abschnitt.)

Spickzettel erstellen oder schwierige Testfragen formulieren regt die Teilnehmer an, sich intensiv mit den vergangenen Inhalten zu beschäftigen. Schon diese Beschäftigung führt zu weiteren Lerneffekten. So entdeckt man schon bei der Vorbereitung auf die eigentliche Lernerfolgsdiagnose seine Schwachstellen im eigenen Wissensnetz.

Auseinandersetzung mit dem Lernstoff deckt Wissenslücken auf.

▶ Testen im Plenum

Eine Wissensdiagnose in der ganzen Gruppe hat den Vorteil, dass alle alles mitbekommen und von den Fragen und Antworten der anderen lernen. Der Nachteil gegenüber den vorher beschriebenen Kleingruppentests ist der höhere Zeitaufwand. Im Plenum kann ja immer nur einer reden. Die meisten der sogenannten Lernspiele von Bingo bis „Wer wird Millionär?", die ich eingangs kritisch kommentiert habe, sind für das Plenum gedacht. Ich will sie im Folgenden nicht wiederholen, sondern Ihnen drei Methoden beschreiben, die ich gerne zur Testung des Lernerfolgs in der Großgruppe einsetze.

Methode

▶ Reißverschluss

Die Gruppen sitzen oder stehen sich gegenüber. Der erste Teilnehmer am einen Ende der Doppelreihe stellt eine der vorbereiteten Testfragen an sein Gegenüber aus der anderen Gruppe. Wenn die

Frage von ihm richtig beantwortet wird, bekommt sein Team einen Gewinnpunkt. Muss er passen oder ist die Antwort falsch, muss das Frageteam die Antwort nennen. Ist sie richtig, erhält es einen Gewinnpunkt. Ist sie auch falsch, kann jeder die richtige Antwort nennen. Dessen Team erhält dann den Punkt. Jetzt ist der Befragte an der Reihe und stellt eine Frage aus dem Pool der Gruppe an den zweiten im anderen Team usw. Wenn das Ende des Reißverschlusses erreicht ist, geht es im Frage-Antwort-Rhythmus wieder zurück. Das Fragerecht wechselt nach jeder Frage vom einen Team zum anderen.

Alternativ legt jedes Team seine Fragekarten mit dem Text nach unten auf einen Stoß vor sich. Der Erste aus dem einen Team holt sich die oberste Karte vom Stapel der anderen Gruppe, liest die Frage vor und beantwortet sie. Dann ist das andere Team an der Reihe. Die Punktewertung – wenn Sie denn überhaupt eine wollen – ist dieselbe wie im vorigen Fall.

Eine etwas andere Dynamik entsteht, wenn zunächst jeder eine Fragekarte aus dem Stapel des anderen Teams zieht und sich wieder auf seinen Platz setzt. Im Wechsel liest nun je einer aus dem einen Team seine Frage vor und versucht sie zu beantworten, bevor jemand aus dem anderen Team an der Reihe ist. In diesem Fall können die Teilnehmer sich schon mit ihrer Frage beschäftigen, bevor sie aufgerufen werden oder sich selbst melden.

Methode

▶ Urwaldbrücke

Das ist eine etwas exotische und körperbetonte Variante des Abfragens im Wettbewerb, die viele Teilnehmer noch nicht kennen. Zwei Teams (am besten zu je sieben Personen) treten mit vorbereiteten Fragen gegeneinander an. Das erste Team beginnt und stellt sich in zwei Reihen auf. Mit verkreuzten Armen bilden die beiden Reihen nun eine Art Brücke mit Querstreben in Anlehnung an die wackeligen Brücken aus Bohlen und Seilen, die im Urwald über eine Schlucht führen. Ein Teilnehmer legt sich darauf. Dabei sind alle Hände am Boden und heben den Teilnehmer dann bis auf Hüfthöhe der Träger.

Der Liegende beantwortet nun Fragen der anderen Gruppe. Immer wenn er eine Frage nicht richtig beantworten kann, wird ein tragendes Handpaar aufgelöst, bis die verbleibenden Hände den Liegenden nicht mehr halten können und die Brücke einstürzt. Sie können sich verschiedene Varianten für den Ablauf ausdenken. Ich lasse jede Gruppe 15 Fragen stellen. Verloren hat das Team, dessen Brücke am häufigsten zusammengebrochen ist.

▶ **Unter die Lupe nehmen**

Methode

Jeder Teilnehmer hat sich im ersten Schritt schwierige Testfragen ausgedacht (siehe oben). Jetzt setzen sich alle in einen Stuhlkreis. Als Trainer haben Sie eine große Lupe mitgebracht. Sie erläutern: *„Wir nehmen jetzt unter die Lupe, was Sie gelernt haben. In dieser Runde kann jeder die Lupe einem anderen Teilnehmer überreichen und ihm eine Frage stellen. Der gibt sie danach wieder mit einer Frage an jemand anderen weiter."* Dann geben Sie die Lupe einem Teilnehmer in die Hand und sagen: *„Wen wollen Sie unter die Lupe nehmen?"* Der sucht sich einen Teilnehmer aus, gibt ihm die Lupe und stellt seine Testfrage. Kann dieser sie richtig beantworten, darf er die Lupe mit einer neuen Frage weiterreichen. Wenn nicht, helfen die anderen, aber die Lupe bleibt so lange bei ihm, bis er eine Frage ohne Hilfe richtig beantwortet.

Spielerisch inszenieren

Sie werden sehen, dass die Teilnehmer das „unter die Lupe nehmen" spielerisch aufgreifen. Einer geht zum Beispiel auf seinen Kandidaten zu und untersucht mit der Lupe erst etwas an dessen Kleidung, Händen oder Haaren, bevor er ihm das Gerät gibt und seine Frage stellt. Wenn Ihnen das gefällt, können Sie den Anstoß dazu geben, indem sie es als Trainer beim ersten Mal vormachen, bevor Sie Ihre Frage und die Lupe an einen Teilnehmer weitergeben. Wenn es Lacher gibt, können Sie sicher sein, dass die nächsten mit der Lupe auch eine kleine Show machen werden. Das lockert das Testen auf.

▶ **Lotterie**

Methode

Alle Fragekarten (zuvor von den Teilnehmern in Einzelarbeit entwickelt oder vom Trainer vorbereitet und mitgebracht) werden in eine Schachtel gelegt, mit der Schrift nach unten. Wenn Sie es als Trainer inszenieren wollen, setzen Sie sich an Ihren Tisch, stellen eine Karte „Losverkauf: Machen Sie Ihr Glück!" auf und stellen die Schachtel mit den „Losen", also den Fragekarten, vor sich. Daneben legen Sie Gewinne in Form von chinesischen Glückskeksen mit einem weisen Spruch als Füllung. (Sie können diese im Internet für etwa 10 Cent das Stück beziehen.) Dann kommt jeder Teilnehmer nach vorne, zieht ein Los und setzt sich wieder auf seinen Stuhl.

Wenn alle Lose verteilt sind, liest jeder reihum die Frage auf seinem Los vor und versucht sie zu beantworten. Wenn die Antwort stimmt, war sein Los ein Gewinn. Er oder sie holt sich von Ihnen einen Glückskeks und liest den Spruch vor. Diese Sprüche sind bei dieser Methode der „running gag" und lockern die Testerei auf. Weiß jemand die Antwort nicht, war das Los eine Niete. Ich sage das immer auch explizit, zum Beispiel: *„Da haben Sie eine Niete gezogen"* oder *„Pech: eine Niete"*. Das ankert, dass diese Antwort ein Fehler war.

Derjenige unter den anderen Teilnehmern, der nach dem Fehlversuch als erster die richtige Antwort ruft, bekommt einen Glückskeks. Der Nietenzieher kann sich – wenn er oder sie es möchte – noch ein weiteres Los bei Ihnen abholen und einen neuen Versuch starten. Wenn es diesmal auch nicht klappt, kommt der nächste Teilnehmer mit seinem „Los" an die Reihe.

Methode

▶ **Visitenkarten austauschen**

Wenn die Fragekarten von den Teilnehmern in Einzelarbeit geschrieben wurden, können Sie sie mit der Inszenierung „Visitenkarten austauschen" an den Mann oder die Frau bringen. Alle Teilnehmer nehmen ihre Fragekarte in die Hand und stellen sich ungeordnet auf, wie bei einem Stehempfang. Sie als Trainer sagen: *„Bei Empfängen ist es üblich, dass man die Visitenkarten austauscht. Ihre Visitenkarte ist Ihre Fragekarte. Suchen Sie sich einen Teilnehmer und gestalten den Austausch als Ritual der Wertschätzung wie in China."*

Dann führen Sie mit einem Teilnehmer vor, wie es geht: Man steht einander gegenüber, fasst seine „Visitenkarte" mit beiden Händen auf Hüfthöhe (Schrift nach oben), macht eine graziöse Verbeugung und reicht die Karte dem Partner. Der nimmt sie mit beiden Händen in Empfang, verbeugt sich ebenfalls, liest die Karte vor und überreicht dann mit den gleichen Gesten seine Visitenkarte. Dabei darf er die erhaltene Karte auf keinen Fall in die Tasche stecken, um beide Hände frei zu haben. Im Stehen klemmt man sie am besten zwischen den kleinen Finger und den Ringfinger. Wenn alle wieder an ihren Plätzen sind, beginnt die Antwortrunde wie eben beschrieben.

Dieses Ritual macht den Teilnehmern Freude. Es sieht einfach feierlich aus, wenn alle ihre Verbeugungen machen und dabei ganz ernst schauen. Die Glückskekse können Sie auch bei dieser Variante verwenden. Diesmal überreicht allerdings nicht der Trainer, sondern der jeweilige Fragesteller die Belohnung, natürlich wieder mit einer stilvollen Verbeugung. Dass der Glückskeks aus China kommt (übrigens eine Erfindung von Gastronomen im 20. Jahrhundert), rundet die asiatische Inszenierung ab.

Reservekarten in petto halten

Tipp: Wenn Fragekarten in der Gruppe beantwortet werden, kommt es immer wieder vor, dass jemand eine Frage bekommt, die schon dran war. Deshalb sollte es Reservekarten geben. Wenn Sie also zum Beispiel in Einzelarbeit Fragen entwickeln lassen, sollte jeder nicht eine, sondern mindestens drei abgeben. Die Reservekarten können natürlich auch Sie sich als Trainer ausdenken und jedes Mal mitbringen, wenn Sie das Seminar halten.

II. Trainer testet Teilnehmer

Diagnose von A-Inhalten: Aufgabe des Trainers

Bei A-Inhalten (siehe „Downloads zum Zeitmanagement" in Update 8) ziehe ich es vor, die Diagnose von Wissen und Können selbst in die Hand zu nehmen. Denn bei diesen Essentials sollen möglichst alle Unklarheiten und Wissenslücken erkannt und korrekt behoben werden. Deshalb entwickle ich die Aufgaben und Fragen und führe die Diagnose im Plenum durch. Ich bekomme dann alle Antworten mit und kann reagieren, wenn etwas nicht stimmt. Bei den geschilderten Härtetests in Kleingruppen kann es durchaus einmal passieren, dass sich zwei oder drei Teilnehmer in ihren Fehlannahmen einig sind und die Wissensillusion unentdeckt bleibt. A-Inhalte sind mir dafür zu wertvoll.

Sie können zwischen unterschiedlichen Vorgehensweisen wählen, zum Beispiel Fragekarten (wie in den Beispielen oben), Fragebogen, Situationen und Fallbeispiele oder Interviews. Noch einmal: Im Unterschied zu den bisher geschilderten Methoden zum Erkennen von Defiziten gestalten Sie die Fragen und Aufgaben eigenhändig.

Herausforderung: Können die Teilnehmer Lernziele umsetzen?

Die Herausforderung für Sie besteht darin, solche Fragen und Aufgaben zu finden, die punktgenau und zuverlässig erfassen, ob ein Teilnehmer Ihre Lernziele erreicht hat. Die leitende Frage dazu haben Sie in Update 8 zum Stichwort „Kompetenzen" bereits gelesen: „Was genau müssen die Teilnehmer nach dem Seminar mit dem jeweiligen Inhalt des Moduls anstellen können?"

Beispiel

In einem Führungstraining haben Sie z.B. die Theorie der „inneren Antreiber" erklärt. Einer dieser Antreiber meldet sich im inneren Monolog zum Beispiel mit dem Befehl zu Wort: „Streng dich an!" Sie haben dazu als Lernziele formuliert:

- Die Teilnehmer sind in der Lage, zu erkennen, wann dieser Motivator zu stark wird.
- Sie erkennen Symptome für die Übermacht dieses Antreibers bei sich und bei Mitarbeitern.
- Sie verstehen, auf welche Weise dieser Antreiber – wenn er überhand nimmt – negative Auswirkungen herbeiführt.
- Sie kennen Strategien (z.B. „Erlauber"), um diesen Antreiber wieder auf Normalmaß zurückzuführen.
- Sie können diese Strategien erfolgreich anwenden.

Jedes Lernziel braucht eine eigene Diagnosemethode.

Diese Lernziele zum gleichen A-Inhalt sind so unterschiedlich, dass Sie dafür auch unterschiedliche Diagnosemethoden brauchen. Sie können ja, bevor Sie weiterlesen, selbst einmal zu jedem Lernziel Überlegungen anstellen, wie Sie intelligent herausfinden können, ob jemand das Ziel erreicht hat. Hierzu ein paar Vorschläge:

- *„Symptome erkennen":* Die Teilnehmer beschreiben solche Symptome oder sie bekommen Schilderungen von Symptomen und müssen sie dem Antreiber zuordnen.
- *„Die Wirkungsweise des Antreibers verstehen":* Die Teilnehmer berichten am (fiktiven) Beispiel ihrer Person in Ich-Form, wie der Antreiber mit der Zeit immer stärker wird und wie sich dabei sowohl ihr eigenes Verhalten als auch das ihrer sozialen Umwelt verändert (Tagebuch in Zeitraffer).
- *„Können Strategien anwenden":* Die Teilnehmer zeigen im Rollenspiel ein Führungsgespräch mit einem Mitarbeiter, bei dem der Antreiber „Streng dich an!" das Regiment übernommen hat.

Das Beispiel zeigt, wie anspruchsvoll Ihre Aufgabe ist, passend zu Ihren Lernzielen optimale Diagnoseverfahren zu finden. Es belegt auch, wie naiv es ist, dafür die beliebten Quizvarianten und Lernspiele heranzuziehen. Das ist etwa so, als ob man einen Blutwert testen will, indem man den Patienten bittet, seinen Namen rückwärts zu buchstabieren. Als Trainer aussagekräftige Diagnose-Verfahren zu finden, ist Denk-Arbeit. Aber das Herumtüfteln, bis man sagt: „So geht's!", macht Freude.

Professionell sollten Sie sich auch verhalten, wenn Sie den Teilnehmern Feedback zu deren Antworten oder Lösungen geben. „Richtig" oder „Falsch" mag bei einem TV-Quiz genügen. Ihr Job als Trainer verlangt mehr: Sie versuchen, komplexe Wissensnetze oder Verhaltensprogramme in den Köpfen der Teilnehmer zu checken und notfalls auszubessern. Genau genommen bessern nicht Sie aus, sondern Sie helfen den Teilnehmern, das selbst zu tun. Dazu brauchen Sie ein Feedback, das den Teilnehmern genau aufzeigt, was richtig und was falsch war und warum.

Professionelles Fehlermanagement

Wenn gute Trainer durch eine Antwort des Teilnehmers ein Defizit in dessen Wissensnetz entdecken, schieben Sie nicht sofort die Information nach, was richtig wäre. Sie verfeinern stattdessen ihre Diagnose, werden neugierig und wollen mehr darüber wissen, wie es zu der falschen Antwort kam. Natürlich agieren Sie nicht wie ein Ermittler beim Verhör, sondern wie ein Forscher, der eine interessante Beobachtung verstehen will. Denn davon können Sie ausgehen: Der Teilnehmer wollte die Frage richtig beantworten; er oder sie hat sich etwas dabei gedacht.

Schlechtes Fehlermanagement

Dieses „Etwas" ist der Schlüssel für Sie als Trainer, um die Antwort zu verstehen. Ich habe in meinen Train-the-Trainer-Seminaren und bei der Supervision viele Trainer erlebt, aber nicht einen, der diese Neugier gezeigt hat, wenn eine Antwort oder ein Beitrag ein Defizit aufdeckte. Stattdessen stellen Trainer die falsche Antwort sofort richtig oder schalten, wenn sie routiniert sind, einen Zwischenschritt ein und fragen in die Runde: „Weiß jemand, was richtig wäre?" Schade. Chance vertan. Schlechten Job gemacht.

Wie sieht es nun aus, wenn Sie als Trainer das Wissen und Können der Teilnehmer selbst abtesten? Die wichtigsten Methoden habe ich eingangs dieses Abschnitts genannt: Fragekarten, Fragebogen, Situationen und Fallbeispiele, Interview. Die Entscheidung für die eine oder andere Methode treffen Sie immer dann, wenn Sie bei der Seminarvorbereitung ein A-Modul abgeschlossen haben (siehe Update 8). Die Wahl der Methode hängt – wie im letzten Absatz am Beispiel erläutert – in erster Linie von den Lernzielen ab, die Sie mit dem Inhaltsmodul erreichen wollen.

Im Auge behalten!

Für viele Trainer ist es eine ganz neue Erfahrung, sich auf die Testung des Lernerfolgs genauso sorgfältig vorzubereiten wie auf die Informationsvermittlung. Neu ist, dass sie mindestens 25 Prozent

der Seminarzeit für das Nachhaltigkeits-Training gestalten sollen. Neu ist, dass sie dafür ein Methodenrepertoire aufbauen und damit vertraut werden müssen. Neu ist, dass sie in den Nachhaltigkeitsphasen eine andere Rolle ausfüllen: Statt Wissensvermittler sind sie hier Tester und Reparateur. Wobei – wie die Beispiele oben zeigen – auch die Teilnehmer diese Aufgaben übernehmen können und sollen.

Zu den genannten Methoden gibt es nun einige Stichworte und Tipps.

Methode

▶ **Fragekarten**

Die meisten der bei diesem Download genannten Fragekarten-Methoden wie Reißverschluss, Lupe, Lotterie usw. können Sie auch mit von Ihnen als Trainer erstellten Fragekarten durchführen. Wenn Sie und nicht die Teilnehmer die Fragen erstellen, hat das den Vorteil, dass die Fragen die Lernziele repräsentativ abdecken. Ein zweiter Vorzug: Die Fragestapel enthalten keine Doppelungen oder Fragen, die sich stark überschneiden. Nachteil: Es entfällt der Lerneffekt, wenn Teilnehmer den Stoff selbst noch einmal durchgehen, um daraus gute Fragen zu entwickeln.

Methode

▶ **Fragebogen, Tests**

In den akademischen Prüfungen wird gerne mit Multiple-Choice-Fragen getestet, weil sie sich leicht auswerten lassen. Bei einem Seminar mit einer überschaubaren Teilnehmerzahl entfällt dieses Argument. Für die Qualität und Formulierung der Fragen gelten hier die gleichen Maßstäbe wie für die Fragekarten. Wenn Sie überlegen, ob sie die gleichen Fragen statt auf Karten zu verteilen lieber in einen Fragebogen packen und austeilen, gibt es einen Unterschied zu beachten. Im ersten Fall wird ein Teilnehmer eine bis maximal drei Karten zu beantworten haben; beim Fragebogen muss jeder alle Fragen knacken. Fragebogen verlangen also mehr von den Teilnehmern. Sie sind auch zeiteffektiv, weil alle Teilnehmer parallel arbeiten. Beim Testen im Stuhlkreis oder nach dem Prinzip „Reißverschluss“ ist immer nur einer „dran“.

Noch ein Tipp: Weil solche Testbogen jedem schon als Schüler die Schweißperlen auf die Stirn getrieben haben, sollten Sie diesen Instrumenten und ihrem Einsatz in Ihrem Seminar einen anderen Namen geben. Wie wär's mit Fitness-Check, Hirnröntgen oder Wissens-EEG, Goldsuche, Lerntuning, Rundum-Versicherung? Jede dieser Metaphern stellt einen anderen Aspekt des Kompetenztestens in den Vordergrund.

Der Hauptunterschied zu den schulischen Tests ist jedoch das Fehlen jeglicher Bewertung mit Folgen. Die Wissensdiagnose in Ihrem Seminar unternehmen die Teilnehmer ausschließlich zu ihrem Vorteil.

Methode

▶ Rollenspiele am konkreten Fall

Wo immer es geht, versuche ich in meinen Seminaren den „Härtetest" in authentische Situationen einzubetten. Das gilt sowohl für Verhaltensweisen (Skills) als auch für Wissensmodule. Ein wirkungsvolles Verfahren ist auch beim Testen von Wissen das Rollenspiel.

Den Härtetest situieren

Beispiel: Pharmaberater haben in einem Seminarabschnitt alles über ein neues Medikament erfahren. Als Trainer könnten Sie nun einen Fragebogen mit den einschlägigen Testfragen ausgeben und anschließend auf Lücken auswerten lassen. Da die Teilnehmer das Wissen jedoch später im Gespräch mit den Ärzten anwenden sollen, bietet sich eine Situierung geradezu an. Sie arrangieren also eine typische Situation, in der ein Pharmaberater im Sprechzimmer sitzt und einem Arzt das neue Medikament vorstellt.

Da es sich hier wohl eindeutig um A-Inhalte des Seminars handelt, werden Sie den Arzt spielen, der sich das Ganze erst einmal anhört und dann kritische Fragen stellt. Damit Sie nicht nur bei einem Teilnehmer mögliche Defizite aufspüren, gestalten Sie das Gespräch als Staffellauf. Nach jeweils zwei oder drei Minuten übernimmt ein anderer Teilnehmer die Rolle des Pharmaberaters. Alle anderen hören und sehen zu und entdecken auf diese Weise auch bei sich noch die eine oder andere Wissenslücke.

Was tun, wenn ein Teilnehmer im Rollenspiel etwas Falsches sagt oder auf andere Weise eine Wissensunsicherheit oder Wissenslücke offenbart? Korrigieren Sie sofort oder notieren Sie den Fauxpas und reparieren ihn erst nach dem Rollenspiel? Ich plädiere für sofortige Korrektur, damit der Lapsus zeitnah erkannt wird und nicht bis zum Ende des Rollenspiels als „wird wohl stimmen" durchgeht. Im Beispiel würde ich vor dem Rollenspiel alle Beobachter als Feuermelder „scharf stellen".

Methode Feuermelder

Wer während des Gesprächs meint, da wäre eine Äußerung nicht korrekt, hält sofort eine rote Karte hoch. Das Rollenspiel wird gestoppt und der Feuermelder sagt, was falsch und was richtig wäre. Wenn Sie als Akteur im Rollenspiel (im Beispiel sind Sie der Arzt) einen Fehler hören und kein Feuermelder unter den Beobachtern Alarm schlägt, stoppen Sie selbst das Gespräch und rücken die Sache gerade.

Sie können es auch elegant machen, ohne das Gespräch zu unterbrechen, indem Sie als Arzt dem Berater auf die Sprünge helfen, etwa so: *„Nach meinen Informationen ist das nicht ganz so, wie Sie es gerade gesagt haben"* oder *„Sind Sie da ganz sicher? Können Sie mir das eindeutig beweisen?"*. Durch diese – durchaus realitätsnahe – Konfrontation geben Sie dem Teilnehmer die Chance, den Fehler zu erkennen und selbst zu korrigieren. (Dazu mehr im folgenden Abschnitt „Reparieren von Defiziten".)

Methode Fallarbeit

Situieren können Sie die Lerndiagnose auch durch realistische Fälle, die Sie den Teilnehmern zur Bearbeitung vorlegen. Je nach Inhaltsmodul, das Sie damit abtesten, und je nach Lernzielen, die Sie dazu formuliert haben, kann die Fallbearbeitung mehr wissenslastig oder mehr verhaltenslastig erfolgen. Fälle sind wie Drehbücher oder Reportagen. Sie schildern eine Situation oder ein Ereignis über einen gewissen Zeitraum. Nach der Fallbeschreibung bekommt der Teilnehmer eine Rolle zugewiesen, aus der heraus er oder sie den Fall bearbeitet. Anders als beim Rollenspiel muss er oder sie also keine Rolle im Fall übernehmen oder gar spielen, sondern ist eine Art Berater, der den Fall analysiert und Lösungen vorschlägt.

Eine Variante ist, dass der Fallbearbeiter auf eine Person im Fall fokussiert und für sie Vorschläge entwickelt.

Fallarbeit erledigen die Teilnehmer aus der Vogelperspektive. Beim Rollenspiel sind sie mittendrin und brauchen danach die Beobachtungen und Feedbacks anderer aus der Vogelperspektive. Diese Unterschiede helfen mir als Trainer bei der Entscheidung, ob ich im konkreten Fall lieber mit einem Fall oder mit einem Rollenspiel teste.

Fallarbeit alleine oder im Plenum?

Wenn Sie sich für eine Fallarbeit entscheiden, ist noch zu klären, ob Sie den Fall in Einzelarbeit, in Kleingruppen oder im Plenum bearbeiten lassen. Ich mache das von der Komplexität des Falles abhängig. Ist er eher einfach, bevorzuge ich die Einzelarbeit. Ist er komplex, nutze ich den Vorteil der Gruppe. Sie darf nicht zu groß sein. Drei bis maximal vier Teilnehmer können effektiv arbeiten. Wenn es um einen A-Inhalt geht und Sie dafür mehr Zeit einplanen, können Sie die Methode „wachsende Gruppe" verwenden. Zuerst bearbeiten die Teilnehmer zu zweit den Fall, dann treffen sich je zwei Tandems zu einer Vierergruppe und einigen sich auf eine Lösung. Dann sammelt man im Plenum die Ergebnisse.

Tipps zur Fallbeschreibung

Es ist nicht leicht, macht aber Spaß, für einen bestimmten Inhalt und ein bestimmes Lernziel einen optimalen Fall zu konstruieren und ihn gut zu formulieren. Er soll ja so geknüpft sein, dass bei der Bearbeitung Defizite ans Licht kommen. Und er soll aus der Lebenswelt Ihrer Teilnehmer stammen. Beschreiben Sie den Fall immer im Präsens, so als ob das Geschehen in diesem Augenblick ablaufen würde. Gehen Sie Ihre Beschreibung mehrfach durch und jäten Sie alles Unkraut, also unnötige Details, Füllwörter und umständliche Formulierungen. Vergewissern Sie sich vor der Fallarbeit, dass Ihre Teilnehmer nach der Lektüre Ihrer Fallbeschreibung arbeitsfähig sind. Fragen Sie, ob jemand noch Informationen braucht, um die Aufgabe angehen zu können. Bieten Sie an, dass Sie während der Fallarbeit abrufbar sind, wenn weitere Fragen oder Unklarheiten auftreten.

Methode

▶ **Interview**

Bei dieser Variante treten Sie als Prüfer auf. Das klingt erst einmal nach „No-Go", weil Sie einerseits (vermute ich jedenfalls) die Lerndiagnose in Ihrem Seminar vom „Setzen-Fünf!"-Ambiente schulischer Prüfungen befreien wollen. Andererseits ist es gerade bei A-Inhalten (wie oben bereits angemerkt) ein Vorteil, wenn Sie als Trainer die Lerndiagnose selbst in die Hand nehmen. Das Interview ist Alternative und Abwechslung zu den beschriebenen Rollenspielen und Fällen. Wie können Sie es so gestalten, dass es nicht nach Schule schmeckt? Ich greife manchmal gerne zu folgender Interview-Variante.

Ich situiere zuerst das Interview, indem ich sage: *„Gleich kommt ein Überraschungsgast zur Tür herein. Er interessiert sich brennend für das Thema, das wir gerade be-*

© managerSeminare

handelt haben. Als er gehört hat, dass er hier mehrere Experten in einem Raum antrifft, war er nicht mehr zu halten. Wir dürfen ihn nicht enttäuschen. Er wird Sie mit Fragen löchern und hat es verdient, dass er Antworten bekommt, die absolut korrekt sind. Sollten Sie also bei einer Antwort das Gefühl haben, dass man sie so nicht stehen lassen kann, dann mischen Sie sich ein und klären die Sache. Es wird Ihnen deswegen niemand böse sein. Im Gegenteil."

Dann gehe ich vor die Tür, warte ein Weilchen, klopfe an und trete ein. Ich stelle mich zuerst kurz vor (ich habe mir bei der Vorbereitung eine Rolle ausgemalt, am besten eine fiktive Person aus dem Alltag meiner Teilnehmer) und sage dann: *„Herr X, Ihr Trainer, hat mir die Chance gegeben, fünfzehn Minuten lang Ihr Fachwissen in Anspruch zu nehmen. Ich bin ihm und Ihnen so dankbar dafür, denn Sie müssen wissen, dass mich Ihr Thema schon lange interessiert. Endlich kann ich mehr darüber erfahren."*

Dann gehe ich zu einem Teilnehmer oder einem Teilnehmertisch (wenn ich Tischinseln gebildet habe), ziehe mir einen Stuhl heran und beginne ein Interview zum Thema. Welche Fragen ich stelle, ob ich mich laienhaft oder schon informiert gebe, mit welchem Anliegen ich antrete (z.B.: *„Ich habe da gerade ein Problem …"* oder *„Eines habe ich nie richtig verstanden…"*), wie intensiv ich nachfrage usw., all das habe ich bei der Vorbereitung mit Blick auf die Lernziele genau überlegt. Ich scheue mich auch nicht, bei den Interviews immer wieder auf eine Frageliste zu schauen, die ich zuvor angelegt habe. Kommentar: *„Ich habe mir alles aufgeschrieben, was ich von Ihnen wissen will. Damit ich ja nichts vergesse! Ich hab ja nur eine Viertelstunde."*

Rolle mit Accessoires inszenieren

Nach ein paar Fragen suche ich mir andere Interviewpartner aus. Die Teilnehmer finden es übrigens amüsant, wenn ich die Rolle mit wenigen Accessoires inszeniere, die ich draußen vor der Tür anlege (Bärtchen ankleben, Sonnenbrille aufziehen, Frisur ändern), und ein leicht verändertes Verhalten (Sprechweise, Bewegungen, kleiner Tick) an den Tag lege.

Das mag Ihnen etwas albern vorkommen, aber Sie verwandeln sich vom Trainer in einen Überraschungsgast mit Ecken und Kanten oder der einen oder anderen Marotte. Das eröffnet Ihnen Freiheiten, die der Wissensdiagnose zugute kommen. Aus der fremden Rolle heraus können Sie sich nämlich Dinge leisten, die Ihnen als Trainer keiner verzeihen würde: Enttäuschung über eine Antwort, Hartnäckigkeit beim Nachfragen, gespieltes Unverständnis usw. Klar, dass man das nicht übertreiben sollte, doch manchmal können Sie damit im Sinne Ihrer Ziele den Härtetest durchaus ergiebiger machen.

Das Situieren schafft zusätzliche Lernchancen.

Zum Schluss noch ein Argument für die Situierung bei der Wissensdiagnose. Beim situierten Testen gewinnen die Teilnehmer ein wichtiges Add-on hinzu. Sie entdecken nicht nur Wissens- und Kompetenzdefizite wie bei den anderen Verfahren, sondern lernen, wie sie mit Situationen umgehen, in denen solche Defizite auftreten. Sie üben beim situativen Testen auch ihr persönliches Fehlermanagement. Denn eines ist gewiss: In der Praxis werden die Teilnehmer immer mal wieder einen Fehler machen. Wenn sie das im Seminar schon erlebt und gemeistert haben, sind sie gerüstet.

Methoden zum Reparieren von Defiziten

Die schwierige Frage: ***Wann*** *reparieren?*

Wenn Sie und Ihre Teilnehmer eine der eben beschriebenen Methoden zum Aufspüren von Defiziten durchgeführt haben, besteht die Ernte in einer Sammlung von Wissenslücken, Scheinwissen oder Verhaltensweisen (beim Verhaltenstraining), die noch nicht optimal beherrscht wurden. Bei allen Methoden, die sich im Plenum abspielen (zum Beispiel „Lotterie", „Lupe" oder „Interview"), findet die Reparatur sofort statt, nachdem das Defizit offenbar wurde. Auch bei den Diagnosemethoden in Kleingruppen (siehe „Kugellager" oder „Testwalk") werden Fehler zeitnah richtiggestellt, diesmal allerdings von den Teilnehmern selbst. Bei den Methoden, die Einzelarbeit vorsehen („Stein im Schuh"), ist es anders. Da werden die Defizite im Plenum zusammengetragen, visualisiert (durch Karten an der Pinnwand oder Auflisten am Flipchart) und dann gemeinsam repariert.

Achtung!

Das Reparieren von Defiziten ist eine Seminarsituation, bei der Sie als Trainer vor sich auf der Hut sein müssen. Je mehr Sie sich im Inhaltsmodul Mühe gegeben haben, den Lernprozess optimal zu fördern, desto eher wird ein danach entdecktes Defizit bei einem Teilnehmer zur persönlichen Enttäuschung, ja Kränkung. Je besser Sie als Trainer gearbeitet haben, desto bereitwilliger sehen Sie die Schuld beim Teilnehmer, wenn das Lernen nicht perfekt verlaufen ist. So erleben Sie das Reparieren als lästige Pflichtübung, als würde man Scherben zusammenkehren. Dazu kommt der innere Mono-

© managerSeminare

log: „Das hätte ich mir sparen können, wenn der oder die richtig aufgepasst hätte." Der betreffende Teilnehmer spürt dann die Ungeduld des Trainers und den unterdrückten Ärger ausgerechnet in einer Situation, die für ihn ohnehin nicht angenehm ist. Schließlich hat er sich eine Blöße gegeben.

Reparieren gelingt nur mit positiver Einstellung.

Ich habe jetzt in kräftigen Farben gemalt, um die Gefahr zu verdeutlichen. Schön wäre es, wenn Sie als Trainer mit positiven Einstellungen in die Reparaturphase gingen. Freuen Sie sich über jeden Fehler, der beim Härtetest aufgedeckt wird. Freuen Sie sich, wenn Sie dahinter kommen, was sich der Teilnehmer dabei gedacht hat und wie es zum Fehler gekommen ist. Freuen Sie sich, wenn Sie sehen, dass der Teilnehmer bei der Reparatur dazugelernt hat und sich jetzt sicher fühlt. Freuen Sie sich, dass Sie einen guten Job machen.

Wenn Sie mit dieser Einstellung reparieren, schaffen Sie ein positives Klima beim Nachhaltigkeits-Training. Sie werden die Teilnehmer damit anstecken. So entsteht eine Werkstatt-Atmosphäre, in der alle zusammenwirken, um Negatives durch Positives zu ersetzen. Die Teilnehmer erleben nun auch im Seminar das schöne Gefühl, das sie aus dem Alltag kennen: wenn sie einen platten Reifen gewechselt, ein kaputtes Gerät zum Laufen gebracht, einen Wackelkontakt repariert haben. Das Gefühl „Jetzt ist alles in Ordnung" macht zufrieden. Damit kann man müde, aber beruhigt in die Pause gehen.

Methoden zum Ankern und Sichern des Gelernten

Lerninhalte vor dem Vergessen schützen

Nachhaltigkeits-Trainings im Anschluss an Inhaltsmodule lassen sich auch nutzen, um Lerninhalte noch einmal zu festigen und vor dem Vergessen zu schützen. In Update 1 haben Sie gelesen, dass ein Inhalt umso besser behalten wird und umso flexibler genutzt werden kann, je mehr und je unterschiedlichere Prozesse das Gehirn mit ihm angestellt hat. Nun haben Sie in den meisten bisherigen Downloads dieses Buches (vor allem im Update 7 „Aktivieren") Anregungen gefunden, wie Sie dieses multiple Bearbeiten und das Sichern von wichtigen Lerninhalten bereits in den Lernphasen fördern können (ein Beispiel ist der „Wissens-Safe").

Trotzdem sollten Sie sich bei der Vorbereitung der Nachhaltigkeitsphasen fragen: „Fällt mir noch etwas Anregendes ein, wie ich besonders wichtige Lerninhalte zusätzlich ankern und sichern kann?" Zugegeben, die genannten Methoden zur Lerndiagnose und zum Reparieren sind gleichzeitig auch Methoden, um das Gelernte zu sichern, denn die Teilnehmer beschäftigen sich dabei noch einmal intensiv mit den Inhalten des vorigen Moduls. Und dies auf eine andere Weise als in der Rolle von rezipierenden Lernenden. Insofern laufen dabei auch andere Prozesse ab, die neue Gedächtnisspuren hinterlassen. Doch es gibt spezielle Methoden, bei denen das Ankern und Sichern im Vordergrund steht. Sie empfehlen sich besonders für A-Inhalte.

A-Inhalte sichern

Vier Ecken

Methode

Erinnern Sie sich an die Walt-Disney-Methode (siehe Downloads zu Update 7, S. 141 ff.)? Dort dienten die Ecken des Raums dazu, sich in eine jeweils andere Rolle zu versetzen. Hier werden die Ecken nun anders „besetzt". Als Trainer beschriften Sie zuerst vier Poster. Die Aufschriften lauten: „Das habe ich richtig verstanden!", „Das kann ich gut brauchen!", „Das darf ich nicht mehr vergessen!", „Das will ich unbedingt tun!". Jedes Poster hängen Sie in eine Ecke des Seminarraums.

Durch ein Zufallsprinzip (im einfachsten Fall Durchzählen von eins bis vier) verteilen sich die Teilnehmer auf die Ecken. In jeder Ecke unterhalten sie sich darüber, ob sie zum Satz auf dem Poster etwas Wichtiges finden. Beim Poster „Das habe ich richtig verstanden!" sagt jeder in dieser Gruppe, ob etwas dabei war, wo bei ihm oder ihr so richtig „der Groschen gefallen ist", wo er oder sie ein „Aha" erlebt hat. Es sollen nur Beispiele genannt werden, die den Teilnehmern im Nachhinein wichtig erscheinen. In gleicher Weise gehen die anderen drei Teams vor.

In der Regel kommen pro Gruppe maximal vier oder fünf Beispiele zusammen. Jetzt erzählt jede Gruppe den anderen, was sie zum Thema ihrer Ecke an Besonderem gefunden haben. Hat eine Gruppe zu Ende berichtet, frage ich in die Runde, ob jemand aus einer anderen Ecke noch einen Punkt zu diesem Thema ergänzen möchte. Dann ist die nächste Gruppe an der Reihe. Die Übung dauert etwa fünfzehn bis zwanzig Minuten (fünf bis sieben Minuten Besprechen in den Ecken, etwa zehn Minuten Berichten im Plenum) und ankert noch einmal die Dinge, die Teilnehmer als besonders wichtig und nützlich aus dem Inhaltsmodul mitnehmen.

Methode

Slogan

Werbetexter wissen, dass sich ein guter Slogan wie ein Angelhaken oder ein Anker in den Köpfen der Nutzer eingräbt. Warum soll man sich das nicht für Seminarinhalte zunutze machen? Wenn Sie also in Ihrem Seminar Teilnehmer haben, die gerne kreativ sind, können Sie sie Slogans kreieren lassen. Sagen Sie: *„Notieren Sie sich auf einer Karte etwas, was für Sie im letzten Inhaltsmodul besonders wichtig war, das Sie auf keinen Fall vergessen wollen. Überlegen Sie sich dazu einen griffigen Spruch als Gedächtnisanker. Das kann ein Slogan wie in der Werbung sein, ein Reim, ein witziger Spruch wie bei einem Graffiti, ein Denksatz, wie man ihn von Zen-Meistern hören kann, oder ein Satz im Stil eines Sprichwortes."*

Projizieren Sie zur Anregung ein paar Beispiele wie: „Wer nicht hören will, muss führen", „Der Kluge gibt so lange nach, bis er der Dümmere ist", „Heute ist der erste Tag vom Rest deines Lebens", „Man steigt nicht zweimal in den gleichen Fluss" oder Eselsbrücken wie „Never, ever, yet, so far, present perfect ist doch klar!". Geben Sie jedem Teilnehmer (ich bevorzuge hier Einzelarbeit, weil man beim Denken nicht gestört wird) fünf Minuten Zeit und eine Moderationskarte für einen Anker-Spruch. Danach werden die Sprüche vorgelesen und die Karten auf ein Flipchart-Poster geklebt, mit einer Überschrift verziert und an die Wand gehängt. Wenn nur zwei Sprüche gefunden werden, sollten Sie nicht enttäuscht sein. Die Aufgabe ist nicht einfach und ich betrachte es jedesmal als Experiment, wenn ich diese Methode einsetze. Manchmal kommen aber sehr starke Sprüche dabei heraus.

Mit einem starken Spruch endet auch dieses Update:

> ***„Auf die Dauer der Zeit nimmt die Seele die Farbe der Gedanken an."***
>
> ***– Marc Aurel –***

Das ist die Nachhaltigkeit, die wir uns als Trainer wünschen.

Teil III

Wie gestalten Sie das Seminarklima?

© managerSeminare

Im dritten Kapitel finden Sie ...

Downloads zum Fördern des Kontakts

Downloads für die Stimmung im Seminar

Downloads für das Agieren in Krisen

Manchmal ereignen sich Klimakatastrophen auch im Seminar. Die Temperatur stürzt ab, dunkle Wolken ziehen auf, es blitzt, donnert und stürmt. Die Menschen gehen in Deckung. Wie hoch die Schäden sind, lässt sich noch nicht sagen. Doch es gibt im Seminar manchmal auch den langsamen Klimawandel. Es ist wie bei einer zu kalt eingestellten Klimaanlage. Zuerst fühlt man sich wohl. Wenn man schließlich fröstelt, ist es zu spät; man hat sich den Schnupfen bereits eingefangen.

Der berüchtigte dritte Tag

In mehrtägigen Seminaren kann man sowohl die dramatische Klimakatastrophe als auch die schleichende erleben. Früher, als Seminare oft eine Woche dauerten, fürchteten die Profitrainer vor allem den dritten Tag. Wenn es krachte oder die Stimmung kippte, dann fast immer in der Wochenmitte. Ich kenne Trainer, die Seminare mit mehr als zwei Tagen strikt ablehnen, weil sie keinen Stress mit dem Klima haben wollen.

Nun ist „Klima" in der Meteorologie ein beeindruckend komplexes Phänomen, das sich weder vorherbestimmen noch langfristig beeinflussen lässt. Im Prinzip gilt das auch für „Klima" im Seminar. Es ist kaum vorhersagbar und überrascht einen immer wieder. Als Trainer schüttelt man fassungslos den Kopf und denkt: „Was ist da bloß los? Jetzt halte ich das gleiche Seminar wie das letzte Mal. Aber bei dieser Gruppe ist alles zäh und mühsam, einfach lustlos." „Gestern war die Stimmung so toll. Da war richtig Zug drin. Heute hängen alle durch." „Was ist denn in die beiden Teilnehmer gefahren? Warum giften die sich plötzlich so an?" „Ich werde noch wahnsinnig. Dieser Griesemann mit seiner ewigen Fragerei und seinem Meckern macht die ganze Stimmung kaputt." „Nicht auszuhalten, wie diese Gruppe miteinander umgeht. So steif und distanziert. In den Pausen stehen sie mit ihrem Kaffee herum und reden kaum miteinander." „Sind das Erwachsene oder Kinder? Sie wollen alles leicht haben. Bei Gruppenarbeiten sind sie immer schon vor der Zeit fertig. Bei den Präsentationen loben sie sich nur. Üben wollen sie nicht. Und dann dieses ‚Können wir heute nicht früher aufhören?'"

Dieses Update soll Sie anregen, über Ihre Einstellung zum Seminarklima nachzudenken. Stellen Sie sich vor, jede der folgenden Meinungen stünde auf je einem Flipchartbogen. Die Poster hingen ringsum an der Wand in Ihrem Seminarraum. Zu welchem Poster würden Sie sich stellen, weil es gut zu Ihrer Meinung passt?

Typische Trainer-Statements zum Seminarklima

1. Mir ist wichtig, dass die Teilnehmer die Lernziele erreichen. Das Klima ist Nebensache.
2. Das Seminarklima kann ich sowieso nicht beeinflussen. Das wird von den Teilnehmern geschaffen, nicht vom Trainer.
3. Mir ist es wichtig, dass die Teilnehmer im Seminar Spaß haben. Deshalb arbeite ich viel mit Auflockerungen und Spielen zwischendurch.
4. Entscheidend für das Seminarklima ist, dass sich Trainer und Teilnehmer gut verstehen. In meinen Seminaren duzen wir uns. Ich will kein Lehrer sein, sondern Kollege und Kumpel. Sie sollen sehen, dass ich nicht der allwissende Experte und perfekte Trainer bin, sondern auch nur ein Mensch.
5. Ich achte sehr auf das Klima in meinen Seminaren. Wenn ich merke, dass es sich verschlechtert, spreche ich das sofort an und überlege mit der Gruppe, wie wir die Harmonie wieder herstellen können.
6. Eines habe ich inzwischen gelernt: Wenn ich als Trainer erfolgreich sein will, müssen mir die Teilnehmer gute Seminarbewertungen geben. Ohne Entertainment kriege ich die nicht. Die Stimmung ist das A und O, nicht der Lernerfolg.

Wenn Sie mit einem Poster sympathisieren, sollten Sie bei diesem Update weiterlesen. Alle sechs Meinungen kann ich nämlich gut nachvollziehen, aber ich halte sie alle für gefährlich, wenn man als Trainer „Klima" professionell gestalten möchte. Ich will Ihnen kurz erläutern, wie ich zu dieser Einschätzung komme. (Wenn Sie die folgenden Updates und Downloads in diesem Teil 3 lesen, wird es noch deutlicher.)

Zur ersten Meinung („Klima ist Nebensache"):

Ein gestörtes Klima schmälert den Lernerfolg.

In der Tat ist das Erreichen der Lernziele das Kriterium für die Qualität des Seminars. Doch das Klima ist dabei nicht Nebensache. Wenn das Klima gestört ist, wird der Lernerfolg geschmälert. Wenn das Klima perfekt ist, werden alle Teilnehmer optimal lernen. Es ist wie beim Weinbau. Eine Lage kann noch so günstig, der Boden noch so sorgfältig bearbeitet, das Rebmaterial noch so gepflegt sein. Wenn die Blüten im Frost erfrieren oder ein Hagel die Ernte vernichtet, ist alles vergebens. Im Seminar können die Methoden noch so passend, die Informationsvermittlung noch so professionell, das Lernmaterial noch so attraktiv sein. Wenn das Klima nicht stimmt, bleibt der Erfolg weit unter dem Optimum. Deshalb sehe ich als Trainer im Klima einen mächtigen strategischen Faktor für die Effektivität eines Seminars und beachte ihn genauso sorgfältig wie die Arbeit auf der Inhaltsebene.

Zur zweiten Meinung („Seminarklima ist Teilnehmersache"):

Beide Annahmen in dieser Meinung stimmen nicht. Weder wird das Klima allein von den Teilnehmern geschaffen noch ausschließlich vom Trainer. Es entsteht aus allen Beteiligten zusammen. Manchmal kommen noch weitere Einflüsse hinzu, z.B. ein ungünstiger Raum, unbequeme Stühle, störender Lärm von draußen usw. Aber konzentrieren wir uns hier auf die Menschen. Weil solche Faktoren zum Klima beitragen und es „machen", können Sie es auch beeinflussen.

Seminarklima ist Trainerkompetenz.

Für mich als Trainer lege ich noch eine Schippe drauf: Ich habe sogar eine Verantwortung, alles zu tun, damit das Klima stimmt. Deshalb gehört zum Kompetenzprofil jedes Trainers auch, dass er oder sie Möglichkeiten kennt, wie man auf das Klima in seinem Seminar Einfluss nehmen kann.

Zur dritten Meinung („Auflockerung, Spaß"):

Lernen ist Ernstfall.

Das klingt nach „Don't worry, be happy" (Bobby McFerrin). Lernen ist aber Ernstfall. Nicht im Sinne von „todernst", sondern von „Da geht es um etwas", das hat Bedeutung für mich. Lernen ohne Anstrengung, ohne Konzentration, ohne Verunsicherung („Ich hab's immer noch nicht kapiert!") gibt es nicht. Dass Teilnehmer es so leicht wie möglich haben wollen, kann man ihnen nicht übel nehmen. Aber wenn Trainer sie darin bestätigen, mogeln sie. Früher oder später fliegt das auf, mit bösen Folgen für das Seminarklima.

Beispiel

Beispiel: Ein Trainer tut alles, um das Seminar „aufzulockern". Regelmäßig wird ein Kick eingestreut, mal ein Bewegungsspiel, mal was zum Lachen, mal eine Denksportaufgabe – „damit sich das Hirn wieder erholt". Vor Gruppenarbeiten und Rollenspielen oder wenn ein neues Seminarthema beginnt, tut er alles, um den Teilnehmern die Sorge zu nehmen, jetzt würden sie gefordert: *„Das ist alles ganz einfach", „Gehen Sie ganz locker an die Sache heran"* oder *„Das wird schon. Machen Sie sich mal keinen Kopf."*

Sie können sich leicht ausmalen, in welche Falle dieser Trainer läuft, denn irgendwann ist Schluss mit lustig. Irgendwann wird er oder sie die Leistung eines Teilnehmers oder einer Gruppe bewerten müssen. Irgendwann wird ein Teilnehmer erleben, dass er oder sie etwas (noch) nicht kann oder verstanden hat. Das Ankommen in der Realität wird umso krasser sein, je lauter der Trainer zuvor sein „Don't worry, be happy" gesungen hat.

Jetzt entwickelt das Klima eine spannende Dynamik. Der Trainer bekommt mit, dass Teilnehmer enttäuscht sind. Wenn er Pech hat, richtet sich der Unmut gegen ihn („Können Sie das nicht so erklären, dass man es versteht?", „Müssen wir das so genau wissen?", „Müssen wir unbedingt so ein schweres Rollenspiel machen?"). Man kann darauf wetten, dass dieser Trainer nachgibt, die Anforderungen herunterschraubt und noch mehr Kicks einbaut, um wieder gute Laune zu ernten. Doch das endet wie der Wettlauf zwischen Hase und Igel. Der Hase wird es nicht schaffen.

Nicht das Spiel, sondern das Lernen selbst muss Freude machen.

Meine Meinung: Ein gutes Training braucht weder „Auflockerung" noch Spaß. Es braucht nur Teilnehmer, die fit sind. Und es kann für die mentale Fitness sehr förderlich sein, nach einer Phase des konzentrierten Arbeitens ein Bewegungsspiel einzustreuen. Freude muss das Lernen selbst machen. Wenn Sie sich dabei ertappen, an der einen oder anderen Stelle Ihres Seminars nach einem Spiel zu suchen, damit die Teilnehmer wieder „aufgelockert" werden, wäre es sinnvoller, diese Seminarpassage so lange zu überarbeiten, bis Sie und die Teilnehmer sich wohl damit fühlen.

Zur vierten Meinung („Wir verstehen uns"):

War vorher „Don't worry, be happy" angesagt, fällt mir hierzu ebenfalls ein alter Hit ein: „Piep, piep, piep. Wir haben uns alle lieb" (Guildo Horn, Eurovision Song Contest 1998). Wie bei der vorherigen Meinung baut der Trainer auch hier eine Illusion auf, zuvor auf der Sachebene, in diesem Fall auf der Beziehungsebene. Dass sich Trainer und Teilnehmer gut verstehen sollen, bestreitet niemand, denn es wird sich positiv auf die gemeinsame Lernarbeit auswirken.

Aber Fakt ist, dass ich als Trainer kein Teilnehmer bin. Ich habe eine andere Position und eine andere Funktion.

Der „Trainerkumpel" verkennt seine Rolle.

Zur Position gehört zum Beispiel, dass der Trainer die Struktur des Seminars in der Hand hat, mehr weiß und für seine Tätigkeit bezahlt wird. Seine Funktion besteht darin, Lernen zu ermöglichen, den Seminarprozess zu steuern, Teilnehmer zu entwickeln. All das und mehr unterscheidet ihn von den Teilnehmern. Trainer und Teilnehmer sind keine Kumpel. Ob man sich mit den Teilnehmern duzt oder siezt, sollte man nur davon abhängig machen, ob es sich – soweit man das vorhersehen kann – positiv oder negativ auf die Arbeit im Seminar auswirkt. Dass man als Trainer „auch nur ein Mensch ist", braucht man erwachsenen Teilnehmern wohl nicht beizubringen. (Es sei denn, man hat zuvor, wie manche Motivationstrainer, alles getan, um als Guru verehrt zu werden.)

Zur fünften Meinung („Klimaverschlechterung sofort zum Thema machen"):

Es gibt seit dreißig Jahren wohl kaum eine Trainerausbildung, in der nicht die Losung „Störungen haben Vorrang" ausgegeben wird. Sie stammt bekanntlich von Ruth Cohn, der Begründerin der Themenzentrierten Interaktion (TZI). Man impft den Nachwuchstrainern ein, bei einer Störung die Arbeit auf der Inhaltsebene sofort zu stoppen und die Störung zu bearbeiten. Dumm nur, dass Ruth Cohn es so nicht gemeint hat. Sie wollte stattdessen darauf aufmerksam machen, dass „Störungen" immer Vorrang haben, weil sie sich diesen Vorrang einfach nehmen, sei es innerhalb einer Person (psychische Störungen) oder innerhalb einer Gruppe wie im Seminar. Wenn eine Störung auftritt, so Ruth Cohn, dann muss sie sein.

Die Losung „Störungen haben Vorrang" wird meist missverstanden.

Für Trainer bedeutet das: Nimm Störungen aufmerksam wahr und frage, was der „Sinn" dieser Störung sein könnte, was sich in ihr ausdrückt. Danach ist man in der Lage, die Störung zu bearbeiten. *„Wenn ich merke, dass sich das Seminarklima verschlechtert, spreche ich das sofort an und überlege mit der Gruppe, wie wir die Harmonie wieder herstellen können"* ist nicht Ruth Cohn, sondern ein Trainer oder eine Trainerin vom Typ „fürsorgliche Seminarmutter".

Ruth Cohn würde (vermutlich) anders vorgehen. Sie spürt, dass sich das Seminarklima verschlechtert und deutet das so: Die Gruppe gleitet nach anfänglicher Euphorie („Wir verstehen uns doch prächtig!") gerade in ein Stadium der Differenzierung und der realistischen Wahrnehmung der Teilnehmer untereinander. Der Ton wird rauer, man stellt Gegensätze fest, man entdeckt an den anderen Teilnehmern auch das eine oder andere unangenehme Verhalten. Die fiktive Ruth Cohn denkt nach, was zu tun sei. Sie kommt zu dem Schluss, diesen Prozess nicht zu blockieren, weil er für die Reifung der Gruppe wichtig ist. Sie beobachtet ihn weiterhin aufmerksam und stellt fest, dass sich das Klima zuerst weiter verschlechtert, dann aber die Gruppe wieder zueinander findet. Jetzt geht man aber ehrlicher miteinander um. Die Krise hat sich gelohnt. Fazit: Störungen haben Vorrang, nicht aber das sofortige Reden darüber.

Vorsicht vor „Harmonie"

Aufhorchen lässt auch das Wort „Harmonie" als Ziel der Intervention eines Trainers. Um es hart zu sagen: Der Job des Trainers ist es nicht, Harmonie herzustellen, sondern Arbeitsfähigkeit. Wenn Trainer an „Harmonie" appellieren, machen sie Teilnehmer, die widersprechen, kritisieren und sich nicht wegducken, vorschnell zu „Störenfrieden" (stören den Frieden). *„Jetzt lassen wir doch mal das Persönliche beiseite und diskutieren nur noch sachlich"*, ist eine paradoxe Aufforderung, wenn es um eine „Störung" geht, die mit Persönlichem zu tun hat. Und das gilt nun einmal für das Gros der „Störungen" in Seminaren. (Die Gänsefüßchen weisen darauf hin, dass es immer von der subjektiven Einschätzung abhängt, was im konkreten Fall eine Störung ist.)

Vom Wortsinn her bedeutet „Harmonie" Zusammenfügen von Verschiedenem. Heraklit: „Das Widerstrebende vereinigt sich, aus den entgegengesetzten (Tönen) entsteht die schönste Harmonie, und alles Geschehen erfolgt auf dem Wege des Streites." Ein Trainer, der Harmonie mit Friede, Freude, Heiterkeit verwechselt und deshalb jeden Streit ächtet, erreicht demnach keine echte Harmonie, sondern nur aufgesetzte gute Mienen. Das würde weder Heraklit noch Ruth Cohn gefallen.

Zur sechsten Meinung („Stimmung ist für die Seminarbewertung wichtiger als Lernerfolg"):

Viele Trainer stimmen nach meiner Erfahrung dieser Meinung zu – natürlich nur hinter vorgehaltener Hand. So tun sie alles, um die Teilnehmer bei Laune zu halten. Einerseits wissen sie, dass sie für den Lernerfolg bezahlt werden, aber sie erleben auch in jedem

Seminar Teilnehmer, die ein paar schöne und unterhaltsame Tage erleben wollen. Der Lernerfolg ist ihnen nicht so wichtig. Weil es solche Seminarteilnehmer gibt – manche Trainer berichten, es gäbe sie zunehmend –, stellt sich für jeden Trainer die Frage: „Wie gehe ich damit um?" Denn es ist Realität, dass Seminarbewertungen besonders bei Firmenseminaren über den nächsten Auftrag an einen Trainer entscheiden. Die Herausforderung ist, ein Seminar so zu gestalten, dass man gute Bewertungen bekommt, weil das Lernklima *und* der Lernerfolg optimal waren.

Die Realität: Gute Bewertungen sichern Folgeaufträge.

Alle Vorschläge in diesem Buch verfolgen dieses Ziel, Lernerfolg und Lernklima zu optimieren. So dienen die Downloads zum „Aktivieren" oder zum „Lohnt-es-sich?"-Sensor dem Erreichen der Lernziele und sorgen zugleich dafür, dass es den Teilnehmern beim Lernen gutgeht. Die folgenden Updates und Downloads geben darüber hinaus Anregungen speziell für die Gestaltung des Seminarklimas. Ich habe drei Faktoren ausgewählt, die nach meiner Erfahrung den größten Einfluss auf das Seminarklima ausüben: Kontakt (Update 10), Stimmung (Update 11) und Konfiktmanagement (Update 12).

Nach den letzten Abschnitten werden Sie sich nicht wundern, dass Themen wie Entertainment, Spaß und Harmonie im Folgenden keine Rolle spielen.

Update 10

Wie fördern Sie Kontakt?

Ich habe in der Überschrift zuerst „Nähe" geschrieben, das Wort dann aber schnell durch „Kontakt" ersetzt. Denn bei „Nähe" kommen einem Trainer in den Sinn, die zur vierten Meinung (siehe oben, S. 192) passen. „Nähe" im Seminar macht mich vorsichtig, weil Nähe eine zwischenmenschliche Qualität bedeutet, die ich mit Privatleben verbinde und dort als sehr wertvoll erlebe. Ein Seminar ist für mich jedoch eine Veranstaltung, in der sich Menschen treffen, um gemeinsam für ein Ziel zu arbeiten. Ebenso wie in einem Arbeitsteam Kontakt entstehen muss, damit das Kooperieren klappt, muss auch im Seminar der Kontakt zwischen den Teilnehmern stimmen. Bei Störungen des Kontaktes leidet nicht nur das Teamwork, sondern unweigerlich auch das Seminarklima. Immer vorausgesetzt, dass das Seminar wirklich ein teamorientiertes Seminar ist und keine Abfolge von Fachreferaten.

Merkmale eines funktionierenden Teilnehmerkontakts

Die Frage ist nun: Wann „stimmt" der Kontakt?

Als Trainer habe ich ein gutes Gefühl, wenn ich Folgendes bei den Teilnehmern beobachten kann:

- Ehrlichkeit: Die Teilnehmer sagen offen, was sie wünschen, denken, tun wollen.

- Aufmerksamkeit: Sie interessieren sich dafür, was andere Teilnehmer äußern. Sie fragen nach, wenn sie mehr vom Anderen erfahren wollen. Sie lernen die Anderen immer besser kennen.
- Unterstützung: Sie helfen einander.
- Toleranz: Sie akzeptieren Unterschiede.
  Beispiel: Man reagiert nicht ungehalten, wenn ein anderer Teilnehmer länger braucht, um etwas zu verstehen, oder wenn er mehr über Dinge wissen will, die einen selbst nicht interessieren.
- Wir-Gefühl: Sie sind sich einig, dass sie gemeinsam die Ziele besser erreichen als jeder für sich allein.

Als Trainer können Sie darauf Einfluss nehmen, wie die folgenden Downloads zeigen.

Downloads zum Fördern des Kontakts

In den vorangegangenen Downloads wurden schon eine Reihe von Methoden beschrieben, die geeignet sind, die Teilnehmer in Kontakt zu bringen, bei den Downloads zum „Situieren" waren dies beispielsweise die Paarinterviews und die Dreiergruppen zu den Vor-

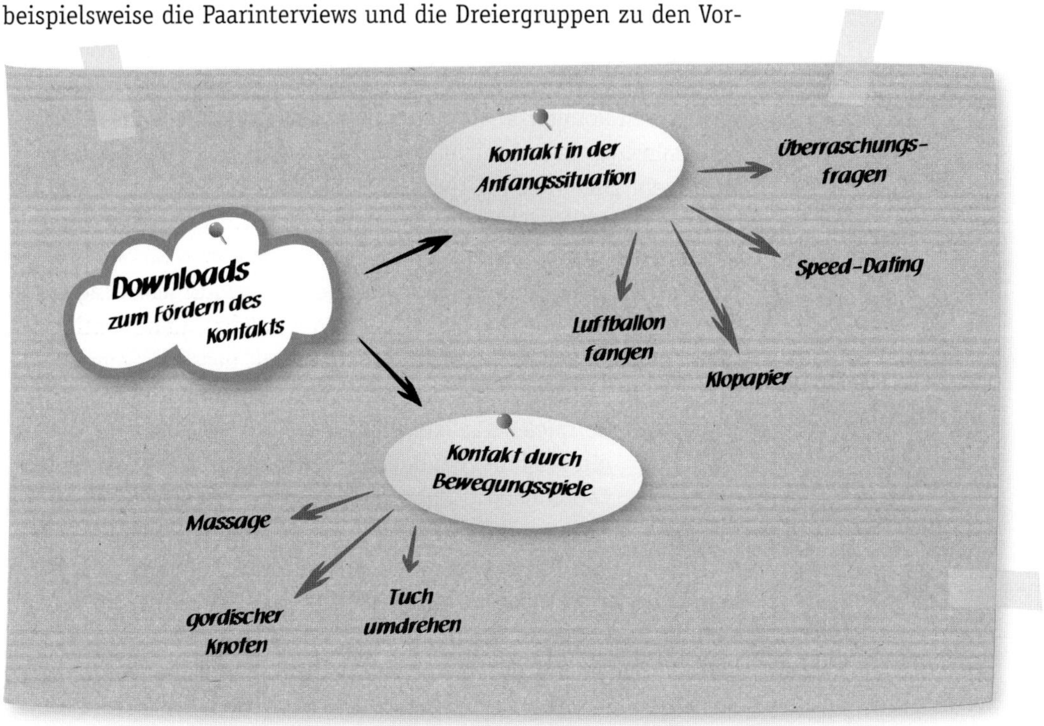

sätzen; bei den Downloads zum „Aktivieren“ die vielen Methoden, bei denen zwei und mehr Teilnehmer miteinander arbeiten; bei den Downloads zum Nachhaltigkeits-Training die gegenseitige Lerndiagnose und das gemeinsame Sichern des Gelernten. Hier folgen nun weitere Anregungen, die speziell den Kontakt fördern.

Kontakt in der Anfangssituation

Persönliches und Individuelles ans Licht bringen

Eine Vorstellungsrunde, in der jeder nur einen kurzen Steckbrief zu biografischen Fakten abliefert (Alter, Familienstand, Firma, Position), stellt keinen Kontakt her. Wenn Sie Kontakt fördern wollen, müssen Sie zu Methoden greifen, die Persönliches und Individuelles jedes Teilnehmers ans Licht befördern.

Bereits beschrieben habe ich (in den Downloads zu Update 7 „Aktivieren“) die Methoden „Ich bin süß“ (was habe ich mit einem Sticker gemeinsam?), „Kugellager“ („meine zwei seltenen Kennzeichen sind ...“) und „Weltraumstation“ (jeder empfiehlt mir seinen Sitznachbarn für einen Aufenthalt im Weltraum). Auch das „Feedback per Fragebogen“ (man stuft sich nach einem kurzen Gespräch gegenseitig auf einem Eigenschaftsprofil ein) befördert das Kennenlernen in den ersten Stunden des Seminars.

Weil Sie als Trainer von solchen Methoden nicht genug im Repertoire haben können, finden Sie hier noch zwei weitere Ideen für Kennenlernmethoden mit einem persönlichen Touch (siehe dazu auch mein „Handbuch Active Training“ bei Beltz).

Methode

▶ Überraschungsfragen

Sie bereiten zwei Dutzend Pinnwandkarten vor. Auf jeder Karte steht eine Frage, die den Teilnehmern etwas Persönliches entlocken soll.

Beispiele: Was kann Sie sofort wütend machen? Gibt es ein Erlebnis, bei dem Sie etwas ganz Wichtiges für Ihr Leben gelernt haben? Was war der erste Wunschberuf in Ihrem Leben? Gibt es etwas, worauf Sie stolz sind? Was hätten Sie gerne an Ihrer Person anders? Was hätten Sie gerne als Inschrift auf Ihrem Grabstein? Was tun Sie, wenn Sie unerwartet einen Tag frei bekommen? Nennen Sie etwas, das Sie ganz besonders lieben (Person, Buch, Musikstück, Bild, Essen, Ort) und sagen Sie dazu, warum das so ist.

Gehen Sie nun mit den Fragekarten herum und lassen Sie jeden Teilnehmer verdeckt eine Karte ziehen. Sagen Sie dann: „*Nach dieser Runde werden Sie sich alle ein klein wenig besser kennen. Auf jeder Karte steht nämlich eine Frage zu etwas Persönlichem. Es liegt ganz bei Ihnen, ob Sie die Frage beantworten wollen. Wenn nein, sagen Sie einfach ‚Ich passe', ohne Begründung. Dann können Sie eine andere Fragekarte ziehen. Aber nur eine.*"

▶ Speed Dating

Methode

Vorwiegend junge Singles treffen sich gerne beim Speed Dating, um jemanden kennenzulernen. Wie das abläuft, schildert ein Text aus www.speeddating.de:

„Sie werden von unserem Dating-Angel (Mitarbeiter vor Ort) mit einem Begrüßungsprosecco empfangen. Unser Dating-Angel informiert Sie über den Ablauf der Veranstaltung und die Verwendung Ihrer persönlichen Sympathiekarte. Alle Teilnehmer nehmen an den vom Dating-Angel zugewiesenen Tischen Platz (es sitzen immer ein Mann und eine Frau an einem Tisch) und die Veranstaltung beginnt.

Sie haben nun die Gelegenheit, Ihren Gesprächspartner in sieben Minuten etwas näher kennenzulernen. Sie nennen Ihrem Gegenüber Ihren Nicknamen, welchen Sie bei der Anmeldung ausgewählt und eingegeben haben. Über den Nicknamen sind Sie anonym und können eindeutig für die Auswertung zugeordnet werden (falls z.B. zwei Julias anwesend sind).

Nach dem Gespräch vermerken alle Teilnehmer auf ihren Sympathiekarten, ob sie den anderen wiedersehen möchten oder nicht. Dies ist nach unserer Erfahrung sinnvoller, als wenn man es am Ende der Veranstaltung macht. Dann wechseln wahlweise die Herren oder Damen zum nächsten Tisch und die nächste Runde beginnt."

Wählen Sie Ihren Lernpaten ...

Dieses Drehbuch können Sie – ohne Sympathiekarten und nachfolgendem Slow Date – für die Kennenlernrunde abkupfern. Der Prosecco muss sein, weil er eine Atmosphäre schafft, die diese Methode unbedingt braucht. Ich habe meinen Teilnehmern zuerst das Modell „Speed Dating" geschildert (die meisten kannten es ohnehin) und dann hinzugefügt: „*Wir starten jetzt ein Speed Dating zum Kennenlernen hier im Seminar. Allerdings mit einem Unterschied. Sie sind kein Single, der oder die einen Partner finden will. Stattdessen wollen Sie Personen finden, mit denen Sie gerne den Kontakt nach dem Seminar fortsetzen möchten. Präsentieren Sie sich so, dass Sie bei Anderen diesen Wunsch nach weiteren Kontakten auslösen."*

Jeder Person habe ich für ihre Vorstellung drei Minuten Zeit eingeräumt, jedem Gespräch also sechs Minuten. Für das ganze Speed Dating gab es dreißig Minuten. Im Unterschied zum richtigen Speed Dating saßen sich meine Teilnehmer nicht an einem Tisch gegenüber, sondern standen mit dem Glas in der Hand wie bei einer Stehparty im Raum, sprachen jemand an, führten dann das Kennenlerngespräch und gingen danach auf einen anderen Teilnehmer zu. Jeweils nach drei Minuten gab ich ein akustisches Zeichen (Tischglocke, Quietsch-Ente, Vogelpfeife). Dann wechselten die Rollen oder die Gesprächspartner. Nach dreißig Minuten beendete ich die Runde und alle nahmen wieder ihre Sitzplätze ein.

Wie beim Begrüßungskugellager kommt auch beim Speed Dating nur ein Teil der Teilnehmer in Kontakt. In meinem Beispiel „datet" sich jeder nur mit fünf anderen Teilnehmern. Dafür ist dieses Kennenlernen aber intensiver als bei einer Runde im Plenum. Und während im Plenum immer nur ein Teilnehmer reden kann, gibt es bei der Stehparty viele Dialoge.

Methode

▶ **Klopapier**

Zum Staunen und Schmunzeln der Teilnehmer reichen Sie jemandem eine Rolle Klopapier und sagen: *„Nehmen Sie sich so viel Blatt, wie Sie brauchen, und geben Sie die Rolle weiter."* Fragt der zurück: *„Wofür brauche ich das denn?"*, antworten Sie: *„Sage ich Ihnen später."* Wenn jeder seine Portion abgerissen hat (jeder muss mindestens ein Blatt haben), fahren Sie fort: *„Der Reihe nach erzählt jetzt jeder etwas über sich, eine Geschichte, eine Eigenschaft oder eine andere kennzeichnende Information zu seiner Person. Jetzt kommt das Klopapier ins Spiel. Sie erzählen nämlich so viele Dinge, wie Sie Blätter abgerissen haben."*

Methode

▶ **Luftballon fangen**

Jeder zweite Teilnehmer bekommt einen Luftballon, bläst ihn auf und schreibt mit Filzer seinen Namen darauf. Diese Teilnehmer (die „Werfer") stellen sich zusammen mit denen, die keinen Ballon haben (die „Fänger"), in einen Kreis und werfen ihre Luftballons hoch. Jeder Fänger greift sich einen Ballon und nimmt Kontakt mit dem dort genannten Werfer auf. Dadurch finden sich Zweierpaare, die sich drei Minuten unterhalten. Das Thema geben Sie als Trainer vor.

Sind die drei Minuten um, wiederholt sich das Werfen und Fangen im Kreis, sodass sich andere Paare bilden. Fängt jemand zufällig den gleichen Ballon, wirft er ihn wieder in die Luft und schnappt sich einen anderen. Als Trainer geben Sie für das zweite Treffen einen neuen Gesprächsimpuls vor. Das Gleiche gilt für die dritte Runde.

Das A und O: passende Impulsfragen

Wenn Sie dieses Spiel einsetzen, damit die Teilnehmer schnell Kontakt aufbauen, suchen Sie nach Impulsen, die sich gut dafür eignen. Das können Fragen sein, wie sie in der Methode „Überraschungsfragen" genannt wurden, „zwei seltene Merkmale" wie beim Kugellager oder eine Geschichte über sich wie beim „Klopapier". Sie können auch eine Aufgabe einstreuen, die Körperkontakt verlangt, z.B. Schultern massieren (siehe unten „Massage"), und sich dabei unterhalten. Lassen Sie Ihrer Kreativität freien Lauf!

Kontakt durch Bewegungsspiele

In unserer Kultur ist es nicht gern gesehen, wenn man – mit Ausnahme des Händeschüttelns – Menschen anfasst, zu denen man noch keine engere Beziehung hat. Die sogenannte Komfortzone im Stehen ist ein Abstand, der einem ausgestreckten Arm entspricht. Wenn jemand näher kommt, empfinden wir das als aufdringlich („der rückt mir auf die Pelle") und gehen einen Schritt zurück, um den Komfortabstand wieder herzustellen. Ein Seminar mit Teilnehmern, die sich noch nicht kennen, ist ebenfalls eine formelle Situation, in der die Körpersprache streng reguliert ist. Wenn sich Teilnehmer auch nach einigen Stunden oder einem Tag immer noch ganz distanziert verhalten, kann ein Bewegungsspiel das Eis brechen.

Die Komfortzone aufbrechen

Der Trick: Bei einem Spiel werden die strengen Regeln für Körpersprache vorübergehend außer Kraft gesetzt. Das können Sie als Trainer nutzen, um dem Kontakt zwischen den Teilnehmern einen Push zu geben. Ich erinnere mich an eine Gruppe von Teilnehmern, ausschließlich Männer, in Businesskleidung mit Krawatte. Die Förmlichkeit, auch in den Beiträgen, war lähmend. Erst nach einem Bewegungsspiel verschwanden die Krawatten und die Sakkos wanderten auf die Stuhllehnen. Jetzt war mit Händen zu greifen, dass die Gruppe im „Hier bin ich Mensch, hier darf ich's sein" angekommen war.

Bewegungsspiele gibt es zuhauf. Darunter sind viele, die man von Kindergeburtstagen kennt. Ich lasse die Finger davon, weil ich nicht riskieren will, dass Teilnehmer das als Ringelpiez empfinden („Ringelringelreihen, wir sind der Kinder dreien, wir sitzen unterm Hollerbusch und machen alle Huschhuschhusch!") und sich veralbert fühlen. Deshalb verzichte ich auch auf den Hit unter den Bewegungsspielen in Seminaren, den „Obstsalat".

Beispiel

Die Teilnehmer mutieren dabei in gleicher Zahl (durchzählen) zu einem Stück Apfel, einer Banane oder einer Orange. Alle sitzen im Stuhlkreis. Für einen Teilnehmer gibt es keinen Stuhl mehr; er stellt sich in die Mitte. Dann ruft er „Obstsalat" und zum Beispiel „Äpfel". Sofort müssen sich alle Äpfelteilnehmer einen neuen Stuhl suchen. Auch der Teilnehmer in der Mitte versucht, einen zu ergattern. Wer keinen Stuhl findet, geht in die Mitte und startet die nächste Runde mit einem anderen Obst. Wenn er „Obstkorb" oder „der Obstkorb fällt um" ruft, müssen alle Teilnehmer einen neuen Stuhl suchen.

Das Spiel ist lustig und turbulent, vor allem wenn sich zwei auf den gleichen Stuhl setzen wollen. Es wirbelt die Teilnehmer gehörig durcheinander und verschafft den Hirnen Sauerstoff. Trotzdem: Manche Teilnehmer empfinden dies als Kindergarten („Reise nach Jerusalem").

In Kontakt kommen, ohne dass es peinlich wird

Die folgenden Bewegungsspiele setze ich hingegen gerne ein. Sie erreichen genau das, was ich möchte: Die Teilnehmer kommen körperlich in Kontakt, ohne dass es peinlich oder kindisch wird. Über den Körperkontakt kommt man sich auch menschlich „näher".

Methode

▶ **Massage**

Die Teilnehmer bilden einen Kreis. Sie drehen sich so, dass alle im Uhrzeigersinn nach vorne blicken. Jeder legt seiner Vorderfrau oder seinem Vordermann die Hände auf die Schultern und massiert sanft die Schultermuskulatur. Der Massierte kann sich natürlich melden, wenn er es gerne kräftiger hätte. Dabei bewegt sich der Kreis sehr langsam im Uhrzeigersinn. Spielen Sie dazu Chill-out-Musik.

Gehen und Musik entschärfen die Situation. Im Stehen und ohne Musik würde sich der eine oder andere bei der Massage doch unbehaglich fühlen. Diese Methode ist bestechend schlicht und doch außerordentlich wirksam. Im Unterschied zu vielen Bewegungsspielen mit Action und Trubel ist „Massage" entspannend, ja meditativ. Die Teilnehmer schenken sich etwas Positives. Ein Eisbrecher auf leisen Sohlen.

▶ Gordischer Knoten

Methode

Ich traue mich kaum, Ihnen mit diesem Klassiker zu kommen. Aber ich kenne kein Bewegungsspiel, das so nonchalant sämtliche Berührungstabus in Luft auflöst, wie diese Knotenübung. Ich staune jedesmal aufs Neue. Die Teilnehmer staunen nicht minder, dass der lebende Knoten sich tatsächlich auflösen lässt.

Hier die Gebrauchsanweisung für das eine Prozent unter den Lesern, das den Gordischen Knoten noch nicht kennt. Die Teilnehmer stellen sich eng im Kreis auf. Am besten sind es acht bis zehn. Bei größeren Gruppen bilden Sie zwei Knotenteams. Alle schließen die Augen und strecken die Arme waagrecht in die Kreismitte. Dann versucht jeder, mit seiner linken und rechten Hand aufs Geratewohl die Hand eines anderen Teilnehmers zu greifen. Wenn jede Hand eine andere gefunden hat, geben Sie ein Zeichen. Jetzt öffnen alle die Augen und stellen fest, dass sich Arme überkreuzen. Jetzt gilt es, diese Kreuzungen wieder zu entwirren, ohne die Hände loszulassen.

Tipp: Fotografieren Sie die waghalsigen Stellungen, die bei diesem Spiel entstehen. Stellen Sie die Bilder zum Downloaden für die Teilnehmer ins Netz. Sie werden Augen machen. Eines versichere ich Ihnen: Nach dem Gordischen Knoten haben sich einige Kontaktschranken geöffnet.

▶ Tuch umdrehen

Methode

Legen Sie ein größeres Tischtuch auf den Boden. Die Teilnehmer versammeln sich darauf. Wenn die Teilnehmerzahl zu groß ist, besorgen Sie ein zweites Tischtuch und verteilen die Gruppe auf beide. In diesem Fall entsteht eine zusätzliche Wettbewerbssituation. Nun stellen Sie die Aufgabe: *„Sie müssen es irgendwie hinbekommen, das Tischtuch nur mit den Füßen umzudrehen, ohne dass jemand das Tuch verlässt."* Zuerst erscheint das kaum möglich. Dann kommen die ersten Vorschläge aus der Gruppe. Nach viel Gedränge und Geschiebe klappt es schließlich doch. Auch hier geht es ohne viel Körperkontakt nicht ab. Aber die Aufgabe ist so herausfordernd, dass die Berührungen nie peinlich wirken.

Im Blick behalten!

Bei Bewegungsspielen denkt man als Trainer an Situationen, in denen die Teilnehmer einen „Wecker" vertragen, etwa nach der Mittagspause, zum Tagesbeginn, nach einem anstrengenden Inhaltsmodul oder einer längeren Gruppenarbeit mit Auswertung. Mit den Bewegungsspielen, die Sie eben gelesen haben, gehe ich jedoch anders um. Obwohl sie sich auch als Wachmacher eignen, setze ich sie hier ein, damit die Teilnehmer Körperkontakt bekommen. Weil dieses Erlebnis für distanzierte Teilnehmer etwas Neues im Seminar ist (wenn der Kontakt zwischen den Teilnehmern funktioniert, braucht es solche Spiele ja nicht), eignen sie sich nicht als Neustart nach einer Pause, sondern sollten von einer anschließenden Pause begleitet werden. Dann kann die Intensivierung des Kontaktes noch eine Zeit lang in Ruhe weiterschwingen. Sie als Trainer haben alles richtig gemacht, wenn Teilnehmer, die in den Pausen zuvor wortkarg an ihren Tassen nippten, nach dem Kontaktspiel in kleinen Grüppchen miteinander reden und lachen.

Lassen Sie Spielen eine Pause folgen.

Übrigens hänge ich an solche Spiele keine Auswertungsrunde an, frage also nicht *„Was haben Sie jetzt erlebt?"* oder *„Ist Ihnen etwas aufgefallen?"* oder *„Was fiel Ihnen leicht, was schwer?"* Mit der Wahl des Spiels an dieser Stelle habe ich ja verdeckt interveniert, um den Kontakt zu verstärken. Die Teilnehmer sollen nur die Wirkung spüren, nicht meine Absicht.

Wie sorgen Sie für Stimmung?

Nach dem Betriebsfest: *„Wie war die Stimmung gestern?“ – „Da ging die Post ab. Wir haben es richtig krachen lassen.“*

Nach der Konferenz: *„Wie war die Stimmung?“ – „Besser als erwartet. Da lag ja was in der Luft. Aber es gab kein Mosern, keine Beleidigungen. Am Schluss haben sich alle vertragen.“*

Nach dem Open-Air-Konzert: *„Wie war die Stimmung ?“ – „Die Arena hat getobt. Die sind total ausgeflippt.“*

Nach dem Gespräch mit dem Chef: *„Wie war die Stimmung?“ – „Eisig. Er hat mich auflaufen lassen. Ich kam nicht an ihn ran. Null Verständnis.“*

Nach dem Seminar zurück im Büro: *„Wie war denn die Stimmung bei eurem Training?“*

Seminarstimmung = Urlaubsstimmung?

Was ist gute Stimmung im Seminar? Ich vermute, dass in Antworten von Teilnehmern auf diese Frage häufig Wörter vorkommen wie Spaß, Unterhaltung, locker, gut miteinander auskommen, sich wohlfühlen. Fällt Ihnen etwas auf? Beschrieben wird eine Stimmung, wie man sie beim Treffen mit Freunden genießt, bei einem gemeinsamen Urlaub, beim Sonntag im Golf-, Tennis-, Wander- oder Segelclub.

© managerSeminare

Versetzen Sie sich einmal in folgende Situation: Sie haben mit Freunden Ihr Geld zusammengekratzt, Ihren Job gekündigt und ein Start-up-Unternehmen gegründet. Sie sind von Ihrer Geschäftsidee überzeugt. Sie wissen, dass Sie nur eine Chance haben, wenn alle ihr Bestes geben. Welche Stimmung würden Sie sich in Ihrem Team wünschen?

Was gute Stimmung im Seminar ausmacht:

Mir fällt ein:

- „brennen", hundertprozentig dabei sein,
- das Ziel um alles in der Welt erreichen wollen, hungrig sein,
- an den Erfolg glauben und an Erfolgen wachsen,
- Wir-Gefühl, stolz auf das Team sein, dem man angehört,
- die Aufgabe lieben, die Arbeit genießen.

Sie sehen den Unterschied. Nicht „Spaß", „Unterhaltung" und „Lockerheit" machen hier die gute Stimmung aus, sondern Freude und Bereitschaft, alles für das Ziel zu tun, das man unbedingt erreichen will. Das eine ist die Stimmung in Freizeitgruppen, das andere die Stimmung in Hochleistungsteams. Betrachten Sie noch einmal die fünf Merkmale, die mir oben eingefallen sind, aus der Perspektive des Trainers von Bayern München, des Leiters eines Formel 1-Rennstalls, der Chefin eines Entwicklerteams, des Inhabers eines Sternerestaurants. Meinen Sie nicht, dass es genau *die* Stimmung ist, die sich diese Führungskräfte in ihren Teams wünschen?

Nun die entscheidende Frage: „Welche Stimmung wünschen Sie sich als Trainer oder Trainerin in Ihrem Seminar?" Lassen Sie sich mit der Antwort Zeit. Denn die Frage lässt Sie entdecken, worauf es Ihnen im Seminar ankommt. Da Sie gelesen haben, welche Worte mir zu „guter Stimmung im Seminar" eingefallen sind, wissen Sie, dass ich mich als Leiter eines Teams verstehe, das ein Ziel erreichen will. Die „gute Stimmung", wie ich sie für mich und die Teilnehmer wünsche, entsteht aus der Arbeit für dieses Ziel, nicht aus Jubel, Trubel, Heiterkeit. Wenn später jemand fragt: *„Wie war denn so die Stimmung in eurem Seminar?"*, würde sich eine gute Antwort so anhören: *„Wir waren ein tolles Team. Es war kein Spaziergang, aber wir haben alles geschafft, was wir uns vorgenommen haben. Schönes Gefühl!"*

Sie werden vielleicht sagen: *„Meine Realität sieht anders aus!"* Sie – wie ich – finden in unseren Seminaren immer wieder Teilnehmer vor, die von ihren Vorgesetzten geschickt wurden und die Veranstaltung über sich ergehen lassen. Andere freuen sich, aus dem Alltagsstress für ein paar Tage herauszukommen und es sich im schönen Seminarhotel mit Spa gutgehen zu lassen. Dazwischen sitzen noch Teilnehmer, die in den vergangenen Monaten bereits einige Seminare ertragen mussten, die sie nutzlos fanden. Sie sind seminargeschädigt oder „overcoached", wie es im Trainerslang heißt. Und aus diesen Menschen soll in kurzer Zeit ein Hochleistungsteam entstehen? Klingt vermessen. Aber wenn Sie zurückdenken: Haben Sie noch nie erlebt, dass in einem Ihrer Seminare ein „Geist" herrschte, wie oben beschrieben? Erinnern Sie sich, wie gut es Ihnen und den Teilnehmern dabei ging? Es ist also möglich. Auf die Frage: *„Wie erklären Sie sich das?"* werden Sie wahrscheinlich antworten: *„Ich weiß es nicht. Ich denke, es war einfach Glück, dass alles gepasst hat. Deshalb passiert das ja so selten."* Sehe ich auch so. Mit einer Einschränkung: Es ist nicht nur Glück. Sie können dem Glück auf die Sprünge helfen. Anregungen dafür finden Sie in den folgenden Downloads.

Unabänderlich: die Anfangsstimmung der Teilnehmer

Downloads für die Stimmung im Seminar

Stimmung kann man nicht machen, aber beeinflussen. So versuche es ich es in meinen Seminaren ...

Meine Stimmung als Trainer

Bevor ein Seminartag beginnt, stelle ich mich mental darauf ein. Dazu gehört auch, dass ich meine Stimmung abfrage. Ich will mich auf den Tag, die Themen, die Teilnehmer freuen und mit Neugier und Energie den Seminarraum betreten. Wenn ich feststelle, dass meine Stimmung getrübt ist, versuche ich, dem auf den Grund zu gehen.

Beispiel

Beispiel: Ich nehme mich als angespannt und reizbar wahr. Als ich in mich hineinhöre, finde ich heraus, dass es mit einem Feedback zum gestrigen Tagesabschluss zusammenhängt. Ich hatte ein gutes Gefühl, aber die Bewertung war nur mittelmäßig. Bei der Blitzlichtrunde kam ein paar Mal die Bemerkung „zu viel Gruppenarbeit". Mich ärgert das, weil ich finde, dass es an der Bequemlichkeit der Teilnehmer liegt. Weil sie sich nicht anstrengen wollen, sind die Gruppenarbeiten dann tatsächlich nicht so ergiebig. Auch heute sind mehrere Gruppenarbeiten eingeplant. Jetzt ist mir klar, warum

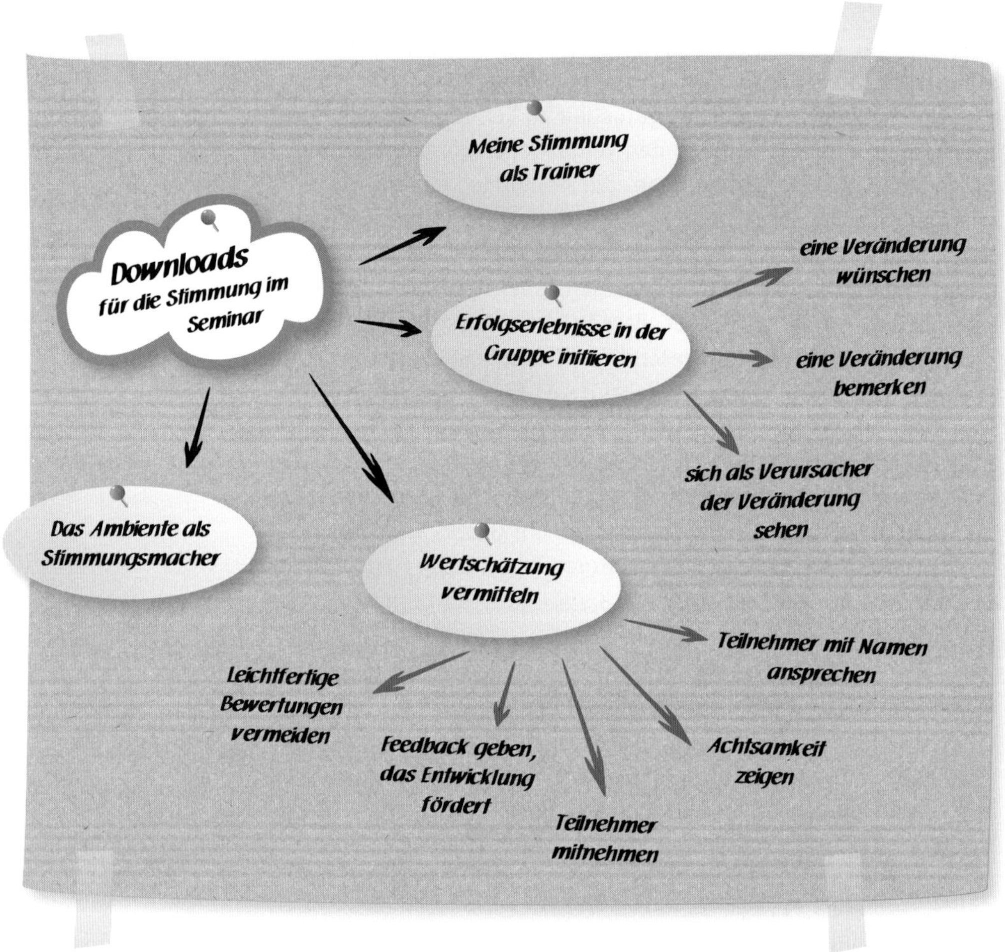

ich mich unwohl fühle: Ich fürchte, dass es wieder so läuft wie gestern.

Mit diesem Verfahren bin ich schon auf die unterschiedlichsten Stimmungskiller gestoßen: Probleme aus dem privaten Bereich, Verunsicherung durch einen Teilnehmer, Sättigung und Erschöpfung durch zu viele Seminare in den vergangenen Wochen, Unzufriedenheit mit dem Raum oder der Technik, zu wenig Schlaf, Schwächen in meiner Seminardramaturgie, Angst, zu früh mit dem Stoff durch zu sein, Ärger über einen Patzer am Vortag usw. Ich weiß, dass ich mir bei dieser Analyse nichts vormachen darf, sondern ehrlich sein muss, auch wenn ich auf Ursachen stoße, die mir nicht gefallen.

Dieses Vorgehen hat einen psychologischen Hintergrund. Sie praktizieren „soziale Intelligenz“. Die Begründer dieses Konzepts (die amerikanischen Professoren Salowey und Mayer) haben vier Faktoren dieser – für den Alltag so wichtigen – Intelligenzform definiert:

Faktoren sozialer Intelligenz

- Wahrnehmung von Emotionen,
- Verstehen von Emotionen,
- Umgang mit Emotionen,
- Verwendung von Emotionen.

Nebenbei: Der Wissenschaftsjournalist Daniel Goleman hat aus diesem Ansatz einen Welt-Bestseller gezaubert („Social Intelligence. The New Science of Human Relationships“) und damit vielen Trainern ein dankbares neues Seminarthema beschert. Von Salowey und Mayer redet hingegen kaum noch jemand.

Wenn Sie auch so vorgehen, wie ich es geschildert habe, nehmen Sie Ihre Emotionen wahr („Ich bin angespannt und gereizt.“) und Sie versuchen, sie zu verstehen („Das hat mit dem Feedback gestern zu tun. Ich ärgere mich über die Teilnehmer.“). „Umgang mit Emotionen“ hieße in diesem Beispiel, dass Sie nach Wegen suchen, die hemmenden und Sie beeinträchtigenden Gefühle zu verarbeiten, um wieder voll arbeitsfähig zu werden. („Ich baue die Gruppenarbeiten so um, dass die Teilnehmer überzeugt sind“ oder „Ich erkläre den Teilnehmern besser, was Ihnen die Gruppenarbeit bringt“.) Das „Verwenden von Emotionen“ können Sie daran anschließen, um sich selbst wieder aufzubauen („Das wird klappen!“). Salowey und Mayer behaupten nach ihren Forschungen: Menschen, die bei diesen vier Tätigkeiten erfolgreich sind, haben eine hohe soziale Intelligenz. Probieren Sie es aus!

Irrationale Erwartungen korrigieren

Zum Umgang mit negativen Emotionen als Trainer finden Sie bei Albert Ellis kompetente Anregungen.* Ellis, weltweit renommierter Therapeut und Begründer der rational-emotiven Therapie (RET), regt an, „irrationale“ Denkweisen, Gefühle und Bewertungen zu erkennen und zu korrigieren. Irrational heißt „nicht zielführend“. Übertragen auf die Situation von Trainern wären typische irrationale Erwartungen: „Alle Teilnehmer müssen mich mögen“, „Ich muss von jedem eine Spitzenbewertung bekommen“, „In meinem Seminar gibt es keine Spannungen“ usw. Im genannten Beispiel mit der

* „Coach dich! Rationales Effektivitäts-Training zur Überwindung emotionaler Blockaden“ im Verlag Hemmer/Wüst 2004 oder „Training der Gefühle. Wie Sie sich hartnäckig weigern, unglücklich zu sein“ bei der Modernen Verlagsgesellschaft.

Gruppenarbeit könnte ich – angeregt durch Ellis – herausfinden, dass mit meinem Unwohlsein eine irrationale Annahme verbunden ist: „Ich will es allen recht machen. Ich muss mich ganz nach den Wünschen der Teilnehmer richten. Wenn sie nicht zufrieden sind, habe ich etwas falsch gemacht."

Sie stehen im Blickfeld!

Eines ist gewiss: Schon in den ersten Minuten spürt jeder Teilnehmer, in welcher Stimmung Sie heute sind. Ihre Gruppe hat eine untrügliche Antenne dafür, ob Sie bei der Sache sind oder ob Ihnen etwas anderes im Kopf herumgeht, ob Sie von dem überzeugt sind, was Sie tun, oder ob Sie sich der Routine überlassen, ob Sie Interesse an den Teilnehmern haben oder sie Ihnen ziemlich gleichgültig sind, ob Sie voller Energie stecken oder sich zusammenreißen müssen, um die Sache durchzuziehen. Auch wenn Sie versuchen, eine Stimmung zu überspielen oder eine Stimmung vorzutäuschen, sind Ihre Chancen gering. Sie senden einfach zu viele Signale, die die Wahrheit verraten: Ihre Mimik, Ihre Stimme, Ihre Körperhaltung, Ihre Bewegungen, Ihr Blickkontakt, Ihre Reaktionen auf Beiträge der Teilnehmer. Deshalb lohnt es sich, zu Beginn jedes Tages aufmerksam in sich hineinzuhören, bevor Sie den Teilnehmern unter die Augen treten. Wer nicht brennt, kann auch nicht anzünden.

Erfolgserlebnisse in der Gruppe initiieren

Was macht Erfolg erlebbar?

Für die Stimmung zählt nicht der Erfolg, sondern das Erfolgserlebnis. Es reicht nicht, Erfolg zu haben, man muss ihn erleben. Dann entsteht Energie. Erleben von Misserfolg würgt den Motor ab. Ein Erfolgserlebnis gibt Gas. Trainer nennen das „Motivationsschub".

Damit das bei Teilnehmern im Seminar funktioniert, müssen einige Voraussetzungen stimmen. Der Teilnehmer oder die Teilnehmerin muss:

- eine Veränderung wünschen,
- eine Veränderung bemerken,
- sich als Verursacher der Veränderung sehen und Erfolg erleben.

Wenn Sie als Trainer ein „Erfolgserlebnis" auf diese Weise vor Ihrem inneren Auge in Zeitlupe abspielen, entdecken Sie, was Sie dazu beitragen können. Natürlich ist der Teilnehmer die Hauptfigur. Nur er oder sie kann wünschen, wahrnehmen, bewerten und erleben. Doch viele Menschen haben Erfolg und erleben nichts dabei. Oder sie sehen etwas nicht als Erfolg, sondern als normal und selbstverständlich. Das ist Ihre Chance als Trainer. Sie können den Teilnehmern den Erfolg nicht herbeizaubern, aber Sie können ihnen helfen, ihn zu erleben und daraus Energie zu gewinnen. Sehen Sie sich die drei Stufen genauer an und sammeln Sie Ideen dazu, wie Sie bei jeder Stufe als Trainer mitwirken können.

▶ „Veränderung wünschen"

Es liegt auch an Ihnen, Seminarziele und Etappenziele so zu präsentieren, dass die Teilnehmer dorthin wollen. In Update 5 „Wie halten Sie den ‚Lohnt-es-sich?'-Sensor im grünen Bereich?" und in Update 6 „Wie situieren Sie Ihr Seminar?" haben Sie schon eine Reihe von Anregungen dafür lesen können. Nur wenn ein Ziel für Teilnehmer einen Wert hat, entwickelt es Anziehung.

▶ „Veränderung bemerken"

Methode: Das Seminar als Rallye

Die Teilnehmer erleben ein Seminar oft wie das Sich-treiben-Lassen in einem Fluss. Es geht weiter und weiter, bis es irgendwann zu Ende ist. Dann steigt man aus. Wenn Sie jedoch wollen, dass Ihre Teilnehmer Erfolgserlebnisse sammeln, sollten Sie Ihr Seminar wie eine Rallye strukturieren. Da gibt es immer wieder Kontrollpunkte. Im Seminar sind das die Phasen, in denen Sie das Nachhaltigkeits-Training eingeplant haben (siehe Update 8). Hier wird erfasst, was jeder in der Etappe erreicht hat. Wenn Sie zu Beginn der Etappe jedem die Gelegenheit gegeben haben, seinen Ist-Zustand einzuschätzen oder zu testen, kann man hinterher vergleichen: Wo stand ich vor der Etappe, wo stehe ich danach?

Zwei Beispiele dazu: Sie arbeiten mit der Aufstellmethode. Auf ein Flipchart schreiben Sie die Ziele der Etappe. Dann stellt sich jeder so nah oder so fern dazu auf, wie es seinem Kompetenz-Niveau dazu entspricht. Nach der Etappe machen Sie die gleiche Aufstellung noch einmal.

Eine Visualisierung mit Symbolcharakter („Zielscheibe") sieht so aus: Sie zeichnen einen Kreis auf einen Flipchartbogen und teilen ihn wie eine Torte in so viele Segmente auf, wie Ihre Etappe Unterziele oder Unterthemen hat. Jetzt zeichnen Sie vom Mittelpunkt aus in gleichem Abstand fünf bis sechs größer werdende Kreise. Die Figur sieht wie eine Zielscheibe mit Segmenten aus – oder wie eine runde Torte mit Kreisen und den angeschnittenen Tortenstücken

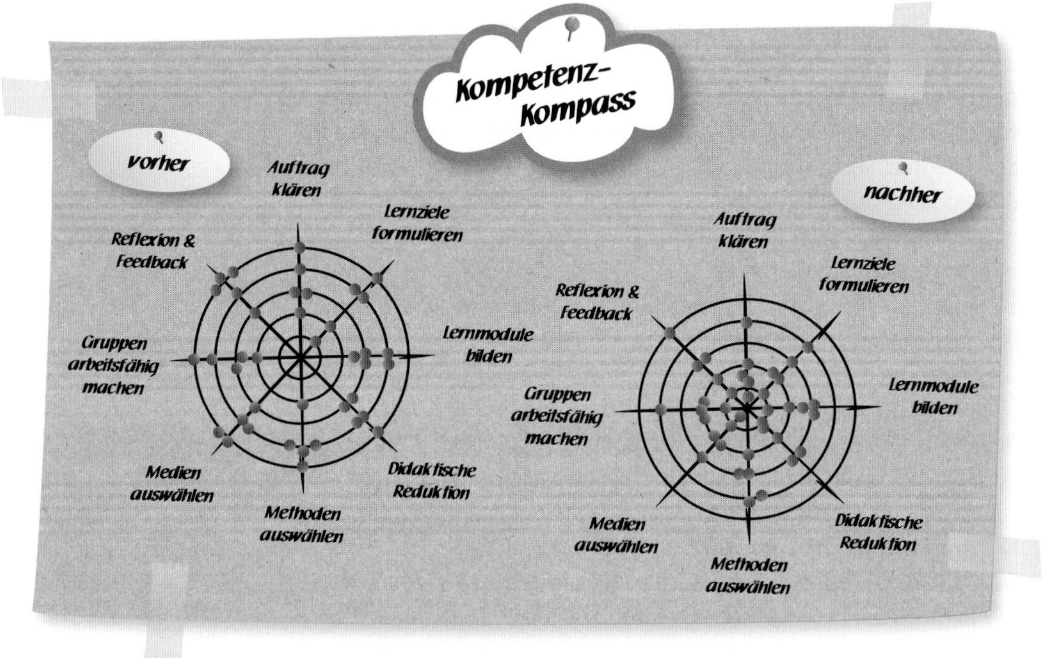

(Segmente). Beschriften Sie die Segmente am Kreisrand mit den Themen oder Zielen.

Jetzt trägt jeder Teilnehmer mit einem Stift in jedem Segment einen Punkt dort ein, wo er oder sie seinen Kenntnisstand sieht. Klebepunkte sind dafür noch besser. Ein Punkt im Außenkreis eines Segments bedeutet: „Ich habe von diesem Thema keine Ahnung." Ein Punkt in der Kreismitte heißt: „Ich weiß oder kann das perfekt."

Lernfortschritte visualisieren

Nach dem Inhaltsmodul – und nach dem Nachhaltigkeits-Training dazu – wiederholt man die Prozedur mit einer zweiten Zielscheibe (andere Farbe für die Punkte). Hält man die beiden Poster nebeneinander, erkennt man auf den ersten Blick den Lernfortschritt der Gruppe (siehe Abb. oben). Die Punkte sollten von außen nach innen gewandert sein. Man sieht auch auf einen Blick, ob das Lernen bei manchen Segmenten (Unterthemen des Inhaltsmoduls) erfolgreicher war als bei anderen. Allerdings sind die Daten nicht objektiv erfasst worden, sondern Selbsteinschätzungen der Teilnehmer.

Zwischendurch, also während einer Etappe im Seminar, ist „qualifiziertes Feedback" Ihr Instrument, um Fortschritt aufzuzeigen. Sie sagen einem Teilnehmer: *„Als Sie im ersten Rollenspiel den Berater* *gespielt haben, haben Sie ja gehört, was noch nicht gepasst hat. Sie haben zu lange und zu viel geredet, Druck gemacht und nicht aufmerksam zugehört. In diesem Rollenspiel habe ich keinen dieser Fehler mehr gesehen. Sie haben einen großen Schritt zum perfekten Berater gemacht. Gratuliere."* (Noch besser wäre es, den Teilnehmer zuerst zu fragen, ob ihm etwas aufgefallen ist, woran er einen Fortschritt festmacht.)

!

Fazit: Wer gar nicht wahrnimmt, dass er oder sie weitergekommen ist, kann sich auch nicht darüber freuen. Machen Sie also den Check: Können die Teilnehmer in Ihrem Seminar immer wieder feststellen, was sie im Vergleich zum Ausgangszustand dazugelernt haben?

„Sich als Verursacher der Veränderung sehen und Erfolg erleben"

Die Motivationspsychologen haben etwas Interessantes herausgefunden: Wenn zwei Menschen Erfolg haben, dann können Sie ganz unterschiedliche Ursache dafür heranziehen. Diese Ursachenzuschreibung hat gravierende Auswirkungen auf das Erfolgserleben.

Beispiel

Beispiel: Eine Teilnehmerin hat in einem Test zur Wissensdiagnose zu einem Inhaltsmodul (siehe Update 9) als Beste der Gruppe abgeschnitten. Sie gratulieren ihr, aber sie zeigt keine Freude, sondern sagt: *„Da hab ich ja Glück gehabt, dass Sie gerade diese Fragen gestellt haben."* Der Zweitbeste ist richtig stolz und sagt: *„Hat sich doch gelohnt, dass ich in der Mittagspause nochmal alles durchgegangen bin."*

Für die Motivationspsychologie ist die Sache klar: Die Teilnehmerin hat den Erfolg auf eine äußere Ursache zurückgeführt, zudem eine, die sie nicht beeinflussen kann, nämlich Glück. Sie sieht sich nicht als Verursacherin des guten Ergebnisses. Warum also sollte sie sich freuen? Der Teilnehmer auf Platz zwei sieht seine gute Arbeit als Ursache für das gute Abschneiden. Es ist „sein" Erfolg. Daher kann er stolz auf sich sein.

Teilnehmer haben unterschiedliche Zuschreibungsmuster.

Diese Zuschreibungen gibt es auch bei Misserfolgen. Psychologen haben herausgefunden, dass es Menschen gibt, die ein äußerst ungünstiges Zuschreibungsmuster anwenden. Erfolge schreiben sie nicht der eigenen Person (Begabung, Anstrengung usw.) zu, sondern äußeren Faktoren (Glück gehabt, Anforderungen waren gering usw.). Bei Misserfolgen dreht sich ihr Deutungsmuster um. Jetzt sehen sie sich als Verursacher (fehlende Begabung, andere Defizite). Diese Menschen können sich an Erfolgen nicht aufbauen und werten jeden Misserfolg als Bestätigung dafür, dass sie Versager sind.

Im Gegensatz dazu weisen sogenannte „Erfolgsorientierte" ein günstiges Zuschreibungsmuster auf. Bei Erfolg neigen sie dazu, ihn den eigenen Fähigkeiten oder Anstrengungen zuzuschreiben. Bei Misserfolgen ist ihre Ursachenzuschreibung realistisch: Mal erkennen sie die Ursache bei sich, mal machen sie äußere Faktoren verantwortlich. Für diese Personen gilt das bekannte Motto: „Nichts ist erfolgreicher als der Erfolg."

Als Trainer versteht man jetzt besser, warum manche Teilnehmer sich über einen Erfolg freuen und andere nicht. Warum die Einen von positiven Feedbacks profitieren und Andere jede Anerkennung ihrer Leistung oder ihrer Person herunterspielen, ja entwerten. Ihnen gibt die positive Reaktion des Trainers oder anderer Teilnehmer nichts. Sie trauen anerkennenden Worten nicht, weil sie gelernt haben, von sich eine schlechte Meinung zu haben.

Allerdings wird es Ihnen als Trainer in der begrenzten Zeit eines Seminars nicht gelingen, ein ungünstiges Zuschreibungsmuster bei Erfolg und Misserfolg zu verändern. Das Wissen um diese Zusammenhänge hat trotzdem praktische Konsequenzen für Ihr Trainerhandeln. Sie werden natürlich nicht den – gut gemeinten – Fehler machen, dieser Person partout einreden zu wollen, dass sie doch stolz auf sich sein kann und allen Grund hat, sich über den Erfolg zu freuen. Es wäre fruchtlos. Falsch wäre allerdings, den Schluss zu ziehen, bei einem solchen Teilnehmer auf positives Feedback zu verzichten. Sie dürfen nur nicht enttäuscht sein, wenn es ihn oder sie ziemlich kalt lässt. Die Forschungsergebnisse zeigen auf, worauf es ankommt: Tun Sie alles als Trainer, damit die Teilnehmer sich bei einem Erfolg als Verursacher sehen. Das ist der Schlüssel zum Erfolgserlebnis.

Machen Sie deutlich: Die Teilnehmer sind Verursacher ihres Erfolgs. !

Wenn Sie also ein positives Feedback geben, sagen Sie nicht „Das war prima!", sondern erläutern Sie dem Teilnehmer, was genau gut war und worin der Anteil seiner Person daran bestand. Dafür müssen Sie allerdings vorher genau hingesehen und die einzelnen Aspekte zum Zeitpunkt des Feedbacks präsent haben. Noch besser ist es, wenn Sie den Teilnehmer anregen, selbst zu erkennen, wie er oder sie im einzelnen zu diesem Erfolg beigetragen hat: *„Haben Sie eine Idee, warum Sie das so gut konnten?", „Wie erklären Sie sich, dass Sie gegenüber früher in dem und dem so viel besser geworden sind?"*

Begründen Sie Lernfortschritte differenziert.

Da Sie sich gut vorbereitet haben, können Sie, wenn nötig, noch das eine oder andere ergänzen. Je mehr sich der Teilnehmer auf diese Weise als Verursacher des Erfolgs – und dies sehr differenziert und begründet – erkennt, desto mehr Grund hat er oder sie, stolz und froh zu sein. Ein pauschales „Das war wirklich gut!" erreicht diese Wirkung nicht.

Fazit: Erfolg allein ist noch kein Erlebnis und baut deshalb nicht automatisch Motivation auf. Als Trainer können Sie helfen, dass der Teilnehmer sich als Verursacher erlebt und auf diesem Wege den Erfolg genießen kann. Der zu Beginn dieses Updates erwähnte Stimmungsmacher „An Erfolg glauben und an Erfolgen wachsen" ist durch Sie beeinflussbar. Allerdings müssen Sie akzeptieren, dass es Menschen gibt, die ein ungünstiges Muster der Zuschreibung bei Erfolg und Misserfolg erlernt haben und deshalb nur begrenzt durch Erfolge „wachsen" können.

Wertschätzung macht Laune

Neulich habe ich Folgendes gelesen: Es gibt ein Wunder-Medikament, das gegen alle Erkrankungen hilft, jedem rezeptfrei zur Verfügung steht und nichts kostet. Es heißt „Bewegung". Ebenso gut könnte man schreiben: Es gibt ein Zaubermittel, das bei jedem gute Stimmung macht, das jeder zur Hand hat und nichts kostet. Es heißt „Wertschätzung".

Wertschätzung wirkt unmerklich.

Als Trainer haben Sie viele Möglichkeiten, diesen Stimmungsmacher einzusetzen. Das Schöne: Wertschätzung wirkt unmerklich. Es ist wie bei einer behaglichen Temperatur oder guter Luft. Sie steigern das Wohlbefinden, aber keiner nimmt davon bewusst Notiz. Wertschätzung schafft ebenfalls ein Wohlfühlklima, ohne dass die Teilnehmer es absichtsvoll registrieren. Beim Update 5 ging es um die Frage: „Wie halten Sie den ‚Lohnt-es-sich?'-Sensor im grünen Bereich?" Beim Thema „Wertschätzung" geht es um den „Mag-man-mich?"-Sensor Ihrer Teilnehmer und wie Sie diesen im grünen Bereich halten. Dann geht es den Teilnehmern gut.

So können Sie Wertschätzung vermitteln:

Wertschätzungs-Check

▶ **Sprechen Sie die Teilnehmer mit Namen an**
Sie sprechen bei jeder Gelegenheit die Teilnehmer mit Namen an. Dass Sie sich die Namen vor dem Seminar minutiös einprägen, ist für Sie so selbstverständlich wie das Zähneputzen, bevor Sie morgens unter die Leute gehen.

▶ **Zeigen Sie Achtsamkeit**
Sie sind aufmerksam wie ein guter Gastgeber, denn es ist Ihnen wichtig, dass Ihre Teilnehmer sich wohlfühlen. Das ist die Voraussetzung dafür, dass sie ihr Potenzial einbringen. Als Trainer sind Sie „achtsam". Achtsamkeit bedeutet ungeteilte Aufmerksamkeit. Wenn ein Teilnehmer etwas sagt, hören Sie nur zu. Sie denken nicht an etwas anderes. Sie glauben nicht schon nach dem ersten Satz, Sie hätten alles verstanden und unterbrechen ihn oder sie. Es ist Ihnen wichtig, alles zu hören, was gesagt wird, auch das zwischen den Zeilen. Wenn Sie nicht sicher sind, fragen Sie nach. Ebenso sind Sie wachsam für Signale, die darauf hindeuten, dass ein Teilnehmer Probleme hat oder sich ausklinkt. Das heißt nicht, dass Sie sofort reagieren. Sie achten nur darauf und entscheiden je nach Situation, ob und wann Sie etwas unternehmen.

Teilnehmer schätzen es sehr, wenn sie spüren, dass Sie sie beachten. Und dass Sie dies aus dem Wunsch heraus tun, dass die Lernenden vorankommen.

▶ **Nehmen Sie Ihre Teilnehmer mit**
Immer wieder ist zu lesen, dass Ehemänner an Autobahnraststätten ihre Ehefrau oder ein anderes Familienmitglied vergessen und ohne sie weiterfahren. Man kann es als Leser kaum glauben und fragt sich, wie das passieren kann. Traurig, aber wahr: Vergleichbares ereignet sich auch in Seminaren. Trainer fahren weiter und bemerken nicht, dass sie einen oder mehrere Teilnehmer vergessen haben.

Selbsttest zur Pause: Sind Ihnen noch alle Teilnehmer präsent?

Machen Sie den Test: Wenn Sie in der Mittagspause des ersten Tages oder am ersten Abend Ihres Seminars allein sind, rufen Sie sich Ihre Teilnehmer in Erinnerung. Sie notieren die Namen, wie sie Ihnen nacheinander in den Sinn kommen. Wenn Ihnen niemand mehr einfällt, prüfen Sie, ob Sie Teilnehmer vergessen haben. Tragen Sie diese auf Ihrer Liste nach. Kreuzen Sie die letzten drei Teilnehmer auf der Liste an. Bei ihnen besteht die Gefahr, dass Sie sie aus den

Augen verlieren. Sie werden das ebenso wenig bemerken wie der Ehemann an der Autobahnraststätte, aber die übersehenen Teilnehmer werden sehr wohl registrieren, dass sie aus Ihrer Wahrnehmung verschwunden sind.

Schenken Sie den Unauffälligen Ihre Aufmerksamkeit.

Ich mache diesen Test in jedem Seminar und nehme mir dann vor, diese drei Teilnehmer besonders zu beachten. Ich halte den Blickkontakt mit ihnen während des Seminars. In Pausen oder am Abend suche ich das Gespräch mit ihnen. Sie werden das als Wertschätzung erleben. Nicht beachtet zu werden wertet man als Geringschätzung.

Wenn Sie so vorgehen, korrigieren Sie die menschliche Neigung, nur solchen Menschen die volle Aufmerksamkeit und Zuwendung zu schenken, die einem sympathisch sind oder die durch ihr Verhalten die Aufmerksamkeit auf sich ziehen. Das können sowohl besonders aktive Teilnehmer sein als auch sogenannte schwierige Teilnehmer. Teilnehmer, die sich nicht in den Vordergrund spielen, die zurückhaltend sind, die nicht auf den ersten Blick „gewinnen", laufen Gefahr, dass der Trainer sie übersieht. Dieser Test schützt Sie davor.

▶ Geben Sie Feedback, das Entwicklung fördert

Wenn Sie einem Teilnehmer Feedback geben, haben Sie den Anspruch, ihn oder sie nicht mit pauschalen Urteilen abzuspeisen, auch wenn sie positiv ausfallen. Vielmehr wollen Sie, dass das Feedback ihm oder ihr weiterhilft beim Weg zum Lernziel. Bei Kritik sind Sie ehrlich, denn Offenheit ist ein Zeichen von Wertschätzung. Sie formulieren Kritik so, dass sie, wie das positive Feedback, Entwicklung fördert.

Beispiel

Beispiel: Sie geben immer zweistufiges Feedback. Erste Stufe: Sie schildern dem Teilnehmer ein Verhalten, das Sie beobachtet haben – wie ein Reporter oder ein Video. Zweite Stufe: Sie schildern, welche Wirkung Sie beobachtet haben. (Diese Wirkung kann auch eine Wirkung auf Sie sein, also ausgelöste Gefühle usw.). *„Sie haben dann Frau X gesagt, sie solle mal überlegen, wieso ihr keiner Recht gäbe."* (Beobachtung) *„Daraufhin hat Frau X Ihnen vorgeworfen, das sei eine Frechheit, und hat kein Wort mehr gesagt."* (beobachtete Wirkung) Sie können den Teilnehmer fragen, ob er diese Wirkung wollte. Wenn nein, fragen Sie ihn, was eine erwünschte Wirkung seiner Worte hätte sein können. Wenn er eine nennt, folgt die Frage: *„Mit welchem Verhalten hätten Sie diese Wirkung erreichen können?"*

Diese Suche nach einer besseren Option können Sie in Kurzform auch selbst einführen, indem Sie wieder das zweistufige Feedback geben, diesmal aber als Option. Etwa so: *„Stellen Sie sich vor, Sie hätten Frau X gebeten, zu schildern, wie sie die Situation sieht."* (Beobachtung fiktiv) *„Dann hätte sie bemerkt, dass Sie sie verstehen wollen und Sie hätten Wichtiges erfahren."* (Beobachtung der fiktiven Wirkung)

Tipp: Formulieren Sie Ihr Feedback immer in Gegenwartsform und direkter Rede, so als ob sich das Beobachtete gerade abspielen würde.

▶ Vermeiden Sie leichtfertige Bewertungen

Beschreibung von Bewertung trennen

Sie vermeiden Formulierungen, die ein Teilnehmer als Angriff, Bevormundung, Herabsetzung, Ironie auffassen könnte. Sie sind immer auf der sicheren Seite, solange Sie – wie im gerade geschilderten Beispiel – wie ein Reporter nur beschreiben. Ein Trainer muss immer wieder auch werten. Zum Beispiel, wenn Gruppenarbeiten miteinander zu vergleichen sind, wenn zu einer Frage in die Runde mehrere Beiträge vorliegen, wenn ein Teilnehmer wissen will, wie seine Präsentation oder sein Rollenspiel aus Trainersicht angekommen ist.

Notieren Sie sich in einer ruhigen Stunde Wörter, die bei Bewertungen vorkommen, die aber vergiftet sind, weil sie falsch ankommen könnten. Nehmen Sie sich vor, dieser Wörter aus Ihrem Wortschatz zu streichen. Schreiben Sie neben diese rote Liste jeweils Wörter, die das gleiche meinen, aber auch bei einem sensiblen Teilnehmer ankommen, ohne Widerstand oder Rechtfertigungen zu provozieren. Das sind Formulierungen, die nicht auf Fehler und Mängel fokussieren, sondern auf das Richtige, Bessere, Wünschenswerte:

Beispiele

- Statt *„Das stimmt nicht"* sagen Sie *„Wie wär's mit …?"*
- Statt *„Das war schlecht"* sagen Sie *„Besser wäre, wenn …"*
- Statt *„Das wird schwierig"* sagen Sie *„Jetzt sind Sie gefordert"*
- Statt *„Mich stört …"* sagen Sie *„Ich wünsche mir, dass …"*
- Statt *„Jetzt hören Sie doch mal zu!"* sagen Sie *„Ich möchte Sie dabeihaben."*

- Statt *„Warum sagen Sie nie etwas?“* sagen Sie *„Was denken Sie darüber?“*
- Statt *„Das geht so nicht“* sagen Sie *„Wie wäre es, wenn …“*

Absolute Tabus

Tabu sind Wörter wie „immer“ („Immer wollen Sie, dass sich alle nach Ihnen richten“), „nie“ („Sie sind nie zufrieden“), „dauernd“ („Dauernd kommen Sie zu spät“) und andere pauschalisierende Wörter. Auf die Zunge beißen sollten Sie sich bei Aussagen, die einem Teilnehmer stabile und nicht unbedingt von allen geschätzte Eigenschaften zuschreiben: „Sie sind ein geborenes Alphatier“, „Sie sind nun mal introvertiert“ oder „Als Perfektionist mussten Sie ja mit dieser Aufgabe Probleme bekommen“.

All diese Worte und Formulierungen, aber auch die dahinter stehenden Einstellungen und Annahmen sind nicht wertschätzend.

Ich habe in meinen Train-the-Trainer-Seminaren beim Thema „Wertschätzung“ häufig Widerstände erlebt. Sie zeigten sich in Äußerungen wie den folgenden: *„Soll ich mich jetzt an meine Teilnehmer ranschleimen?“*, *„Wenn ich immer nur darüber wachen soll, dass es jedem gutgeht, kann ich gar nicht mehr trainieren.“*, *„Das sind doch Erwachsene. Warum soll ich sie wie rohe Eier behandeln? Da nimmt mich doch keiner mehr ernst!“*. Vielleicht geht es Ihnen jetzt auch so.

Aufgesetzte Wertschätzung funktioniert nicht.

Wie die Äußerungen zeigen, kann „Wertschätzung“ Bedenken und Befürchtungen auslösen. Wie eine Alarmanlage zeigen sie an, was es zu beachten gibt, damit die Wertschätzung nicht zu unerwünschten Nebenwirkungen führt. Dieses Risiko droht zum Beispiel, wenn Sie sich zur Wertschätzung zwingen. Die Teilnehmer spüren das rasch; es wirkt aufgesetzt. Wenn es nicht „von Herzen“ kommt, werden Sie die Wertschätzung auch nicht durchhalten, sondern immer wieder „aus der Rolle fallen“. Das irritiert die Teilnehmer und beschädigt Ihre Glaubwürdigkeit. Klären Sie also in Ruhe für sich, was Ihnen Wertschätzung als Trainergrundhaltung bedeutet, was ihr im Wege steht und ob Sie sie aus Überzeugung praktizieren wollen. Dann wird sie auch als authentisch wahrgenommen.

Ein zweite interessante Frage ist, was sich in den Köpfen von Trainern abspielt, wenn sie Wertschätzung als „ranschleimen“ missverstehen und befürchten, dass die Teilnehmer sie dann nicht mehr ernst nehmen. Dabei ist es ein Naturgesetz, dass Menschen Wertschätzung als etwas Positives erleben. Bei nicht wenigen nimmt das Bedürfnis danach so überhand, dass sie sogar bei jedem Kontakt Strategien einsetzen, um ihre Wertschätzung auch zu bekommen. Woher also die Bedenken?

Und wer wertschätzt den Trainer?

Ich habe eine Vermutung anzubieten: Einem Trainer, der selbst kaum Wertschätzung von seinen Teilnehmern bekommt, fällt es schwer, Wertschätzung an seine Teilnehmer zu kommunizieren. Es geht ihm wie vielen Führungskräften. Wenn man deren Mitarbeiter fragt, was der Hauptgrund für Motivationsprobleme ist, sagen sie durch die Bank: *„Dass ich mich abrackere und gute Arbeit mache, aber von oben nie Anerkennung bekomme. Doch jeder kleine Fehler wird sofort bemerkt und gerüffelt."* Fragt man die Führungskräfte dieser Mitarbeiter und fragt lange genug (ich habe das in Managerseminaren getan), dann hört man Überraschendes. Sie gestehen: *„Wer gibt denn mir Anerkennung? Meine Mitarbeiter schon gar nicht. Warum soll ich sie dann ihnen geben?"*

Untermauert wird die Verweigerung noch mit einer rational klingenden Fantasie: *„Wenn ich denen Wertschätzung und Anerkennung zeige, werden sie verwöhnt und tanzen mir auf dem Kopf herum."* Das ist ein wunderbares Beispiel für eine irrationale Annahme, wie Ellis sie beschreibt und abzubauen versucht (siehe oben „Meine Stimmung"). Ob das für Sie zutrifft, können nur Sie herausfinden. Gönnen Sie sich diesen Ausflug in Ihre Trainerseele. Denn Wertschätzung ist ein mächtiges Instrument im Orchester für das Seminarklima.

Das Ambiente als Stimmungsmacher

Beispiel

Bei einem Seminar zum Fehlermanagement habe ich in einige Namenskarten entstellende Schreibfehler eingebaut. Aus „Richter" wurde „Lichter", aus „Prochazka" „Prochatzka", aus „Kaltmaier" „Kaltmeyer" usw. Ich war gespannt, wie die Teilnehmer reagieren würden. Die Aufstellkarten lagen gleich beim Eingang. Von den vier Betroffenen kam nur einer sofort zu mir und wies mich auf den Fehler hin. Ich sagte nur „Aha". Die anderen sahen zwar den Fehler, sagten aber nichts und nahmen ihre Plätze ein. Alle korrigierten ihre Namenskarte, bevor sie sie vor sich aufstellten. Im ersten Inhaltsmodul ging es um die Nullfehlererwartung von Kunden und den Ärger, mit dem Kunden reagieren, wenn an ihrem Auto oder einem Elektrogerät etwas nicht funktioniert.

Jetzt klärte ich die Fehler bei den Namenskarten auf. Ich fragte die betroffenen Teilnehmer, was der falsch geschriebene Name bei ihnen ausgelöst hatte. Wie erwartet, gaben alle zu, dass sie sich geärgert hatten, der eine mehr, der andere weniger. Der Teilnehmer, der mich auf den Fehler aufmerksam gemacht hatte, fand meine kühle Reaktion ziemlich fehl am Platze. Es hätte ihm besser gefallen, wenn ich mich entschuldigt und eine neue Karte besorgt hätte. Ich fragte dann, was geschehen wäre, wenn in der ersten Stunde noch eine Panne passiert wäre, z.B. der Beamer gestreikt oder Pinnwandnadeln gefehlt hätten. Die Schreibfehleropfer waren sich einig: Dann wäre ihre Stimmung im Keller gewesen. Sie hätten dann gewusst, in einem durch und durch unprofessionellen Seminar zu sein.

Jeder hat „den Tropfen, der das Fass zum Überlaufen bringt" selbst erlebt, im Ferienhotel, in der Autowerkstatt, beim Internetprovider. Vielleicht auch in einem Seminar. Unterschätzen Sie als Trainer also auf keinen Fall die kleinen Fehler und Pannen. Für sich allein mögen sie harmlos erscheinen (nobody is perfect), doch schon zwei oder drei können die Stimmung der Teilnehmer ruinieren.

Der Teilnehmer ist der Maßstab.

Ich will deshalb, dass im Umfeld des Seminars alles perfekt ist. Auch bei kleinen Mängeln bin ich unerbittlich wie ein Hoteltester. Vielleicht erscheint Ihnen das reichlich übertrieben, ja zwanghaft. Ich halte dagegen, dass das nicht meine Maßstäbe sind, sondern die meiner Teilnehmer. Nicht aller Teilnehmer, aber einiger. Ich möchte vermeiden, dass Dinge, die nichts mit dem Inhalt oder der Qualität des Seminars zu tun haben, ihnen die Stimmung verderben. So habe ich mir Folgendes angewöhnt:

Check

- Ich erkundige mich im Vorfeld eines Seminars detailliert über die Rahmenbedingungen: Wie groß ist der Raum? Wie viele Fenster gibt es? Wie sind die Stühle? Gibt es Lärm in der Umgebung? Klimaanlage?

- Ich gebe präzise vor, was ich haben möchte: Raumgröße in Quadratmetern (so groß wie möglich!), Stuhlkreis oder Tischinseln, Pinnwände mit oder ohne Bespannung, Stifte mit Querkante, Pausenzeiten und Pausensnack. Ich achte darauf, dass auf jeden Fall das Mittagessen als Buffet mit Selbstbedienung angeboten wird und nicht der Service entscheidet, wie lange das Essen dauert.

- Ich reise in der Regel einen Tag vorher an, inspiziere den Raum und das Equipment und richte alles so ein, wie ich es möchte. Auf alle Fälle bin ich spätestens zweieinhalb Stunden vor Seminarbeginn vor Ort.

- Ich setze mich auf den am weitesten entfernten Teilnehmerplatz und prüfe, ob man von dort aus gute Sicht hat und die Projektion oder eine Flipchartschrift gut lesen kann. Ich merke mir, wo ich mich später nicht hinstellen darf, weil ich jemandem die Sicht versperren würde.

- Wenn ich feststelle, dass der Raum Mängel hat oder die Absprachen nicht erfüllt, setze ich alles in Bewegung, um einen anderen Raum oder ein besseres Equipment zu bekommen. Ich muss ja das ganze Seminar damit leben. Die Teilnehmer übrigens auch.

- Wenn das Seminar begonnen hat und das Intro vorüber ist, frage ich die Teilnehmer vor dem Einstieg in das erste Inhaltsmodul, ob sie etwas in diesem Raum gerne anders hätten, um sich wohler zu fühlen und besser arbeiten zu können. Wenn ein Vorschlag eine Mehrheit findet, wird er sofort in die Tat umgesetzt.

- Ich nutze die Kraft der Musik als Stimmungsmacher: zur Einstimmung, wenn die Teilnehmer eintrudeln, in jeder Pause und bei Aktivitäten, zu denen Musik gut passt (in den Downloads zu Update 6 haben Sie Beispiele dazu gelesen). Da die meisten Teilnehmer Musik dabei haben, können Sie in jeder Pause einen anderen als DJ einplanen. Er legt dann seine Lieblingssongs auf. Die anderen sagen, ob sie mehr fetzige oder eher softe Musik hören wollen. Die Begleitmusik zu den Übungen suche ich selbst aus.

- Pausen gibt es spätestens alle 60 Minuten, egal, womit wir gerade beschäftigt sind. Die Länge legen die Teilnehmer jeweils selbst fest. Nur sie wissen, wie lange sie brauchen, um wieder arbeitsfähig zu sein.

- Während der Pausen (und der Pausenmusik) projiziere ich ein Bild, das etwas Besonderes hat: Kurioses, Ästhetisches, Witziges usw. Im Internet finden Sie tolle Fotos im Überfluss. Auch diese Bilder tragen zur Stimmung bei.

- Selbstverständlich sind ausreichend Getränke, frische Luft, kein Alkohol während der Seminarzeiten (auch nicht beim Mittagessen), kein Rauchen im Seminarraum, bequeme Stühle, gutes Licht usw. Ich erwähne es nur, weil manche Trainer sich nicht darum kümmern. Doch all diese Nebensächlichkeiten wirken sich auf Arbeitsfähigkeit und Stimmung aus.

- Sobald ein Mangel auftritt, kümmere ich mich sofort und mit Nachdruck um eine Lösung, denn zur guten Stimmung der Teilnehmer trägt auch der Eindruck bei, hier werde professionell gearbeitet.

Auch Nebensächlichkeiten beeinflussen die Stimmung.

Noch einmal: Die Dinge im Umfeld des Seminars mögen Ihnen als Nebensächlichkeiten erscheinen. Sie sind auch Nebensache, weil sie nichts mit der Hauptsache, dem Seminar selbst, zu tun haben. Für die Stimmung der Teilnehmer aber sind sie wichtig. Eine Eigenheit müssen Sie zusätzlich einkalkulieren: Wenn ein Teilnehmer mit Ihrer Erklärung nicht zufrieden ist, wird er oder sie es Ihnen wahrscheinlich sagen. Wenn ein Teilnehmer jedoch das Ambiente (siehe die Punkte oben) nicht mag, wird er oder sie das möglicherweise gar nicht bewusst bemerken. Aber die Stimmung wird darunter leiden.

Update 12

Wie agieren Sie in Krisen?

Im folgenden Stück, das Sie vielleicht schon einmal in ähnlicher Form erlebt haben, sind Sie der Trainer oder die Trainerin. Die Story ist ausführlicher als die bisherigen Beispiele. Aber es muss sein, weil nur so deutlich wird, was Krisen ausmacht und warum sie für Trainer so unangenehm sind. Ich habe das Thema „Krisen" in den Teil „Seminarklima" aufgenommen, weil bei Krisen immer auch das Klima gestört ist.

Beispiel: Ein Teilnehmer kommt notorisch zu spät.

In einem viertägigen Seminar wollen Sie das Seminar beginnen, aber ein Teilnehmer fehlt. Sie fragen die Gruppe, ob jemand den Herrn kennt oder weiß, warum er nicht hier ist. Keiner kann weiterhelfen. Sie entschließen sich, maximal fünfzehn Minuten zu warten und teilen das den Teilnehmern mit. Ihre Begründung: Wenn der Teilnehmer die Vorstellungsrunde verpasst, fällt es ihm schwerer, sich „einzufädeln". Die Teilnehmer sagen nichts dazu. Einige verlassen den Seminarraum und unterhalten sich draußen. Andere bleiben am Platz und blättern in den Handouts oder beschäftigen sich mit ihrem Handy.

Sie überlegen, ob Sie in der Wartezeit einen anderen Inhalt mit den Teilnehmern besprechen sollten, aber Sie wollen Ihren Seminarablauf nicht gleich in den ersten Minuten ändern. Langsam steigt Unmut in Ihnen auf, weil der Ihnen so wichtige Seminarstart durch den fehlenden Teilnehmer vermasselt wird. Nach fünfzehn Minuten ist der Teilnehmer immer noch nicht aufgetaucht. Sie bitten alle, wieder ihre Plätze einzunehmen, eröffnen das Seminar, stellen sich vor und starten eine Kennenlernrunde.

Als sie abgeschlossen ist, öffnet sich die Tür und der erwartete Teilnehmer tritt ein. Er murmelt „Tut mir leid“ und setzt sich auf einen freien Platz. Dann schaut er Sie an, als ob nichts geschehen sei. Sie versuchen, professionell zu reagieren, obwohl Sie sich über die Wurstigkeit ärgern. Sie beherrschen sich und sagen: *„Ich freue mich, dass Sie da sind. Wir haben uns schon Gedanken gemacht, was passiert sein könnte.“* Dann schildern Sie ihm, dass soeben die Kennenlernrunde stattgefunden hat, an der er leider nicht teilnehmen konnte. Sie sagen: *„Jetzt haben wir eine besondere Situation. Die anderen haben sich kennengelernt, kennen aber Sie noch nicht. Und Sie wissen noch nichts über die anderen. Beides gilt auch für mich.“*

Sie sind zufrieden mit sich, weil Sie die „Reporterhaltung“ (siehe Abschnitt „Wertschätzung macht Laune“, S. 215 ff.) so gut angewendet haben, um die Situation zu klären. Sie schlagen vor, dass der Zuspätkommer sich auf einen Stuhl vor die Gruppe setzt und jeder ihm eine Frage stellen kann, wenn er möchte (Methode „heißer Stuhl“). Dann fragen Sie den Teilnehmer, ob er damit einverstanden ist. Er ist es. Insgeheim hoffen Sie, dass einer auch fragt: „Weshalb sind Sie so spät gekommen?“ Aber die Frage bleibt aus und Sie stellen sie auch nicht, weil Sie nicht wie ein Lehrer wirken wollen. Anders als Sie erwartet haben, kommen nur drei Fragen: zum Arbeitsplatz, zum Familienstand und zum Hobby. Das Interesse ist gering.

Jetzt fragen Sie den Teilnehmer, was er von jedem der Anderen erfahren möchte. Er sagt: *„Was zum Beruf und was zur Freizeit.“* Reihum sagt nun jeder seinen Spruch dazu auf. Sie stellen fest, dass Sie diese Zugabe noch einmal eine Viertelstunde gekostet hat, mit der Wartezeit zuvor sind es dreißig Minuten.

Am zweiten Tag startet das Seminar um neun Uhr. Der besagte Teilnehmer ist wieder nicht da. Was tun? Noch einmal warten wollen Sie den Teilnehmern nicht zumuten. Wieder besinnen Sie sich auf die Reporterhaltung und sagen: *„Es ist neun Uhr. Herr X ist noch nicht da. Wir können warten oder ohne ihn beginnen. Ich frage Sie: ‚Wer ist für Starten? Ich bitte um Handzeichen.‘“* Alle heben die

Hand. Sie geben einen Überblick über das Tagesprogramm und beginnen mit dem ersten Inhaltsmodul.

Nach fünfzehn Minuten kommt Herr X, murmelt „Sorry" und setzt sich auf seinen Platz. Sie können sich gerade noch auf die Zunge beißen und eine ironische Bemerkung unterdrücken, die Sie einmal bei einem anderen Trainer erlebt haben: *„Wir haben schon mal angefangen."* Ihr Ärger wächst. Nach der Mittagspause ist der Platz des Teilnehmers wieder leer. Diesmal kommt er nur fünf Minuten zu spät. Deshalb sagen Sie nichts und tun so, als sei nichts geschehen. In der Kaffeepause kommt eine Teilnehmerin zu Ihnen, zieht Sie beiseite und meint: *„Wie lange wollen Sie sich das eigentlich noch gefallen lassen? Der spielt doch ein Spiel mit Ihnen."* Sie sind betroffen und versuchen, professionell zu bleiben: *„Danke für den Hinweis. Ich habe schon eine Strategie."*

In Wirklichkeit sind Sie angeknockt. Die Idee, dass Herr X Sie testet oder vorführt, war Ihnen bisher nicht gekommen. Und Sie haben gepokert, um vor der Teilnehmerin nicht als hilflos dazustehen. Denn Sie haben mitnichten eine Strategie entwickelt, was Sie tun wollen, wenn Herr X wieder zu spät kommt. Die Teilnehmerin hat Sie aufgerüttelt. Sie wissen: Das nächste Mal müssen Sie etwas tun. Und das darf kein Eigentor werden. Vor dem Einschlafen an diesem Tag wälzen Sie Optionen hin und her. Keine will Ihnen richtig zusagen. Am Ende entscheiden Sie sich aber doch für eine. Sie schlafen schlecht und wenig in dieser Nacht.

Am dritten Tag tritt tatsächlich ein, was Sie befürchtet haben. Herr X kommt etwas mehr als eine Viertelstunde zu spät. Sie sagen: *„Herr X, Sie sind bis jetzt immer zu spät gekommen. Ich kann das nicht einfach so hinnehmen. Was würden Sie sagen, wenn ich zu spät käme? Und wenn ich einer der anderen Teilnehmer wäre, würde ich mich fragen, warum ich immer pünktlich da sein soll und Sie nicht. Ich möchte in der Mittagspause gerne mit Ihnen darüber reden. Ist das in Ordnung?"* Herr X schaut Sie ruhig an und sagt: *„Wenn es sein muss."* Sie fahren mit Ihrer Agenda fort.

Nach dem Mittagessen haben Sie noch 30 Minuten für das Gespräch mit Herrn X. Sie versuchen ihm zu erläutern, dass sein Verhalten bei Ihnen und den anderen Teilnehmer für Unruhe sorgt. Sie erzählen ihm auch, ein Teilnehmer (Sie sagen diskreterweise nicht „eine Teilnehmerin") habe sich schon bei Ihnen beschwert. Sie sagen:

„Ich möchte eine Vereinbarung mit Ihnen. Teilnehmer sind Sie nur, wenn Sie auch da sind. Wenn Sie noch einmal zu spät kommen, sind Sie für mich kein Teilnehmer mehr. Dann schließe ich Sie aus dem Seminar aus. Aber eigentlich tun Sie das ja schon selber, wenn Sie immer zu spät kommen." Herr X sagt: *„Das können Sie doch nicht machen. Wegen der paar Minuten!"* Sie: *„Das kann ich sehr wohl. Und das muss ich sogar. Alles klar?"* Herr X nickt mit dem Kopf. Nach der Mittagspause ist er pünktlich.

Am vierten Tag können Sie Ihr Frühstück nicht genießen, weil über Ihnen das Damoklesschwert baumelt, dass Herr X wieder zu spät kommt. Als Sie den Seminarraum betreten, fällt Ihnen ein Stein vom Herzen: Er ist da.

Die Klärung des Fallbeispiels

Ende gut, alles gut, oder? Ich möchte Sie nun zu einer ebenfalls fiktiven Fortsetzung einladen, die diese Frage klären könnte. Sie haben den Fall mit Herrn X in eine Supervisionsveranstaltung für Trainer eingebracht. Sie und eine Handvoll anderer Trainer bearbeiten solche Fälle von schwierigen Situationen unter der Moderation eines erfahrenen Supervisors. Sie haben gerade Ihren Fall mit dem notorischen Zuspätkommer geschildert und einige Fragen zu Details beantwortet. Der Supervisor bittet nun die Zuhörer, Gedanken aufzuschreiben, die ihnen zum Fall in den Sinn kommen. Sie notieren sie auf Papierstreifen aus Flipchartbogen. Die Fragen landen an der Pinnwand. Hier sind sie:

- Hast du mehr über X erfahren? Was bedeutet Zuspätkommen für ihn?
- Was wäre passiert, wenn du das Zuspätkommen einfach hingenommen hättest?
- Wenn es eine Teilnehmerin stört: Wäre es nicht ihre Sache gewesen, mit X darüber zu reden?
- Hättest du X am letzten Tag wirklich nach Hause geschickt?
- Hast du mit dem Einzelgespräch nicht die Fantasien der anderen angeheizt?
- Bist du mit dir zufrieden, wie du das gemanagt hast? Womit bist du unzufrieden?
- Wollte Herr X wirklich ein Spiel mit dir spielen?
- Warum lässt du die Gruppe entscheiden, ob man auf X warten soll?
- Welche Optionen hast du verworfen und weshalb?
- Worauf führst du zurück, dass X am letzten Tag pünktlich war?

Der Supervisor hängt noch einen Papierstreifen dazu:

- Was wollten Sie erreichen?

Beim Umgang mit Krisen gibt es nur die Wahl zwischen „günstiger" und „ungünstiger".

Ich drücke an dieser Stelle die Stopptaste. Anhand der Fragen an der Pinnwand kann ich Ihnen im Folgenden gut verdeutlichen, was mir als Trainer bei Krisen wichtig ist. Das geschieht nicht, weil ich glaube, den Stein der Weisen gefunden zu haben. Den gibt es hier nicht, denn beim Umgang mit Krisen im Seminar gibt es kein „richtig" oder „falsch", sondern nur ein „günstiger" oder „ungünstiger". Ob ein Verhalten des Trainers günstig oder ungünstig ist, hängt von seinen Zielen ab und von den Kriterien desjenigen, der dieses Verhalten bewertet. Meine Bewertungsmaßstäbe und Methoden, die ich bei Krisen einsetze, erfahren Sie im Folgenden. Schade, dass wir darüber nicht diskutieren können.

Downloads für das Agieren in Krisen

Die Fragen, die im Beispiel der Supervisionsgruppe zum Fall „Zuspätkommer" angepinnt wurden, lassen sich den wichtigsten Etappen eines professionellen Krisenmanagements zuordnen:

Check: Das 4-Etappen-Krisenmanagement

- Etappe 1 – Analyse: „Wessen Arbeitsfähigkeit ist gestört?"
- Etappe 2 – Wissen: „Weiß ich genug?", „Wo und wie bekomme ich noch Informationen?"
- Etappe 3 – Optionen: „Welche Möglichkeiten gibt es, die Krise zu managen?", „Für welche entscheide ich mich/entscheiden wir uns?"
- Etappe 4 – Handeln: „Wie gehe ich/wie gehen wir vor?"

Die folgenden Tipps mögen Ihnen vielleicht manchmal zu sehr wie übertriebene Sorgfalt und ängstliche Vorsicht vorkommen. Doch vergessen Sie nicht: Sie befinden sich in einer Seminarkrise. Da gibt es zwei goldene Regeln. Erstens: Die Krise darf nicht noch schlimmer werden. Zweitens: Sie dürfen keine Fehler machen. Denn in Krisen schauen alle auf den Trainer. Sie erwarten, dass er oder sie das Schiff durch den Sturm bringt. Wehe, wenn es nicht gelingt. Dann meutern die Matrosen. Sollten Sie alles richtig machen, dann erwarten Sie keine Dankbarkeit. Dass Sie erfolgreicher Krisenmanager sind, ist für die Teilnehmer selbstverständlich.

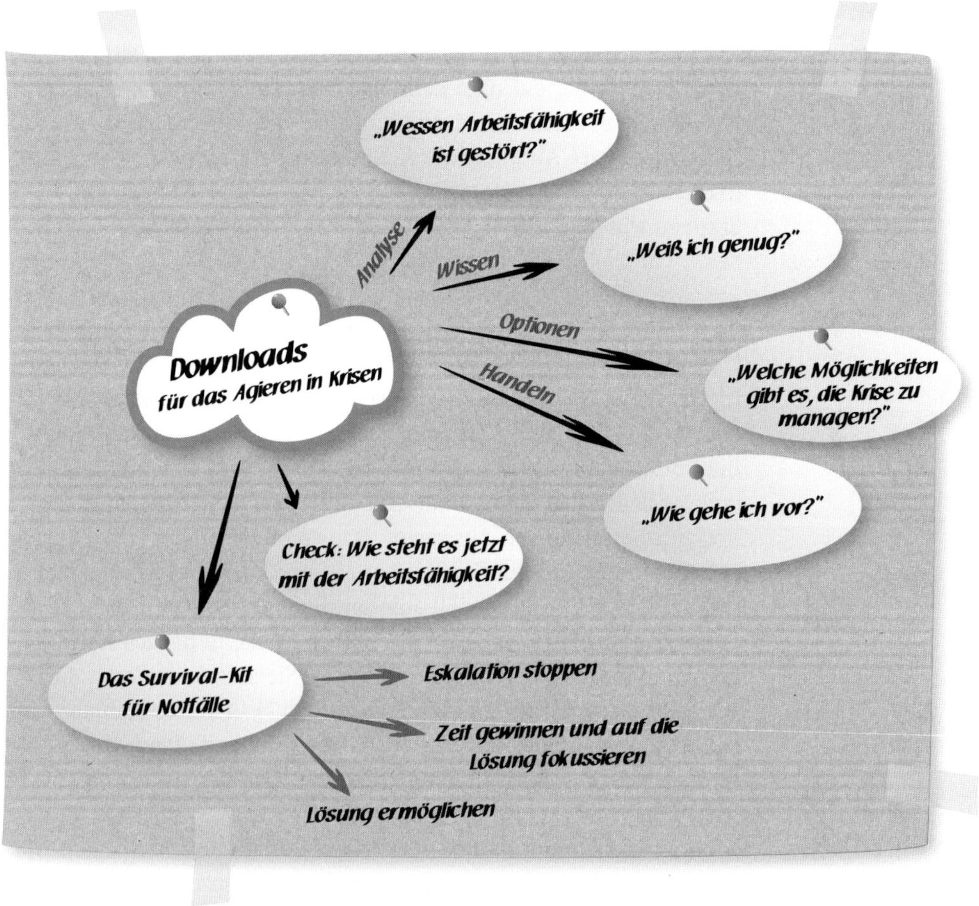

Bevor Sie zu jeder Etappe Anregungen lesen, können Sie sich einer Testfrage stellen: „Was wollen Sie mit Ihrem Krisenmanagement erreichen?" Das ist die Frage, die im Beispiel der Supervisor angepinnt hat. Der Trainer – das lässt sich aus seinem Verhalten schließen – könnte in diesem Fall antworten: *„Dass der Teilnehmer X nicht mehr zu spät kommt."*

Ziel: die Wiederherstellung der Arbeitsfähigkeit

Ich schlage dagegen eine Antwort vor, die für mich der Wegweiser in allen Seminarkrisen ist: *„Ich will, dass alle wieder arbeitsfähig sind."* Arbeitsfähigkeit reparieren ist mein Ziel. Denn eine Krise im Seminar ist eine Krise, weil die Arbeitsfähigkeit angeknackst ist. (Bei wem und in welchem Ausmaß, das ist Inhalt der Analyse in Etappe 1 des Krisenmanagements.) „Der Teilnehmer soll nicht mehr zu spät kommen" ist ein zu kurzatmiges Ziel. Wenn ich ihn – wie der Trainer im Beispiel – unter Druck setze, kann ich allenfalls erreichen, dass er pünktlich kommt.

Aber wie steht es um seine Arbeitsfähigkeit? Vielleicht sitzt Teilnehmer X nur da, hat aber keine Lust, mitzuarbeiten. Der Trainer hat dann sein Ziel erreicht und eine Störung abgestellt. Aber für seine wichtigste Aufgabe, die Arbeitsfähigkeit aller zu optimieren, hat er nichts getan. Nachdem das Ziel klar ist, ergeben sich die Etappen wie von selbst. Jetzt wissen Sie, wo die Kompassnadel hinzeigt.

Etappe 1 – Analyse: „Wessen Arbeitsfähigkeit ist gestört?"

In schwierigen Situationen schaltet ein Trainer auf „Notfall". Er oder sie reagiert, wie wenn plötzlich der Fahrstuhl stecken bleibt. Die Notfallreaktion will nur eines wissen: „Wie komme ich hier raus?" Sobald also im Seminar eine Krise eintritt, sucht auch Ihr Notfallprogramm nach Auswegen. Wie so oft im Leben lohnt es sich aber auch hier, kühlen Kopf zu bewahren. Denn man erwartet von Ihnen, dass Sie professionell agieren. Bei den meisten Krisen haben Sie noch Zeit bis zur nächsten größeren Pause, in der Sie nachdenken können. (Für Situationen, in denen Sie sofort reagieren müssen, gibt es weiter unten ein „Survival-Kit".) Die erste Aufgabe, die Sie anpacken, ist die Analyse der Arbeitsfähigkeit. Denn Ihr Ziel ist es ja, gestörte Arbeitsfähigkeit wiederherzustellen.

Wäre ich der Trainer im Beispiel, würde ich mir also überlegen, wie es mit der Arbeitsfähigkeit aller Beteiligten bestellt ist: mit der Arbeitsfähigkeit des Zuspätkommers, mit derjenigen der anderen Teilnehmer und mit meiner als Trainer. Authentisches kann ich nur zu meiner Arbeitsfähigkeit sagen. Im Beispiel gibt es klare Indizien dafür, dass der Trainer nur eingeschränkt arbeitsfähig ist. Er macht sich Sorgen, ist nervös, ärgert sich über den Teilnehmer, muss aggressive Impulse (Ironie) unterdrücken. Er hat den Kopf nicht frei.

Über die Arbeitsfähigkeit der anderen Teilnehmer kann man nur Vermutungen anstellen. Es ist aber anzunehmen, dass auch sie der Zuspätkommer beschäftigt. Der eine oder andere beginnt schon an der Kompetenz des Trainers zu zweifeln. Eine Teilnehmerin hat sich ja beschwert. Die 1.000-Euro-Frage lautet aber, wie es mit der Arbeitsfähigkeit des Teilnehmers bestellt ist. Was geht in ihm vor, dass er zu spät kommt? Was geht in ihm vor, wenn er zu spät kommt?

Diese ersten Überlegungen decken schon auf, dass der Trainer noch viel zu wenig weiß, um professionell handeln zu können. Deshalb folgt die zweite Etappe.

Etappe 2 – Wissen: „Weiß ich genug?", „Wo und wie bekomme ich Informationen?"

Vorsicht vor dem Tunnelblick!

Zwei Fragen auf der Pinnwand im Beispiel gehen in diese Richtung: „Hast du mehr über X erfahren? Was bedeutet Zuspätkommen für ihn?" und „Wollte Herr X wirklich ein Spiel mit dir spielen?" Der Trainer im Beispiel versucht an keiner Stelle des Beispiels, mehr über den Teilnehmer X zu erfahren. Das Gespräch am dritten Tag wäre eine Chance gewesen. Doch der Trainer ist so fixiert auf sein Ziel „Zuspätkommen abstellen", dass er den Tunnelblick nicht überwinden kann. Er erkennt nicht, dass er dringend Informationen dazu braucht, weshalb sich der Teilnehmer so verhält, wie er sich verhält.

Check

Um in Krisensituationen Informationen von Teilnehmern zu bekommen gehen Sie stufenweise vor:

1. Schildern Sie wie in einer Reportage, was Sie gerade sehen, oder vergegenwärtigen Sie wie im Replay ein vergangenes Ereignis noch einmal.
   Beispiel, in dem mehrere Teilnehmer sich problematisch verhalten: *„Ich habe Sie gebeten, sich in die Liste für die Rollenspiele einzuteilen. Neun Teilnehmer haben das gemacht. Vier sind auf ihren Plätzen sitzen geblieben, schauen mich an und schweigen."*

2. Teilen Sie dann mit, wie es Ihnen damit geht und bitten Sie um Informationen, damit Sie das Geschehen(e) besser verstehen.
   Beispiel: „Ihr Verhalten überrascht mich. Ich wüsste gern, wie ich es einordnen soll. Können Sie mir helfen, Sie besser zu verstehen?"

3. Hören Sie bei Antworten der Teilnehmer hochkonzentriert zu und fragen Sie nach, wenn Sie nicht sicher sind, alles verstanden zu haben. Dazu gehört auch, dass Sie das Gehörte wiederholen, um sicherzugehen. Das ist „aktives Zuhören". Wenn man es übertreibt und immerfort anwendet, wird es zu einer Masche. Doch in schwierigen Situationen muss aktives Zuhören stattfin-

den, weil bei Krisen jede Äußerung bedeutsam ist. Missverständnisse sind oft kaum mehr zu korrigieren.

Worauf es ankommt: Wertschätzung und innere Haltung

Das A und O für dieses intensive Zuhören sind nicht Fragetechnik und Paraphrasieren, sondern Ihre innere Haltung. Die Teilnehmer sind nur dann auskunftsbereit und ehrlich zu Ihnen, wenn sie spüren, dass Sie wirklich offen und neugierig sind. Versuchen Sie, beim Zuhören ganz in die Person der oder des Befragten zu steigen, die Situation mit ihren oder seinen Augen zu sehen. Dann kommen die richtigen Fragen von alleine.

4. Freuen Sie sich über die Informationen wie über ein Geschenk (es ist ja auch nicht selbstverständlich!) und zeigen Sie Ihre Wertschätzung. Auch hier ist die innere Haltung wichtig. Wenn Sie sich nicht freuen, sollten Sie lieber den Mund halten. Sonst kommt die Wertschätzung so an, wie sie tatsächlich ist: vorgetäuscht und aufgesetzt.
   Beispiele für ehrliche Wertschätzung, indem Sie nur die Wirkung der Antworten beschreiben: *„Jetzt sehe ich klarer." „Jetzt verstehe ich Ihre Situation besser." „Jetzt passt alles zusammen." „Jetzt muss ich nicht mehr herumspekulieren." „Jetzt kann ich Ihr Verhalten einordnen. Das macht Sinn für mich."*

Gespräch sorgfältig vorbereiten

Wenn Sie die Informationen von einem einzelnen Teilnehmer bekommen wollen, ist das Gespräch die beste Methode. Führen Sie es aber nicht zwischen Tür und Angel. Zeigen Sie vielmehr, dass Ihnen das Gespräch wichtig ist und Sie den Teilnehmer wertschätzen, indem Sie ihn oder sie formell um ein Gespräch bitten, kurz andeuten, was Sie sich davon erwarten und einen passenden Termin (mit Zeitkorridor) und einen störungsgeschützten Ort mit dem Teilnehmer vereinbaren. Bereiten Sie sich auf das Gespräch vor. Halten Sie Maximal- und Minimalziele fest. Überlegen Sie, wie Sie das Gespräch einleiten und beenden. Denken Sie nach, welche Barrieren sich auftun könnten und wie Sie darauf reagieren würden.

Wenn Ihnen diese Sorgfalt übertrieben erscheint („Ich mache das weiß Gott nicht das erste Mal!"), dann erinnern Sie sich bitte: Sie managen gerade eine schwierige Situation. Sie können sich dabei alles leisten, nur keine Fehler.

Ist die Gruppe Ihre Informationsquelle, arbeiten Sie am besten mit einer Kartenabfrage. Sie heften Ihre Frage oder Ihr Anliegen (möglichst prägnant formuliert) als Überschrift an die Pinnwand und verteilen Karten. Die Vorteile sind unübersehbar:

- Durch die Anonymität fällt es auch bei heiklen Punkten leichter, ehrlich zu sein.
- In kurzer Zeit können viele Karten beschriftet werden.
- Eine Abfrage per Reden kostet viel mehr Zeit und ermüdet. Außerdem gehen Äußerungen verloren, weil zum Beispiel jemand nicht etwas wiederholen will, was jemand zuvor schon so ähnlich geäußert hat.
- Wenn alle Karten hängen (nicht ordnen), sehen Sie und die Gruppe alle Antworten auf einen Blick. Jetzt kann man auswerten und gemeinsam Lösungen suchen. Sie können aber auch die Karten einsammeln und sie in einer Pause allein auswerten. Dazu sagen Sie der Gruppe in kurzen Worten, wie Sie mit den Karten weiterarbeiten.
  Zum Beispiel: „Ihre Informationen sind eine große Hilfe für mich, um eine Lösung für das Problem zu finden. Ich schaue sie mir in der Mittagspause an und sage Ihnen dann, wie es weitergeht."

Methode: „Lauscher an der Wand"

Eine originelle Methode, um in einer Krise mehr von Ihren Teilnehmern zu erfahren, ist der „Lauscher an der Wand". Dabei sprechen einige Teilnehmer an einem Tisch verdeckt hinter zwei Pinnwänden über das Problem. Die anderen Teilnehmer und Sie als Trainer sehen die leeren Pinnwände und hören, was dahinter gesprochen wird. Als Szenarium können Sie vorgeben: *„Es ist Abend. Einige Teilnehmer sind in eine nette Kneipe gegangen, weil sie mal unter sich sein wollten. Beim Bierchen reden sie auch über das Seminar. Da läuft es im Moment nicht so rund. Weil sie ganz unbefangen reden können, lassen sie raus, was ihnen dazu durch den Kopf geht."*

Nachdem die Teilnehmer wissen, wie „Lauscher an der Wand" abläuft, fragen Sie: *„Wer will in der Kneipe sitzen und einfach mal ein paar Minuten frei drauflosreden?"* Mehr als fünf Teilnehmer sollten es nicht sein. Wenn sich keiner meldet, warten Sie erst gelassen ab und schauen erwartungsvoll in die Runde. Sollten sich nach einer Minute immer noch keine Freiwilligen finden, ist die Verweigerung wohl Teil der schwierigen Situation. Dann sagen Sie (wieder als Reporter): *„Ich habe Ihnen eine Methode vorgeschlagen, auf die ich mich gefreut habe. Aber es findet sich niemand, der mitmachen will. Ich weiß nicht warum. Mag jemand dazu etwas sagen?"* (Wieder warten.) *„Okay, dann schlage ich Ihnen eine andere Methode vor, mit der wir vielleicht weiterkommen."*

Probieren Sie es dann mit einem anderen Verfahren, zum Beispiel Kartenabfrage, Blitzlicht oder Kurzbrief jedes Teilnehmers an Sie. Eine Verweigerung beim „Lauscher an der Wand" habe ich in meinen Seminaren noch nie erlebt. Ich mag die Methode, weil durch die schützenden Pinnwände mehr Ehrlichkeit zu hören ist. Sie sollten nur darauf achten, dass Sie das Schlusszeichen geben, bevor das Gespräch zäh wird. Fünf Minuten reichen in der Regel. Und Sie sollten die Kneipe ein wenig dekorieren: durch ein Poster an der trennenden Pinnwand mit einem Wirthausnamen und ein paar Tagesgerichten oder Cocktails als Blickfang, durch Gläser und Getränke auf dem Tisch. Vergessen Sie auch nicht, während des Gesprächs mitzuschreiben, damit Sie später noch alles präsent haben.

Übrigens: Weil der Trainer im Beispiel nichts über den Teilnehmer X erfahren hat, kann er die zehnte Frage an der Pinnwand nur auf gut Glück beantworten: „Worauf führst du zurück, dass X am letzten Tag pünktlich war?" Er wird vielleicht glauben, die Antwort zu wissen, nämlich: „Weil der Teilnehmer Angst bekommen hat, ich würde ihn rauswerfen. Dann hätte er in seiner Firma Probleme bekommen."

Wer die Hintergründe nicht kennt, kann keine Lösungsoptionen entwickeln.

Aber woher weiß er, dass es nicht einen anderen Zusammenhang gab? Dass Teilnehmer X zu spät kam, weil seine Frau im Krankenhaus lag und er erst ab neun Uhr morgens anrufen durfte? Oder weil er erst ab neun Uhr sein Büro erreichen konnte, um ein wichtiges, aber bedrohtes Projekt aus der Ferne zu managen? Weil er ein Alkohol- oder anderes Gesundheitsproblem hat und morgens nur mit Mühe in die Gänge kommt? Ich gebe zu, das ist konstruiert. Aber wenn es tatsächlich so wäre, hätte der Trainer dann nicht andere Optionen suchen sollen, um ihn arbeitsfähig(er) zu machen?

Etappe 3 – Optionen: „Welche Möglichkeiten gibt es, die Krise zu managen?", „Für welche entscheide ich mich?"

Im Beispiel beziehen sich die meisten Fragen an der Pinnwand auf Handlungsmöglichkeiten: „Was wäre passiert, wenn du das Zuspätkommen einfach hingenommen hättest?", „Wenn es eine Teilnehmerin stört: Wäre es nicht ihre Sache gewesen, mit X darüber zu reden?", „Hättest du X am letzten Tag wirklich nach Hause geschickt?", „Mit dem Einzelgespräch hast du die Fantasien der anderen angeheizt", „Warum lässt du die Gruppe entscheiden, ob man auf X warten soll?", „Welche Optionen hast du verworfen und weshalb?"

Das Vorgehen in dieser Phase ist ein Dreischritt:

Die passende Option auswählen

1. Zuerst sammeln Sie mögliche Optionen. Notieren Sie jede Option, die Ihnen einfällt. Denken Sie auch an kreative Optionen. Im „Handbuch Kreativität" (im Beltz Verlag) beschreibe ich beispielsweise die Methode „Tu das Unerwartete" (TdU). Beim Thema Zuspätkommen fällt Ihnen vielleicht ein: „Ich überreiche dem Teilnehmer X eine symbolische Belohnung (z.B. Gummibärchen) und sage dazu: *‚Ich freue mich, dass Sie da sind.'*" (Das darf natürlich nicht ironisch klingen.) Der Vorteil bei solchen TdUs ist, dass sie den Anderen überraschen. Denn Sie sind vorbereitet, er oder sie hingegen nicht. Das kann schwierige Situationen blitzartig entschärfen.

2. Danach treffen Sie eine Vorauswahl aus Ihren Optionen nach dem Kriterium: „Ist die Option zielführend für die Wiederherstellung der Arbeitsfähigkeit?" Sie legen jene beiseite, bei denen Sie kein klares „Ja" vergeben können. Die verbliebenen Optionen wollen nun möglichst realitätsnah in Gedanken durchgespielt werden. Dabei stoßen Sie noch auf den einen oder anderen Punkt, den Sie bislang noch nicht gesehen haben. Nach diesem Realitätstest bleiben vielleicht nur eine oder zwei Optionen übrig.

3. Für welche Option Sie sich letztlich entscheiden, hängt sowohl von Ihren bisherigen Überlegungen ab als auch von Ihrem Bauchgefühl. Manchmal sind zwei Optionen gleichermaßen vielversprechend. Sie wählen dann die, bei der Sie sich wohler und sicherer fühlen.

Sehen wir uns nun die Optionsfragen der Supervisionsgruppe im Beispiel an.

Zuerst: *„Was wäre passiert, wenn du das Zuspätkommen einfach hingenommen hättest?"* Die Option „Ich tue nichts" sollten Sie grundsätzlich immer in Ihre Optionssammlung einbeziehen. Mit ihr überprüfen Sie den Handlungsbedarf. Es gibt Situationen, in denen

Abwarten statt Aktionismus

die Null-Option Sie zur Einsicht bringt, dass es besser sein könnte, nichts zu tun oder erst einmal nichts zu tun. Trainer erleben in Krisen meistens einen starken Handlungsdruck: „Jetzt muss *ich* handeln und ich muss *jetzt* handeln!"

Hinterfragen Sie das „ich" und das „jetzt", bevor Sie intervenieren. Manchmal lohnt es sich zu warten, ob vielleicht einer oder mehrere Teilnehmer von sich aus das Problem anpacken und die Arbeitsfähigkeit wiederherstellen. Das verschafft den Teilnehmern oder der gesamten Gruppe ein Erfolgserlebnis, das nachhaltig das Wir-Gefühl stärkt. Ein zu frühes Eingreifen Ihrerseits hätte diese Chance vereitelt. Wenn Sie zu dem Schluss kommen, dass es an Ihnen ist, zu handeln, geht es um das richtige Timing. Beim Zuspätkommer hätte ich am ersten Seminartag auch noch nicht interveniert, aber mir einen Plan zurechtgelegt, was ich tue, wenn er am nächsten Tag wieder unpünktlich ist.

Zuständigkeit klären

Die zweite Frage *„Wenn es eine Teilnehmerin stört: Wäre es nicht ihre Sache gewesen, mit X darüber zu reden?"* legt den Finger wieder auf die Zuständigkeit. Nicht immer ist es Trainersache, wenn es ein Problem zu lösen gibt. Ich erinnere mich an ein Seminar, in dem sich zwei Teilnehmer bei mir darüber beschwerten, dass sie mit einem Teilnehmer am Tisch sitzen mussten, der stark nach Schweiß roch. Ich habe sie gebeten, das bitte mit dem Kollegen selbst zu klären, weil sie die Betroffenen seien, nicht ich. Sie hatten erwartet, dass ich Ihnen die unangenehme Aufgabe abnehmen würde und waren enttäuscht. Vielleicht haben sie es mir auch nachgetragen. Aber die Frage „Wer hat das Problem?" ist in allen Lebenslagen ein guter Klärungshelfer.

Verlässlich und konsequent agieren

Auch aus der dritten Frage lässt sich lernen: *„Hättest du X am letzten Tag wirklich nach Hause geschickt?"* Diese Frage warnt Sie davor, Konsequenzen anzukündigen, die Sie im Ernstfall doch nicht umsetzen möchten oder könnten. Egal ob es nur einen Teilnehmer oder die ganze Gruppe betrifft: Nicht eingehaltene Versprechen – positive oder negative – beschädigen die Glaubwürdigkeit des Trainers. Alle Teilnehmer erwarten, dass ihr Trainer ein Profi ist. Profis wissen, was zu tun ist. Deswegen sind sie verlässlich. Im Umkehrschluss: Wer wackelt oder umkippt ist kein Profi, mag er für sein „Ich hab's mir anders überlegt" noch so einleuchtende Gründe haben. Wohlbemerkt, ich spreche hier von den Erwartungen der Teilnehmer. Das unterstreicht wiederum die Regel, in Krisen dürfe man als Trainer auf keinen Fall Fehler machen. Etwas anzukündigen, das Sie nicht einhalten können, wäre ein schwerer Fehler.

Störungen, die die Gruppe betreffen, auch in der Gruppe klären

Frage vier *„Hast du mit dem Einzelgespräch nicht die Fantasien der Anderen angeheizt?"* spricht einen wichtigen Punkt an: Wann ist beim Krisenmanagement ein Einzelgespräch besser, wann ein Lösungsversuch in der Gruppe? Die meisten Trainer neigen dazu, unangenehme Themen in Einzelgesprächen zu behandeln. Ich kann das gut nachvollziehen. Unter vier Augen spricht es sich unbefangener als im Plenum der Seminargruppe. Man kann sich auf den Anderen gut konzentrieren, auch mal „aus dem Nähkästchen" plaudern, leichter Interessen unter einen Hut bringen und ab und an vielleicht sogar etwas Unüberlegtes sagen, ohne dass es sich folgenschwer auswirkt. Trotzdem verlege ich in meinen Seminaren die Bearbeitung von Störungen meistens in die Gruppe. Zum einen meine ich, dass Störungen, die alle mitbekommen, auch gemeinsam zu klären sind. Zum anderen – und darauf zielt die Frage aus der Supervisionsgruppe – befeuert jedes Einzelgespräch in Krisen Fantasien bei denen, die nicht dabei sind.

Im Falle des Beispiels mit dem Zuspätkommer könnten Fantasien anderer Teilnehmer, die das Gespräch mitbekommen (und im Beispiel hat der Trainer es ja vor der Gruppe angekündigt), so aussehen: „Zeigt er ihm jetzt endlich, wo der Hammer hängt?", „Mit welchem Trick wird er ihn wohl herumkriegen?", „Wie ich ihn kenne, versucht er es wieder auf die weiche Tour." Wenn – wie im Beispiel – der Teilnehmer nach dem Gespräch plötzlich pünktlich ist, blühen wieder die Fantasien: „Wie hat der Trainer das geschafft?"

Wo sich das Gespräch unter vier Augen empfiehlt

Wenn es sich vermeiden lässt, will ich Fantasien keine Nahrung geben. In Krisen nimmt ohnehin zu viel Nebel die klare Sicht. Es gibt allerdings zwei Situationen, in denen ich das Einzelgespräch vorziehe. Erste Situation: Bei der Analyse „Wessen Arbeitsfähigkeit ist gestört?" stellt sich heraus, dass nur meine und die eines einzigen Teilnehmers beeinträchtigt ist. Dann suche ich eine bilaterale Lösung. Zweite Situation: Ein Teilnehmer, dessen Verhalten wesentlich zur Krise beiträgt, bittet mich um ein Gespräch unter vier Augen. Aber auch dann werde ich versuchen, seine Zustimmung einzuholen, die Gruppe nach dem Gespräch zu informieren. Wir überlegen am Ende des Gesprächs gemeinsam, in welcher Form wir das tun wollen – ähnlich wie zwei Politiker, die nach einem Treffen vor die Vertreter der Presse treten. Mir ist wichtig, dass gerade in schwierigen Situationen der Kommunikationsfluss stimmt und alle informiert sind. Dann bestimmt Realität den Prozess und nicht Fantasie.

Problemlösung in Krisenteams

Hier einige methodische Anregungen, wie Sie die Gruppe in die Problemlösung einbeziehen können:

- Sie schildern das Problem (wieder in Reportermanier) und fragen per Karten oder per Blitzlicht reihum ab, wie es den Teilnehmern damit geht. Dann sagen Sie, dass Sie sich wünschen, alle wären wieder voll dabei und hätten den Kopf für die Arbeit frei (Arbeitsfähigkeit). Sie fragen, ob die Teilnehmer das auch so sehen oder andere Ziele und Wünsche haben. Wenn die Ziele geklärt sind, sammeln Sie – wieder am besten mit Karten – Vorschläge, um die Ziele zu erreichen. Sie fassen zusammen und treffen einvernehmlich mit der Gruppe eine Entscheidung.

- Sie schildern das Problem, klären die Ziele und installieren dann maximal drei Teams (mehr würden die Auswertung und Entscheidung über den besten Weg schwieriger machen). Jede Gruppe entwickelt wie eine Taskforce eine „beste" Lösung, die sie anschließend präsentiert und begründet. Wenn Sie eine größere Seminargruppe haben und somit mehr Kleingruppen bilden, können Sie die Methode „Wachsende Dreier" anwenden, die Sie in den Downloads zu Update 7 „Aktivieren" gelesen haben (siehe Ideenfindung, S. 131). Sie hat den Vorteil, dass am Ende ein bester Vorschlag auf dem Tisch liegt. In Krisen kann das allerdings auch ein Nachteil sein, weil Sie sich als Trainer dann schwerlich über diesen Vorschlag hinwegsetzen und sich für einen anderen entscheiden können.

- Sie schildern das Problem, klären die Ziele und stellen aus Freiwilligen ein Krisenteam zusammen, das der Gruppe und Ihnen am nächsten Tag oder nach einer längeren Mittagspause Vorschläge zur Lösung des Problems offeriert. Dieses Vorgehen eignet sich für Probleme, die nicht sofort gelöst werden müssen. Der Vorteil: Das Krisenmanagement geht nicht auf Kosten der aktiven Seminarzeit. Die Seminararbeit kann erst einmal ohne größere Belastung weitergehen, weil alle wissen, dass bald die Heinzelmännchen an einer Lösung werkeln. Außerdem können Sie sicher sein, dass sich für dieses Kriseneinsatzkommando nur motivierte Teilnehmer melden.

Auch wenn Sie als Trainer in diesen Fällen das Monopol über das Krisenmanagement aufgeben, besteht kein Grund zur Sorge, das werde Ihnen als Ratlosigkeit oder Schwäche ausgelegt. Sie verfallen ja nicht in das Drehbuch „Hilfloses Kind" und signalisieren den Teilnehmern: „Es ist alles so furchtbar. Das schaffe ich nicht alleine. Bitte helft mir!" Stattdessen sind Sie am Steuerruder, weil Sie es sind, der das Verfahren vorgibt. Auch die letzten Zweifel der Teilnehmer schwinden, wenn Sie mit einigen Sätzen begründen, warum Sie dieses Verfahren gewählt haben und warum Sie das Problem in der Gruppe anpacken wollen. Das wirkt kompetent und strahlt Sicherheit aus, auch wenn Sie die Lösung nicht selbst aus dem Ärmel zaubern.

Sache des Trainers: Hoheit über die Seminarstruktur

Zur fünften Frage *„Warum lässt du die Gruppe entscheiden, ob man auf X warten soll?"* (es ist im Beispiel die Episode vom Seminarbeginn) habe ich eine eindeutige Position: Die „Hoheit" über die Seminarstruktur haben Sie als Trainer. Ich hätte in diesem Fall die Gruppe nicht gefragt, schon gar nicht in der Anfangssituation. Als Teilnehmer hätte mich dieses Trainerverhalten doppelt irritiert. Erstens wäre es mir ziemlich egal gewesen, ob wir noch auf den letzten Teilnehmer warten oder nicht. Zweitens hätte ich erwartet, dass der Trainer weiß, was er tut. Das Befragen der Gruppe wäre bei mir als Unsicherheit angekommen („Der will es allen recht machen").

Sie werden mich an dieser Stelle zurecht darauf hinweisen, dass ich dafür plädiert habe, die Gruppe jeweils selbst entscheiden zu lassen, wie lange sie die Pause gerne hätte. Das ist doch auch eine Strukturentscheidung, oder? Das ist richtig, aber der Grund, warum ich bei Pausen die Struktur aus der Hand gebe, ist die Tatsache, dass nicht ich, sondern nur die Teilnehmer abschätzen können, wie viel Regenerationsbedarf sie benötigen. Auch bei anderen Strukturentscheidungen ist mir wichtig, die Meinung der Gruppe zu erfahren. Aber ich gebe Optionen vor (die Teilnehmer können sie ergänzen) und habe nach der Meinungsbefragung das letzte Wort.

Zur Frage *„Welche Optionen hast du verworfen und weshalb?"* lässt sich aus dem Beispiel nichts sagen, weil wir nicht wissen, wie der Trainer bei seiner stressigen Suche nach einer Lösung vorgegangen ist. Hoffen wir, dass er sich an den Dreischritt gehalten hat (Optionen sammeln, aus Optionen auswählen, sich für eine Option entscheiden).

Wenn Sie in einer Krise in Ihrem Seminar so vorgegangen sind, wissen Sie nach der dritten Etappe, was Sie tun werden. Aber Sie haben noch nicht die Details geklärt. Das erledigen Sie in der vierten und letzten Etappe.

Etappe 4 – Handeln: „Wie gehe ich vor?"

Wenn sich Menschen gut vertragen, verzeiht man sich fast alles. Im Zweifelsfall geht man immer davon aus, dass der andere es nicht so gemeint hat. In Beziehungskrisen ist dieses Grundvertrauen allerdings dahin. Jetzt hört man das Gras wachsen. Man verhält sich wie der Sheriff nach der Verhaftung des Verdächtigen: „Alles, was Sie sagen, kann gegen Sie verwendet werden."

Unsterbliches Beispiel dafür ist der berühmte Dialog des Ehepaars von Loriot zum Frühstücksei:

Beispiel

Er: *„Berta!"* Sie: *„Ja."* Er: *„Das Ei ist hart!"* Sie: *(schweigt)* Er: *„Das Ei ist hart!!!"* Sie: *„Ich habe es gehört."* Er: *„Wie lange hat das Ei denn gekocht?"* Sie: *„Zu viele Eier sind gar nicht gesund!"* Er: *„Ich meine, wie lange dieses Ei gekocht hat?"* Sie: *„Du willst es doch immer viereinhalb Minuten haben."* Er: *„Das weiß ich."* Sie: *„Was fragst du denn dann?"* Er: *„Weil dieses Ei nicht viereinhalb Minuten gekocht haben kann!"* Sie: *„Ich koche es aber jeden Morgen viereinhalb Minuten."* Er: *„Wieso ist es dann mal zu hart und mal zu weich?"* Sie: *„Ich weiß es nicht ... ich bin kein Huhn!"* Er: *„Ach! ... Und woher weißt du, wann das Ei gut ist?"* Sie: *„Ich nehme es nach viereinhalb Minuten heraus, mein Gott!"* Er: *„Nach der Uhr oder wie?"* Sie: *„Nach Gefühl ... eine Hausfrau hat das im Gefühl ..."* Er: *„Im Gefühl? Was hast du im Gefühl?"* Sie: *„Ich habe es im Gefühl, wann das Ei weich ist ..."* Er: *„Aber es ist hart ...vielleicht stimmt da mit deinem Gefühl was nicht ..."* Sie: *„Mit meinem Gefühl stimmt was nicht? Ich stehe den ganzen Tag in der Küche, mache die Wäsche, bring deine Sachen in Ordnung, mache die Wohnung gemütlich, ärgere mich mit den Kindern rum und du sagst, mit meinem Gefühl stimmt was nicht?"* Er: *„Ja, ja ... ja, ja ... ja, ja ... wenn ein Ei nach Gefühl kocht, kocht es eben nur zufällig genau viereinhalb Minuten."* Sie: *„Es kann dir doch ganz egal sein, ob das Ei zufällig viereinhalb Minuten kocht ... Hauptsache, es kocht viereinhalb Minuten!"* Er: *„Ich hätte nur gern ein weiches Ei und nicht ein zufällig weiches Ei! Es ist mir egal, wie lange es kocht!"* Sie: *„Aha! Das ist dir egal ... es ist dir also egal, ob ich viereinhalb Minuten in der*

Küche schufte!" Er: *„Nein, nein …"* Sie: *„Aber es ist nicht egal … das Ei muss nämlich viereinhalb Minuten kochen …"* Er: *„Das habe ich doch gesagt …"* Sie: *„Aber eben hast du doch gesagt, es ist dir egal!"* Er: *„Ich hätte nur gern ein weiches Ei …"* Sie: *„Gott, was sind Männer primitiv!"* Er: *(düster vor sich hin) „Ich bringe sie um … morgen bringe ich sie um!"*

Im Auge behalten!

Weil bei Krisen Missverständnisse in der Luft liegen und unterdrückte Gefühle sich mit Macht in die Worte drängen, sind Sie als Trainer gut beraten, wenn Sie sich vorher genau überlegen, was Sie bei Ihrer Intervention sagen werden. Einmal mehr: Gehen Sie kein Risiko ein, tun Sie alles, um auf der sicheren Seite zu bleiben. Das sind Sie, wenn Sie sich nur aufs Beschreiben verlegen, wie der schon mehrfach als Vorbild genannte Reporter. Auf der sicheren Seite sind Sie auch, wenn Sie von sich sprechen, was Sie denken, wollen, fühlen. Angreifbar sind Sie immer dann, wenn Sie Aussagen über andere machen, die über die Verhaltensbeschreibung hinausgehen, also bewerten, deuten, unterstellen.

Check: Wie steht es jetzt mit der Arbeitsfähigkeit?

Aufstellung vor dem Flipchart

Wenn Sie und die Teilnehmer sich bemüht haben, gemeinsam aus der Krise zu kommen, ist Zeit für einen Check, wie es jetzt um die Arbeitsfähigkeit bestellt ist. Wieder eignen sich Methoden wie Kartenabfrage, Blitzlichtrunde und Aufstellung. Bei der Aufstellungsmethode stellt sich jeder näher oder ferner von einem Flipchart auf. Nah heißt: „Ich bin wieder voll arbeitsfähig." Erwarten Sie nicht, dass jetzt alles in Butter ist. Es wird in den meisten Fällen noch den einen oder anderen Teilnehmer geben, der sich noch nicht bei 100 Prozent sieht.

Ergebnis zusammenfassen

Beschreiben Sie zusammenfassend das Vorgehen und das Ergebnis des Checks, wieder wie ein um Neutralität bemühter Reporter: *„Wir hatten das Problem … Wir haben versucht, das Problem zu lösen, indem wir … Unser Krisenmanagement hat etwas bewirkt. Fast alle Teilnehmer sind wieder voll arbeitsfähig. Einige sind aber noch nicht so weit. Können Sie uns einen Tipp geben, wie wir Ihnen helfen können, trotzdem wieder in die Gänge zu kommen?"* Vielleicht erhalten Sie jetzt noch einen Hinweis.

Aber unabhängig davon, ob es auch bei diesen Teilnehmern noch einen Fortschritt gibt, haben Sie mit diesem Check etwas Wichtiges erreicht: Sie haben Realität deutlich gemacht (neben der Arbeitsfähigkeit die zweite Hauptaufgabe von Trainern) und Sie haben die Krise genutzt, um den Gruppenzusammenhalt zu stärken, nämlich durch die Erfahrung, gemeinsam ein Problem bewältigt zu haben. Das ist produktives Krisenmanagement.*

Das Survival-Kit für Notfälle

Wenn sofortiges Reagieren gefragt ist

Die vier beschriebenen Etappen des Krisenmanagements im Seminar können Sie als Trainer Schritt für Schritt durchlaufen, wenn Sie Zeit zum Nachdenken haben und ungestört sind. Nun gibt es aber krisenhafte Ereignisse, die so plötzlich auftreten und so massiv sind, dass Sie keine Zeit mehr haben, sondern sofort etwas tun müssen, weil die Krise sonst eskaliert und die Arbeitsfähigkeit schlagartig auf Null abstürzt. Ein „business as usual" ist jetzt aussichtslos und sinnlos. Gottseidank sind solche Ereignisse selten. Da sie aber sofortiges Reagieren des Trainers verlangen, ist es gut, wenn man ein Notfallprogramm parat hat und es ohne Nachdenken aktivieren kann. Auch Flugbegleiter werden trainiert, bei einer Wasserung jeden Handgriff im Schlaf zu beherrschen, obwohl die Notlandung eines Jets im Wasser extrem selten ist.

Beispiel

Einige Beispiele für „Notwasserungen" im Seminar, bei denen ich dabei sein „durfte": Ein Teilnehmer schreit einen anderen an und beschimpft ihn mit einem üblen Schimpfwort; eine Teilnehmerin bricht in Tränen aus und rennt laut schluchzend aus dem Seminarraum; ein Teilnehmer begrapscht eine Teilnehmerin, als sie in der Gruppe vor einer Pinnwand stehen, worauf sie ihn anspuckt und er sie so wegstößt, dass sie hinfällt; zwei Teilnehmer kommen nach der Mittagspause angetrunken ins Seminar, der eine schläft sofort ein; eine Teilnehmerin behauptet, sie sei von jemandem aus der Gruppe in der Pause bestohlen worden.

Im Notfall ist die Parole „Keinen Fehler machen!" besonders schwer umzusetzen, weil man nicht die Zeit hat, in Ruhe nachzudenken. Ein Survival-Kit für Trainer muss Methoden enthalten, die Folgendes leisten:

---

* In meinem Buch „Erfolgreiche Kurse und Seminare" im Beltz-Verlag stelle ich mit dem „Krisenhelfer" ein Tool in Form einer Checkliste vor, das Trainern hilft, Krisensituationen im Training noch differenzierter zu analysieren als hier geschildert.

Deeskalationsstufen

- Eskalation stoppen,
- Zeit gewinnen und
  auf die Lösung fokussieren,
- Lösung ermöglichen.

Was tun Sie, wenn Sie in den Keller kommen und sehen, dass er unter Wasser steht, weil ein Rohr undicht ist? Sie drehen den Haupthahn ab. Das ist auch als erstes bei Krisen im Seminar geboten, die zu eskalieren und aus dem Ruder zu laufen drohen. In der Fachsprache nennt man das „Cooling down". Dazu einige Vorschläge:

Methode

- **Eskalation stoppen**

In der Therapie trainiert man zum Beispiel Gewalttäter darin, ihre unkontrollierten Gefühlsausbrüche mit einer einfachen Technik besser in den Griff zu bekommen. Wenn sie sich von jemandem provoziert fühlen und zuschlagen wollen, sagen sie sich „Stopp" und zählen langsam bis zehn. Probieren Sie diese Technik doch einmal aus, wenn Sie in einer brenzligen Situation spüren, dass Sie kurz davor sind, zu explodieren.

Die Stopp-Technik können Sie auch Anderen gegenüber einsetzen. Stellen Sie sich vor, in Ihrem Seminar hätte gerade ein Teilnehmer einen anderen angeschrieen und ihn mit einem üblen Schimpfwort beleidigt. Statt zu beschwichtigen „Aber Herr Klöckner, so geht das doch nicht. Ich finde, Sie sollten sich jetzt entschuldigen" sagen Sie kurz und hart „Stopp!" – wie aus der Pistole geschossen. Sagen Sie es nicht zu laut, sondern in ihrer normalen Tonstärke und Stimmlage. Aber mit Nachdruck. Sollten Sie sitzen, stehen Sie auf. Sollten Sie vom Ort der Krise entfernt sein, gehen Sie dorthin.

Nach Ihrem „Stopp!" muss eine Pause folgen. Halten Sie währenddessen Blickkontakt. Sie wirken dann sicher. Nach Ihrem „Stopp!" sind die Teilnehmer ein paar Sekunden wie eingefroren. Keiner wird etwas sagen oder sich bewegen. Die Stille ist noch stiller, weil es vorher so laut zuging. Zählen Sie mindestens bis zehn. Sollte wider aller Erwartung Herr Klöckner oder sein Opfer in der Pause den Mund aufmachen, sagen Sie: „Ich sagte Stopp!"

Methode

- **Zeit gewinnen und auf die Lösung fokussieren**

Wenn die zehn Sekunden nach Ihrem „Stopp!" um sind, nehmen Sie ein Replay und ein Reset vor. Dazu sollten zuerst alle Teilnehmer auf ihren Plätzen sitzen. Sie stellen sich wieder nach vorne in

© managerSeminare

die Mitte. Der Normalzustand ist damit zumindest auf der Oberfläche wiederhergestellt. Jetzt starten Sie das Replay des Geschehens als nüchterne Reportage des krisenhaften Ereignisses. Es ist, wie wenn man im Fernsehen eine MAZ abspielt. Sie schließen das Replay mit einer Situationsdefinition und starten das Reset, den Neustart, mit einem Verfahrensvorschlag.

Das könnte sich so anhören: *„Was passiert ist, hat uns aus der Balance gebracht. Wenn wir gut weiterarbeiten wollen, müssen wir jetzt einiges reparieren. Dazu brauchen wir etwas Abstand und einen klaren Kopf. Deshalb legen wir jetzt ein Timeout ein. Wir treffen uns in vierzig Minuten wieder. Überlegen Sie in dieser Zeit, wie wir wieder arbeitsfähig werden können. Nach dem Timeout werden wir Ihre und meine Ideen einsammeln und eine Lösung finden. Sie können hier im Raum bleiben, auf Ihr Zimmer gehen oder einen Spaziergang machen. Alles ist gut, was Sie auf eine gute Idee bringt. Dann bis später!"*

Damit haben Sie – ohne jedes Risiko, etwas falsch zu machen – viel erreicht: die Eskalation gestoppt, die aufgeheizte Stimmung abgekühlt, die Situation geklärt, die Aufmerksamkeit der Teilnehmer vom Negativen weg auf das Krisenmanagement gelenkt, Zuversicht verbreitet und Ihre Souveränität als Trainer unter Beweis gestellt. Und das alles unter Zeitdruck.

Methode

▶ Lösung ermöglichen

Das weitere Vorgehen hängt ganz von Ihnen, den Ideen der Teilnehmer und der Situation ab. (Oben bei Etappe drei finden Sie Methoden für die Lösungssuche in Gruppen.) Am Ende steht eine Entscheidung, wie es weitergeht. Sie sollten gut überlegen, wie Sie mit der Gruppe zu dieser Entscheidung kommen. Sonst stolpern Sie unvermutet in eine neue Krise. Denn was wird aus der Entscheidung, wenn einige Teilnehmer damit nicht einverstanden sind?

Andererseits: Auch wenn Sie abstimmen lassen, wird es gerade für Lösungen in Krisen selten Einstimmigkeit geben. Es ist ein Dilemma für Sie als Trainer. Einerseits wollen Sie in Situationen, in denen Sie sofort handeln müssen, die Kreativität der Teilnehmer anzapfen. Andererseits wollen Sie die Entscheidung, welche Option man wählen soll, nicht ganz aus der Hand geben und der Gruppe überlassen. Hinzu kommt, dass in solchen Situationen manche

Teilnehmer mehr involviert sind als andere. Sollen deren Stimmen mehr zählen?

Die Entscheidung liegt beim Trainer.

Diesem Problem lässt sich leicht beikommen. Sie müssen nur klarstellen, dass *Sie* die Entscheidung treffen werden, welche Lösungsoption realisiert wird. Vermeiden Sie Abstimmungen, etwa durch Handzeichen oder Punktekleben. Ich sage das allerdings nicht explizit, etwa wenn ich die Teilnehmer als Ideenfinder in das Timeout schicke. Ein *„Aber ich sage Ihnen schon jetzt: Die Entscheidung werde später ich treffen"* wirkt auf Teilnehmer entweder ängstlich oder autoritär. Ich sage es auch deshalb nicht, weil es für mich selbstverständlich ist (siehe oben: Seminarstruktur ist Trainersache).

Wenn also die Ideen der Teilnehmer visualisiert sind – durch Zuruf auf dem Flipchart notiert oder per Karten an der Pinnwand festgehalten – sage ich: *„Wir versuchen es mit Option ..."* Dann begründe ich kurz, warum ich auf diese Option setze. Direkt danach bespreche ich mit der Gruppe die nötigen Schritte, die zu dieser Option gehören. Ich frage nicht: *„Sind Sie damit einverstanden?"* Damit ist klar, wer die Verantwortung hat, wenn die Option nicht so funktioniert, wie erhofft. Da gehört die Verantwortung auch hin. Wenn sich die Option als erfolgreich erweist und alles wieder ins Lot kommt, müssen Sie allerdings damit rechnen, dass die Teilnehmer die Lorbeeren ernten. Es gibt Schlimmeres.

Mit Humor intervenieren?

Als ich in meinen Train-the-Trainer-Seminaren dieses Thema auf den Tisch brachte, kam manchmal vonseiten eines Trainerkollegen der Rat, in solchen Situationen sei Humor ein wahres Wundermittel. Humor und Schmunzeln oder Lachen nähmen der Krise die Schärfe und machten alles leichter. Keine Frage: Alle lieben Humor und jedem Seminar tut Humor gut. (Wir sind schließlich gerade im Buchteil: „Wie gestalten Sie das Seminarklima?") Doch mitten in einer Krise würde ich mich nicht trauen, mit Humor zu intervenieren. Es kann vielleicht einmal gutgehen. Aber wenn es nicht gutgeht, macht Humor – oder der Versuch dazu – alles noch schlimmer.

Versetzen Sie sich einmal in die Teilnehmerin in den oben beschriebenen Beispielen zu „Notwasserungen" im Seminar. Sie ist verletzt, weil man sie begrapscht hat, und sie schämt sich, weil sie den Grapscher im Reflex angespuckt hat. Wie würde sie reagieren, wenn Sie Ihren Humor auspacken und sagen: *„Da fällt mir ein Witz ein. Ein Tourist geht in Ostfriesland zum Friseur und wünscht sich eine*

Rasur. Der Lehrling, der ihn bedient, zögert einen Moment, dann spuckt er beherzt in den Rasierpinsel und beginnt sein Werk. Der Tourist fragt verwundert: ‚Macht man das hier immer so?' ‚Nein', sagt der Lehrling, ‚den Einheimischen spucke ich direkt ins Gesicht!'"

Vermutlich würde sich die geplagte Teilnehmerin jetzt ein zweites Mal beleidigt fühlen. Selbst wenn ein paar Teilnehmer lachen, ist die Situation nicht entspannter geworden. Sie haben sie mit Ihrem Witz verschlimmert. Und Sie haben sich als Trainer bis auf die Knochen blamiert. Situationen wie diese sind nun einmal nicht zum Lachen, allerdings auch nicht zum Weinen. Was sie verlangen, ist höchste Aufmerksamkeit und eine Mischung von Tatkraft und Zuversicht.

Kein Lösungsweg: die Krise kleinreden

Ebenso ins Niemandsland führt jeder Versuch, die Krise kleinzureden, um sie loszuwerden, etwa so: *„Das war jetzt ziemlich daneben. Aber wir wollen daraus kein Drama machen. Ich schlage vor, Sie entschuldigen sich beide. Und dann Schwamm drüber!"* Schließlich schließen Sie beim oben beschriebenen Wasserrohrbruch auch nicht einfach die Kellertür und sagen: *„Irgendwann trocknet das schon wieder."*

Fazit: Ich sehe keine Alternative zum beschriebenen Krisenmanagement. Ich bin damit gut gefahren. Aber meine Erfahrungen sind nicht Ihre.

Teil IV

Sind Sie noch kreativ?

© managerSeminare

Im vierten Kapitel finden Sie …

Meine Frau ist eine unentwegte Umstellerin. Immer wenn ich mich in unserem Haus richtig wohlfühle, sagt sie: *„Du, ich habe eine Idee."* Dann weiß ich, dass es wieder so weit ist und sie es kaum erwarten kann, etwas zu verändern. Dabei sieht schon heute kein Zimmer so aus wie vor drei Jahren. Vom Garten ganz zu schweigen. Mehrere Umbauten haben wir auch hinter uns. Jedes Mal bin ich zuerst strikt dagegen, gebe dann irgendwann dem Frieden zuliebe den Widerstand auf und muss später kleinlaut eingestehen, dass ihre Ideen sehr gute Ideen waren. Ich sage dann: *„Jetzt ist alles perfekt. Das hast du großartig gemacht."* Doch dieser Glückszustand ist nur von kurzer Dauer. *„Du, ich habe eine Idee ..."*

Während ich daheim am liebsten alles so lassen möchte, wie es ist, bin ich in meinen Seminaren so experimentierfreudig wie meine Frau zuhause. Ich fummle dauernd am Seminardrehbuch herum. Eine Zeit lang dachte ich, das würde ich den Teilnehmern zuliebe machen. Inzwischen weiß ich, dass ich es für mich tue. Etwas in mir sperrt sich dagegen, ein Seminar immer wieder in identischer Form zu wiederholen. Wenn ich mir etwas Neues ausgedacht habe, wirkt das wie ein Doping. Ich bin gespannt, ob es funktionieren wird. Ich bin hellwach, wenn es soweit ist. Ich freue mich schon beim Frühstück, dass das Seminar bald losgeht. So geht es wohl meiner Frau, wenn Sie mit dem neuen Teppich oder Sessel nach Hause kommt und endlich sehen kann, ob er genau so toll wirkt, wie sie sich das vorgestellt hat. Wahrscheinlich ist es dieser Kick, der einen irgendwann süchtig macht nach Veränderungen. Einmal Umstell-Junkie, immer Umstell-Junkie.

Wie schätzen Sie sich ein? Sind Sie in Ihren Seminaren eher ein „Festhalter" oder ein „Umbauer"? Oder ist das bisher kein Thema für Sie? Da ich mich als Umstell-Junkie geoutet habe, werden Sie es mir nachsehen, dass ich Sie – sollten Sie diese Sucht noch nicht entwickelt haben – mit den folgenden Updates dazu bekehren möchte. Neben dem Kick für Sie beschenkt Kreativität Sie mit zwei weiteren Gewinnen: Erstens erfreuen Sie Ihre Teilnehmer, zweitens schützen Sie sich als Trainer gegen lähmende Routine und Burnout.

Wenn Sie viele Trainingstage im Jahr bestreiten, werden Sie vielleicht die ersten Symptome schon an sich beobachten:

Symptome für Routine und Burnout

- Sie finden Ihr Seminar da und dort nicht mehr gut, haben aber keine Lust, etwas zu ändern.
- Die Teilnehmer gehen Ihnen zunehmend auf die Nerven. Sie sind froh, wenn Sie abends Ihre Ruhe haben.
- Nach dem Aufwachen denken Sie: „Bin ich froh, wenn das Seminar vorbei ist."
- Sie freuen sich nicht mehr über positive Rückmeldungen.

Bleiben Sie wachsam!

Typisch für diese Routinisierung ist, dass Sie sich nicht gestresst fühlen, nicht erschöpft oder überfordert. Doch es brennt auch nichts mehr. Die Spannung ist weg. Auf Ihrem Monitor verblassen die Farben, bis sie ganz fehlen. Man bemerkt es meistens gar nicht, weil dieser Prozess schleichend verläuft. Wie manche Krankheiten. Es tut nichts weh, aber man ist schon geschädigt. Und als Trainer ist man geschädigt, wenn man nicht mehr neugierig ist, nicht mehr das Kribbeln spürt, nicht mehr alle Sinne eingeschaltet hat. Kreativität ist die beste Vorsorge und Therapie gegen dieses Ausbrennen. Vielleicht werden Sie in den folgenden Updates und Downloads fündig.

Überraschen Sie Ihre Teilnehmer?

Ich habe vor Jahren ein Seminar zum Thema „Change-Management“ als Teilnehmer erlebt. Als ich mit ein paar anderen Teilnehmern den Raum betrat, trauten wir unseren Augen nicht. Es sah aus wie in einer Rumpelkammer. Stühle, Tische, Flipcharts und anderes Mobiliar lagen kreuz und quer, zum Teil übereinander, auf dem Boden. Ein Trainer war nicht zu sehen. Andere Teilnehmer trudelten ein. Wir standen rat- und fassungslos in der Tür. Einer ging zur Hotelrezeption und sagte, man habe uns wohl den falschen Raum zugeteilt. Er kehrte mit der Auskunft zurück, alles habe seine Ordnung. Nach zehn Minuten löste sich die Gruppe auf. Die einen setzten sich in die Lobby, andere gingen vor die Tür und holten ihr Handy heraus.

Change-Management-Seminar in der Rumpelkammer

Plötzlich stellte sich ein Mensch an die Rezeption, der einen Besenstiel mit einem Plakat hoch hielt, auf dem zu lesen war: „Meeting-Point zum Seminar Change-Management“ Ich ging hin und wurde freundlich begrüßt: *„Frank Holling, ich bin Ihr Trainer.“* Bald waren alle Teilnehmer versammelt. Gemeinsam ging es in Richtung Seminarraum. Als wir erneut vor dem Chaos standen, warteten alle auf eine Erklärung des Trainers. Doch der sagte nichts, sondern begann seelenruhig, Stühle und Tische aufzustellen. Nach und nach packten Teilnehmer mit an. Man begann sich zu verständigen, wo was hingehörte. Einige Minuten später war der Raum hergerichtet.

Ein Seminareinstieg, den man nicht vergisst

Als alle ihren Platz gefunden hatten (auch die Teilnehmerkarten mussten erst vom Boden aufgesammelt werden), sagte der Trainer: *„Ich wollte es so. Es hat mit unserem Thema zu tun. Haben Sie eine Idee?"* Langsam fiel der Groschen. Was sich in den letzten Minuten abspielte, kannten wir alle aus unserem Alltag: Etwas ist nicht in Ordnung. Man macht Andere dafür verantwortlich. Man sucht den Chef, der alles richten soll. Man schaut weg und geht weg. Man bleibt passiv und ärgert sich. Erst wenn ein Anderer anpackt, macht man mit, aber mehr aus Höflichkeit als aus Überzeugung. Die Pointe: Es ging um unsere Interessen. Es war unser Raum. Wir sollten uns darin wohlfühlen. Doch wir haben uns auf Andere verlassen. Dieser Einstieg hat uns alle überrascht. Wir waren unvermittelt im Thema. Solche Einstiege vergisst man nicht.

Wenn Sie dieses Beispiel für kreative Seminargestaltung auf den Geschmack gebracht hat, dann gehen Sie doch einmal Ihr Seminar Schritt für Schritt durch und fragen sich immer wieder: „Fällt mir dazu eine Überraschung ein, die Sinn macht?" Die folgenden Downloads bringen Sie vielleicht auf die eine oder andere Idee.

Downloads für das Überraschen der Teilnehmer

Überraschungen zum Seminarstart

Die Variationen des Herzlich-Willkommen-Plakats sind bekannt.

Wie oft haben Ihre Teilnehmer schon diesen Beginn erlebt: Wenn sie zum ersten Mal den Seminarraum betreten, heißt sie eine Trainerin oder ein Trainer mit Handschlag willkommen. Am Flipchart steht „Herzlich willkommen!" mit einem gemalten Herz und Blumen (manchmal ist sogar der Punkt des Ausrufezeichens ein Herzchen). Unter dem Kunstwerk steht „Ihre Trainerin" mit Unterschrift. Auf einem Tischchen gleich beim Eingang sind die Namenskarten ordentlich ausgelegt. Auf den Plätzen warten akkurat platzierte Teilnehmerunterlagen, ein Notizblock, ein Kugelschreiber und ein Filzstift. Wenn alle sitzen, stellt sich die Trainerin vor die Gruppe und sagt: *„Ich heiße Alice Weltner und bin Ihre Trainerin. Ich begrüße Sie ganz herzlich zu unserem Seminar. Zuerst darf ich mich kurz vorstellen."* Auch wenn ein Trainer das Herzchen auf dem Poster weglässt und die Teilnehmer ihre Namenskarten selbst schreiben: Muss es immer so ablaufen? Entschließen Sie sich doch

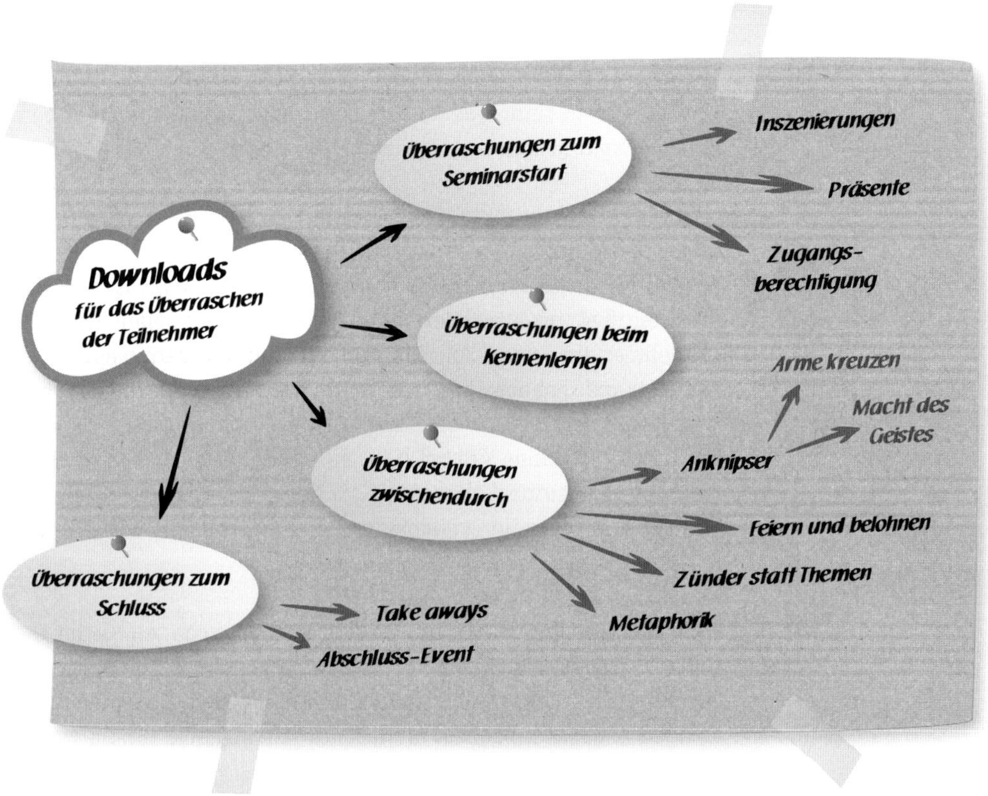

einmal für ein Solo-Brainstorming. Drehen Sie die Anfangssituation in ihrer Fantasie einmal ganz anders. Notieren Sie alles, was Ihnen einfällt. Aussieben können Sie später. Lassen Sie sich Zeit, wenn die Ideen mal ein paar Minuten ausbleiben.

Ich wünsche Ihnen noch viele weitere Einfälle zusätzlich zu den Beispielen, die ich Ihnen nun vorstelle:

▶ Inszenierungen

Methode

Ein gutes Beispiel für Inszenierungen ist der Chaosraum, den ich eben beschrieben habe. Sie können den Raum aber auch dekorieren, je nach Thema Ihres Seminars. Für ein Seminar „Schwierige Situationen“ stellen Sie etwa gleich am Eingang ein Warndreieck auf. Sie als Trainer tragen die orangene Pannenwarnweste aus Ihrem Auto. Auf jeden Tisch legen Sie ein Stück verbeultes Blech, das Sie beim Schrottplatz besorgt haben. Und als Intro-Folie projizieren Sie ein packendes Foto. Ich würde allerdings keinen Unfall zeigen, sondern zum Beispiel einen Extremkletterer, der ohne Seil an einer endlosen Felswand hängt, oder einen Seiltänzer über einer

Häuserschlucht, beide als Symbol für „schwierige Situationen“. Die Teilnehmer werden stutzen, vielleicht schmunzeln und auf jeden Fall überrascht sein. Was noch wichtiger ist: Schon in den ersten Minuten spüren sie die Atmosphäre des Themas.

Methode

▶ Präsente

Wenn Sie zum Essen eingeladen sind, bringen Sie den Gastgebern in aller Regel ein kleines Geschenk mit. Bei einem Seminar können Sie es einmal umgekehrt machen: Zur Begrüßung geben Sie jedem Teilnehmer ein Präsent. Es soll Kontakt zum Thema herstellen und zugleich Spaß machen. Bei einem Kreativitätsseminar habe ich jedem Teilnehmern zur Begrüßung ein Überraschungsei überreicht. Das war ein schönes Symbol für „Mal sehen, was ich in meinem Eierkopf alles entdecken werde“. Als Nebeneffekt konnten die Teilnehmer nicht nur die Schokolade genießen, sondern ihren Sitzplatz mit dem Objekt aus dem Ei schmücken.

Wenn Sie für Ihr Seminar ein Präsent suchen, schauen Sie im Internet unter „Geschenkartikel“ nach, am besten mit dem Stichwort „Großhandel“. Dort werden originelle Kleinteile in preisgünstigen Mengen angeboten, sodass Sie fast für jedes Thema fündig werden.

Methode

▶ Zugangsberechtigung

Lassen Sie jeden Teilnehmer etwas tun, bevor er oder sie den Seminarraum betreten kann. So wie man am Flughafen erst die Passagierkontrolle über sich ergehen lassen muss, bevor man in den Warteraum darf.

Eine Idee wäre es, Material zu sammeln, das man später in der Kennenlernrunde verwendet. Dann füllen die Teilnehmer zum Beispiel vor dem Betreten des Seminarraums einen Steckbrief aus oder wählen aus einer Sammlung von Plastiktieren eines, mit dem sie sich später vorstellen.

Eine weitere Idee wäre ein Rätsel oder eine Denksportaufgabe, die zu einem Seminarmotto führt. Jeder Teilnehmer bekommt vor der Tür das Rätsel und wird eingelassen, sobald es gelöst ist. Es sollte von jedem in maximal fünf Minuten zu knacken sein. Wenn jemand einen Tipp von Ihnen haben will, sind Sie großzügig.

Zitat puzzeln

Beispiel: Aus durcheinander gewürfelten Wortteilen ergibt sich das Zitat: „Zusammenkommen ist ein Beginn, Zusammenbleiben ein Fortschritt, Zusammenarbeiten ein Erfolg. Henry Ford."

Ein andere Variante weckt Anklänge an die Beitrittserklärung zu einem Verein. Jeder Teilnehmer erhält ein Formular mit Statuten, die er unterzeichnet, bevor er eingelassen wird. Dazu erstellen Sie ein eindrucksvoll verziertes Dokument und denken sich Sätze aus, die jeden Teilnehmer gleich zu Beginn auf seinen Anteil am Erfolg des Seminars aufmerksam machen. Im Grunde ist es eine Art Lernvertrag (siehe S. 116 f.).

Lernvertrag abschließen

Beispiel: „Ich freue mich darauf, Nützliches zu lernen", „Ich werde mich einsetzen, um die Lernziele zu erreichen", „Ich werde kooperativ und tolerant mit den anderen Teilnehmern zusammenarbeiten" usw.

Es liegt bei Ihnen, was Sie in dieses Dokument aufnehmen wollen und in welchem Stil Sie es formulieren. Es sollte ernsthaft sein, aber nicht ernst. Deshalb die Dekoration des Dokuments, die Unterschrift (am besten mit einem extragroßen Kugelschreiber aus einem Geschenkladen) und die feierliche Überreichung einer Bestätigung als Eintrittsausweis in das Seminar. Diese Bestätigung kann ein Stempel auf den Handrücken oder ein Klebepunkt sein, ein Plastikarmband, ein Sticker, ein Spieljeton oder was Ihnen sonst einfällt. Das nimmt dem „Vertrag" den Charakter einer Hausordnung in der Jugendherberge. Aber Achtung! Alles, was in Richtung Klamauk und Jux geht, würde dieses Ritual entwerten und wäre ein denkbar schlechtes Intro für Ihr Seminar.

Ziel: Das Seminar bekommt einen Wert.

Wenn Sie es aber richtig machen, erreichen Sie bei den Teilnehmern – vielleicht eher unterschwellig als bewusst – einiges Wünschenswerte: die Begrüßung ist überraschend, die Teilnehmer sind sofort aktiv, der Zugang zum Seminar bekommt einen Wert, die Eintrittsbestätigung (zum Beispiel als Anstecker) schafft Gruppen-Feeling.

Überraschungen beim Kennenlernen

Überprüfen Sie einmal Ihre eigene Vorstellung, die Sie sich als Trainer angewöhnt haben. Reizt es Sie nicht, sie einmal anders zu gestalten?

Methode: Trainervorstellung als Bedienungsanleitung zur Person ...

- Lassen Sie Ihre Frau und Ihre Kinder, vielleicht auch einen Kollegen oder Freund, eine kurze Bedienungsanleitung zu Ihrer Person in das Laptop sprechen. Das hört sich dann vielleicht so an: *„Ich bin Marlies, die Frau Ihres Trainers. Er ist ein Typ, dem es nie langweilig wird. Menschen interessieren ihn. Was er nicht ausstehen kann, sind Arroganz und schlechtes Essen." „Ich bin Eugen, ein Kollege. Ihr Trainer ist ein echter Teamworker. Aber er kann auch ganz schön nerven, weil er meint, wir seien noch lange nicht fertig, sondern müssten noch das und das besser machen." „Ich bin Kevin, der Sohn. Ich finde, er kann eigentlich gut zuhören, aber wenn er ungeduldig wird, unterbricht er mich gern. Ich sag ihm das dann aber. Er kriegt schnell mit, was gerade läuft. Da ist er wirklich gut."*

  Diese Art der Vorstellung kommt an, wenn die Aussagen spontan und nicht wie bestellt oder vorgelesen wirken. Sie können die Datei ja von einem Außenstehenden testen lassen, bevor Sie sie im Seminar einsetzen.

... oder mit Objekten

- Sie bringen für Ihre Selbstpräsentation Objekte mit und befestigen sie an einer Pinnwand. Größere Objekte können Sie mit einer Nylonschnur und einem Haken aus dem Baumarkt an der Kante der Pinnwand aufhängen.

  Beispiele: den Personalausweis zum Thema Alter sowie Geburts- und Wohnort; den Ehering zum Familienstand; zwei Stofftiere als Symbole für zwei Kinder; einen Strafzettel zur Eigenschaft „Ungeduld"; eine Badehose zum Lieblingssport Schwimmen; eine CD für die Lieblingsmusik; einen Metallnagel zur Erinnerung an einen Unfall, bei dem man Wichtiges gelernt hat usw.

Zu „etwas anderen" Kennenlernrunden haben Sie in diesem Buch bereits Beispiele gelesen. Ich erinnere an „Ich bin süß", „Ich hab' etwas, was du nicht hast" und „Weltraumstation" in den Downloads zu Update 7 sowie an „Klopapier" und „Lufballons fangen" in den Downloads zu Update 10. In den vielen Spielesammlungen für Trainer in Buchform und im Internet finden Sie weitere Ideen. Übernehmen Sie die besten in Ihr Repertoire, formen Sie sie um und denken Sie sich eigene aus.

Überraschungen zwischendurch

▶ Anknipser

Methode

Anknipser sind Einstiege, die sofort die Aufmerksamkeit einschalten, neugierig machen und mitten ins Thema führen.

Beispiel: In einem Train-the-Trainer-Seminar habe ich als Einstieg zu jedem größeren Themenblock den Teilnehmern etwas visualisiert. Zum Modul „Wie aktiviere ich die Teilnehmer?" gab es für jeden Tisch einen Piccolo und Papierbecher. Ich ließ die Teilnehmer den Drehverschluss öffnen und den Sekt eingießen. Frage: *„Was fällt Ihnen dabei zum Thema ‚Aktivieren der Teilnehmer' ein?"* Antworten: *„Wenn die Flasche verschlossen ist, tut sich gar nichts. Wenn man sie eingießt, sprudelt es."* Frage: *„Was ist beim Aktivieren von Teilnehmern die Flasche, was der Verschluss, was heißt Öffnen und was passt zum Eingießen?"*

Ein zweites Beispiel: Zum Themenblock „Motivation der Teilnehmer" erhielt jeder Teilnehmer einen Lottoschein und füllte ihn aus. Frage: *„Warum füllt man den Schein aus? Was würde man mit einem Gewinn machen? Was passiert, wenn man nichts gewinnt?"* Und schon ist man beim Kern: Man ist motiviert, wenn man etwas gewinnen will, wenn man den Gewinn für möglich hält usw.

Zum Seminarabschnitt „Nachhaltigkeit des Gelernten" bekam jeder Teilnehmer ein Tütchen Sonnenblumensamen. Das führte zu Assoziationen wie: Damit etwas wächst, muss man es in die Erde bringen, regelmäßig gießen, man muss Geduld haben usw. Die Teilnehmer nahmen die Samen später als Reminder mit nach Hause. Vielleicht haben einige sie tatsächlich ausgesät.

Gehen Sie Ihre Einstiege durch und lassen Sie nicht locker, bis Sie für jeden Themenblock einen Anknipser gefunden haben, der Ihnen und den Teilnehmern gefällt. Das kann ein packendes Bild oder ein kurzes Video sein, ein Dokument, ein Objekt, ein Mini-Event (wie das Öffnen der Piccoloflasche im Beispiel), eine kurze Erfahrungsübung, eine Geschichte, eine Anekdote, ein Witz, ein Gedicht, ein Aphorismus, ein Rätsel und vieles mehr. Auch hier ist das Internet eine Fundgrube.

© managerSeminare

Ich mag Mini-Events und Erfahrungsübungen. Allerdings schüttelt man passende und überzeugende nicht aus dem Ärmel. Es ist immer ein Glücksfall, wenn man gute findet. Hier zwei Beispiele:

Methode

- **Arme kreuzen:** Die Teilnehmer stehen auf und kreuzen die Arme, wie sie es gewohnt sind. Jetzt sagen Sie: *„Kreuzen Sie die Arme anders herum. Der Arm, der oben lag, liegt jetzt unter dem anderen Arm."* Nach einigem Herumprobieren haben es alle geschafft. Sie fragen: *„Beschreiben Sie, wie sich das jetzt anfühlt."* Allseits kommen Klagen: Die Haltung ist ungewohnt, es drückt, man will die Arme wieder so kreuzen, wie man es gewohnt ist. Das ist ein wunderbarer Einstieg in das Thema: „Lernen ist Veränderung. Veränderung ist ungewohnt. Man fällt leicht wieder in die alten Gewohnheiten zurück."

Methode

- **Macht des Geistes:** Jeder Teilnehmer steht so im Raum, dass er oder sie sich mit ausgestreckten Armen drehen kann, ohne jemand anderen anzustoßen. Sie sagen: *„Stellen Sie die Füße etwas auseinander, sodass Sie sicher stehen. Strecken Sie den rechten Arm waagrecht nach vorne aus. Strecken Sie den Zeigefinger aus und machen Sie mit den anderen Fingern eine Faust. Halten Sie den Arm in Augenhöhe, sodass Sie über Ihren Zeigefinger nach vorne schauen können. Nun drehen Sie sich ganz langsam mit dem Arm nach rechts. Sie folgen der Bewegung nur mit Kopf und Schultern. Die Beine bleiben auf ihrer Position. Drehen Sie sich, so weit Sie können, nach rechts. Wenn es nicht mehr weitergeht, schauen Sie über den Zeigefinger auf einen Punkt im Raum und merken sich diesen Punkt. Gehen Sie langsam wieder in die Ausgangsposition zurück."*

  Es folgt ein zweiter Durchgang, aber nur in der Vorstellung. Die Teilnehmer schließen die Augen, bewegen sich aber nicht. Beide Arme hängen nach unten. Sie wiederholen Ihre Anweisung von vorhin. Die Teilnehmer führen sie in Gedanken aus. Sie stellen sich vor, sich so weit nach rechts zu drehen bis, es nicht mehr weitergeht. Im letzten Durchgang spielt sich alles wieder in der Realität ab, wie eingangs beschrieben. Danach bitten Sie jene Teilnehmer um Handzeichen, die zuletzt mit der Drehung weiter gekommen sind als beim ersten Mal. Es ist immer die Mehrheit, manchmal heben sogar alle die Hand.

Diese Übung können Sie als Einstieg für das Thema nehmen: „Wie weit ich komme, hängt auch von meinen inneren Bildern ab.“ (Allerdings ist die Vermutung nicht von der Hand zu weisen, dass man sich im letzten Durchgang nur deshalb weiter dreht, weil man durch das erste Drehen die Rückenmuskulatur gelockert hat.)

▶ Feiern und belohnen

Wenn ein einzelner Teilnehmer, erst recht wenn die ganze Gruppe Grund hat, sich auf die Schulter zu klopfen, weil man etwas geleistet hat, sollten Sie das nicht einfach ad acta legen und weitermachen. Innehalten und den Erfolg auskosten gibt neue Kraft. Feiern schafft Gruppenklima. In Ihrem Repertoire sollten Sie daher auch für diese Anlässe ein paar Ideen haben, auf die Sie je nach Situation zurückgreifen. Hier einige Beispiele für Ihre Sammlung.

Methode Triumphritual

Denken Sie sich ein Triumphritual aus, wie man es im amerikanischen Football oder bei Showauftritten von Motivationstrainern erleben kann. Sobald eine Situation dafür eintritt, üben Sie es mit der Gruppe ein. Es wird bei jeder weiteren Gelegenheit exerziert. Sie werden sehen, wie schnell die Gruppe das Ritual lieben lernt und sich schon auf die nächste Gelegenheit freut. Weil diese Triumphgebärden mit lautem Schreien oder Singen und Bewegung verbunden sind, wirken sie wie eine Sauerstoffdusche. Alle kennen von Sportübertragungen das Ritual, bei dem alle im Kreis stehen, die Arme über die Schulter des Nachbarn legen, sich nach innen beugen und unisono ein rhythmisches Mantra brüllen. Als Triumphruf bieten sich beispielsweise „We are the champions“ oder „Wir sind stolz auf uns!“ an oder was Ihnen sonst noch Befeuerndes einfällt. Sie können auch einen eigenen Triumphtanz mit Gesang choreografieren.

Wenn ein einzelner Teilnehmer gefeiert werden soll, setzt er sich auf einen Stuhl. Setzen Sie ihm aus Papier eine Art Lorbeerkranz oder eine Krone auf. Die anderen gehen im Kreis ein paar Runden lang um ihn herum. Immer wenn einer vor ihm vorbeiläuft, ruft er ihm oder ihr etwas Bewunderndes zu: „Du bist einzigartig“, „Du bist die Größte“, „Das war sagenhaft“. Dies alles in hoher Lautstärke und mit ausladenden Gesten. Sie ahnen nicht, wie das einen Teilnehmer aufbaut und in der Gruppe Stimmung macht.

Und der Oscar geht an ...

Als Trainer können Sie auch Oscars verleihen. Dazu brauchen Sie ein paar Oscar-Imitate und die Fähigkeit, aus dem Stand eine kurze treffende Preisrede für einen Teilnehmer oder ein Team zu halten. Die Würdigungsansprache ist wichtig. Sie stellt heraus, was genau die Leistung auszeichnet. Jedes Preisritual ohne Bezug zu den Zielen des Seminars wäre „just for fun". Statt eines Oscar-Imitats können Sie auch eine andere Plastikstatue zu Ihrem Seminar-Oscar erklären. Die Auswahl im Internet ist groß. Wenn Ihnen die Kosten zu hoch sind, vergeben Sie die Auszeichnung als Wanderpokal, der von einem erfolgreichen Teilnehmer zum anderen wechselt und den sie am Ende des Seminars wieder einsammeln.

Wichtig sind das Ritual, das Zelebrieren, der Gesang, die Standing Ovations und die Musik. Wenn Sie es noch echter haben wollen, geben Sie jedem Teilnehmer für die Preisverleihung ein Fähnchen zum Wedeln in die Hand. Es macht sich übrigens gut, wenn die Teilnehmer ihre Fähnchen bei der Ankunft neben den Seminarunterlagen auf dem Tisch vorfinden (Überraschung!).

Tipp: Machen Sie Ihre Seminarfähnchen selbst. Sie brauchen dazu nur bedrucktes Papier, Holzspieße oder Esstäbchen und Kleber.

Methode

▶ Zünder statt Themen

Die Themen der Inhaltsmodule in Ihrem Seminar finden sich in Ihren PowerPoint-Präsentationen, an Flipcharts, Pinnwänden und in den Teilnehmerunterlagen. Das jeweilige Thema ist das erste, was die Teilnehmer erfahren, wenn ein neuer Seminarabschnitt beginnt. Weil die Themen so allgegenwärtig sind und immer den Beginn einer neuen Lernphase einläuten, sollten Sie diese einmal aus der Sicht eines Teilnehmers auf sich wirken lassen. Seien Sie nicht überrascht, wenn Sie feststellen, dass Ihre Themen so korrekt und brav daherkommen wie eine Gruppe Konfirmanden. Sie haben dann Themen formuliert, wie man sie nun einmal in (fast) allen Seminaren, in Gliederungen von Lehrbüchern, in Tagungsprogrammen und Vorlesungsverzeichnissen findet: sachlich, informativ, aber kalt. Hin und wieder traut sich jemand, ein Thema als Frage zu formulieren. Aber dabei kommt sich ein seriöser Experte schon verwegen vor.

Das ist seltsam, denn jeder Trainer weiß, dass ein Thema nicht nur der Information dient, sondern die Teilnehmer neugierig machen, die Rädchen in ihren Köpfen in Bewegung setzen, den „Lohnt-es-sich?"-Sensor füttern, die Aufmerksamkeit anknipsen soll. Ein gutes Thema ist die Zündung, die den Motor anspringen lässt.

Wie wird aus einem braven Thema ein zündendes? Ich trenne die Funktionen. Zur Information wähle ich nur ein Stichwort. Danach oder darunter folgt der „Zünder".

Beispiel aus einem Rhetorikseminar: „Argumentieren. Durchschauen Sie die Tricks der Profis und setzen Sie sich durch!"

Dazu muss man kein Werbetexter sein. Aber jetzt sind Ihre Themen mehr als Themen.

Methode

▶ **Metaphorik**
In ihrem Buch „Info-, Lern- und Change-Events" (Beltz-Verlag) dokumentieren Hermann Will, Ulrich Wünsch und Susanne Polewsky einige Veranstaltungen, die entlang einer leitenden Metaphorik durchgestylt wurden. Von der Einladung über die Ausstattung des Raums bis zum Design der einzelnen Module ist alles von der Leitmetapher geprägt. Vielleicht lassen Sie sich davon inspirieren, eines Ihrer Seminare ebenfalls nach einem Motto oder einer Metapher auszurichten.

Hier zwei verkürzte Beispiele aus diesem Buch. Es handelt sich um Großveranstaltungen.

Erstes Beispiel: Eine zweitägige Arbeitstagung für 120 Projektleiter einer IT-Firma nach dem Aufkauf durch ein ausländisches Unternehmen und mit frisch fusionierten Bereichen. Die Unklarheit über die Ziele, die Kultur und die Strategien der neuen Mutter und die Skepsis der Projektleiter sollen aufgelöst werden und einer positiven Stimmung weichen.

Als Leit-Metapher wählen die Trainer „Reise in fremde Welten". Als Einladung wird eine Fantasielandkarte mit symbolischen Ortsangaben verschickt. Die Anfahrt zum Tagungsort erfolgt im Bus mit „Reiseleiter". Auf der Rückseite der Namensschilder befindet sich ein Achtel der Landkarte. So finden sich Gruppen zu je acht Teilnehmern. Jedes Team bekommt eine nationale Identität mit Länderflagge. Wie bei der Olympiade ziehen die Nationalteams ins

Plenum ein. Der Raum und das Foyer sind mit hochkopierten Landkarten, Nationenfahnen usw. dekoriert.

Im Lauf der Schulung gibt es immer wieder eingestreute landeskundliche Workshops zu den relevanten Kulturen. Die Geschäftsführung gibt als zentralen Input: „Wohin die Reise geht.“ Fakten zu Märkten, Kundenbeziehungen usw. werden in Metaphern wie Reiserouten und Reiseaktionen eingekleidet. Es gibt Workshops zu „Projektwelten“. Die Flaggengruppen präsentieren ihre Ergebnisse auf einem „Marktplatz fremde und vertraute Welten“. Zwischendurch gibt es Einlagen von drei Schauspielern aus drei Nationen zu Themen wie „Aufbruch“ und „Fremde Welten“. Am zweiten Tag werden kommende Aufgaben und Strategien in Metaphern wie „Reisepläne schmieden“, „Rucksack packen“ usw. entwickelt. Am Ende fahren alle wieder mit dem Bus gemeinsam nach Hause.

Zweites Beispiel: Für eine Zweitagesveranstaltung für 180 Teilnehmer eines Versicherungskonzerns zum Thema „Client/Server-Know-how“ wird die Metapher „Flugreise“ gewählt. Für alle „Passagiere“ werden echt aussehende Flugtickets ausgestellt. Mit ihnen muss man sich ausweisen. Es gibt wie im vorigen Beispiel eine riesige Landkarte mit Orten wie „Zielbucht“, „Motivation“, „Herausforderung“, „Netzwerk“, „Wissensberge“ usw. Leitmedien sind Monitore in Flughafenoptik. Den Tag über ertönen immer wieder Durchsagen wie am Flughafen. Eine „Stewardess“ verteilt Erfrischungstücher mit Lufthansa-Logo. Die Räume sind als „Gates“ beschildert. Die Begrüßung spricht ein „Flugkapitän“ über Lautsprecher und vieles mehr.

Klar, diesen Aufwand kann man sich in einem „normalen“ Seminar nicht leisten. Aber die Idee, mit Metaphern zu arbeiten, ist auch für kleine Gruppen attraktiv. Probieren Sie es doch einmal bei einem Seminar aus und überraschen Sie Ihre Teilnehmer mit einem ungewöhnlichen Metaphorik-Design.

Überraschungen zum Schluss

Methode

▶ Take-aways

Analog zum Begrüßungspräsent können Sie über ein Mitnehmsel zum Abschied nachdenken. Es soll als Reminder etwas Wichtiges aus dem Seminar vor dem Vergessen schützen, an einen Vorsatz erinnern, Kraft geben oder als Impuls wirken. Vielleicht erinnern

Sie sich an die Transferübung „Der magische Stuhl" (siehe Update 7 „Aktivieren", S. 118 f.). Nachdem ein Teilnehmer seine drei wichtigsten Vorsätze vorgetragen hat, werden die Karten gelocht und auf eine Kordel gezogen, die man in der Schlusssituation um den Hals trägt und später zur Erinnerung über dem Schreibtisch aufhängt.

Alternativ können die Teilnehmer ihren wichtigsten Vorsatz auch auf einen Erinnerungsstein schreiben, den jeder zuvor auf der Wiese oder in der Parkanlage vor dem Seminarhotel aufgesammelt hat. Ein Stein ist ein gutes Erinnerungssymbol: Er hat Gewicht, hält viel aus und ist ein Blickfang auf dem Schreibtisch.

Methode

▶ **Abschluss-Event**

Die Teilnehmer wissen nicht nur, wie Seminare anfangen. Sie erwarten auch, dass das Seminar so endet, wie sie es von anderen Veranstaltungen gewohnt sind: Schlussrunde mit Seminarfeedback, freundliche Abschiedsworte des Trainers, manchmal freundliche Abschiedsworte eines Teilnehmers, Händeschütteln, Einpacken, zum Auto gehen, abfahren. Ideale Voraussetzungen für eine Überraschung zum Schluss.

Hier wieder ein paar Ideen:

- Ein Gitarrenspieler gibt ein kleines Abschiedskonzert (wenn Sie Glück haben, ist es ein Teilnehmer).
- Jeder gibt einem anderen Teilnehmer – nach einer kurzen Denkzeit – eine positive persönliche Botschaft mit auf den Weg (Briefpapier mit Umschlägen nicht vergessen).
- Sie zeigen eine PowerPoint-Show mit Fotos, die Sie während des Seminars geknipst haben, und verraten den Teilnehmern die Webadresse zum Downloaden.
- Jeder bekommt eine Minivase fürs Armaturenbrett mit einer kleinen Blume für die Heimfahrt.
- Sie befestigen mit einem Klebeband am Abend vor dem letzten Tag unter jedem Stuhl einen verschlossenen Briefumschlag mit dem Namen des Teilnehmers und ein oder zwei persönlichen

© managerSeminare

Sätzen. Wenn nach dem Schlusswort alle zum Ausgang streben, sagen Sie: *„Halt, Sie haben etwas vergessen!"* Alle sind überrascht, manche schauen noch einmal an ihren Platz und sagen: *„Was denn?"* Sie: *„Schauen Sie mal unter Ihren Sitzplatz."* Die Teilnehmer blicken natürlich auf den Boden unter dem Stuhl. Sie: *„Ich meine die Unterseite."* Jetzt entdecken sie den Brief.

Sollten im Laufe des letzten Tages die Teilnehmer ihre Plätze gewechselt haben, sagen Sie: *„Ich habe die Kuverts schon gestern Abend deponiert. Heute haben manche ihre Plätze gewechselt. Aber Sie werden Ihren Umschlag schon finden."* Die Teilnehmer regeln das schnell. Sie geben die Umschläge unter dem Stuhl an die richtige Adresse.

Überraschen Sie sich?

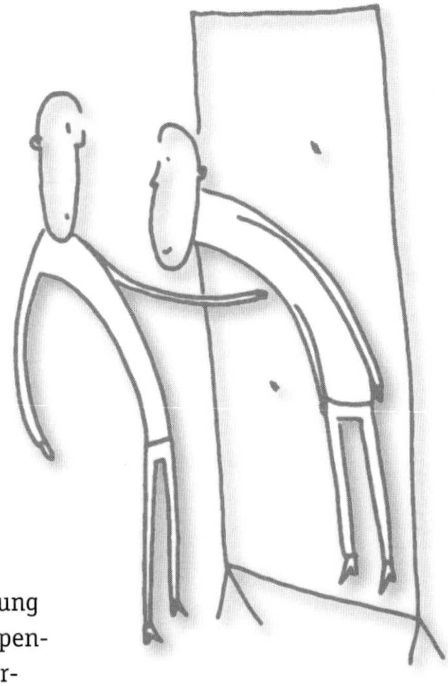

Wenn Sie als Trainer oder Trainerin Ihre Brötchen verdienen, kennen Sie das immer gleiche Spiel zur Genüge: Anfahrt zum Seminarhotel, einchecken, Seminarraum besichtigen, kurz die Unterlagen durchsehen, Teilnehmer begrüßen, loslegen, abends mit Teilnehmern einen trinken, das Seminar bis zum Ende über die Bühne bringen, Schlussrunde, auschecken, nach Hause fahren, ausruhen. Bis zum nächsten Seminar. Eigentlich ist alles im Lot. Die Anspannung Ihrer Anfangszeit als Trainer, das Lampenfieber und die Krisenfantasien sind verflogen. Keine Gruppe und kein Teilnehmer kann Sie noch aus dem Gleichgewicht bringen. Sie haben schwierige Situationen durchgestanden und auch mal ein Seminar in den Sand gesetzt. Jetzt kann Sie nichts mehr erschüttern. Wenn es mal nicht so läuft, stecken Sie es weg. Sie wissen, was Sie wert sind. Denn Sie werden nachgefragt, Ihr Terminkalender ist voll. Wenn nur das viele Herumreisen nicht wäre.

Leben Sie zum ersten Mal?

Auf Sie wartet ein Zitat von Stanislaw Jerzy Lec: „Manche leben mit einer so erstaunlichen Routine, dass es schwerfällt zu glauben, sie lebten zum ersten Mal." Lassen Sie es sich wie eine Praline oder einen Schluck guten Weins auf der Zunge zergehen. Denn der Satz hat es in sich. Vor allem das „zum ersten Mal". Ein routinierter Profi hat alles, was er oder sie braucht. Nur eines hat er oder sie verloren: ein „erstes Mal". Natürlich ist jede Seminargruppe neu, aber für den Profi ist sie wie die anderen zuvor. Man weiß, wie man mit ihr umgeht, wie man sie steuert, wie man sie zufriedenstellt. „Neu" ist jedoch verbunden mit Aufregung, Spannung und Ungewissheit. Genau das trifft für den Profi bei einer „neuen" Seminargruppe nicht mehr zu.

Wenn Sie – vielleicht durch dieses Zitat – Lust bekommen, trotz Ihrer Routine als Trainer wieder ein „zum ersten Mal" zu erleben, gibt es im Folgenden einige Anregungen, die Sie kreativ weiterspinnen können.

Downloads, um sich zu überraschen

Was macht das Neue mit mir?

Es ist ganz einfach: Wenn Sie in Ihrer Routine wieder etwas „zum ersten Mal" erleben wollen, müssen Sie Dinge tun, die Sie bisher nicht getan haben. Wenn Sie sich dazu durchringen können, heißt es achtsam zu sein: Was erlebe ich jetzt? Was macht das Neue mit mir? Lerne ich etwas über mich? Wie reagieren andere darauf? Ist die Erfahrung so, dass ich das Neue wiederholen werde (obwohl es dann nicht mehr neu sein wird)?

Sehen Sie sich einmal die folgenden Anregungen dazu an, wie man sich als Trainer überraschen könnte. Vielleicht macht es bei der einen oder anderen Idee bei Ihnen „Klick!" und Sie beschließen, es einmal zu probieren.

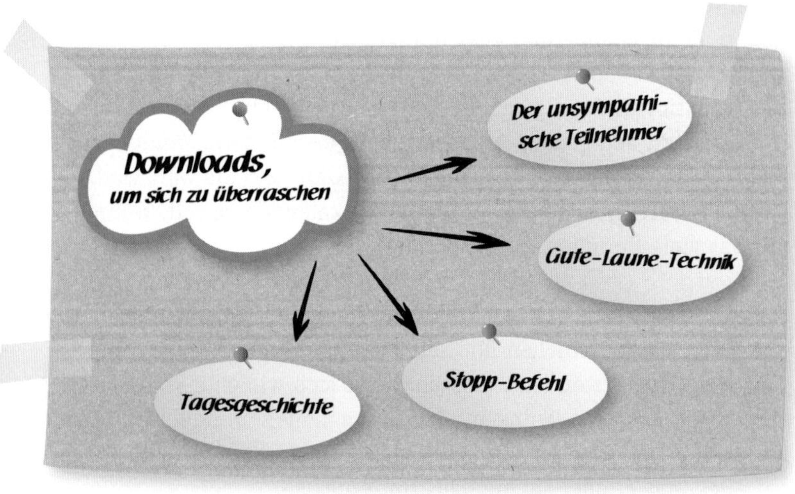

Der unsympathische Teilnehmer

Sie suchen sich am ersten Seminartag einen Teilnehmer aus, der Ihnen aus irgendeinem Grund unsympathisch ist: eben typisch Langweiler, Angeber, graue Maus, Vielschwätzer. Während Sie sonst darauf achten, dass Sie außerhalb der Seminarzeiten einem solchen Teilnehmer nicht zu nahe kommen, machen Sie diesmal das Gegenteil: Sie schaffen eine Situation, in der Sie längere Zeit mit ihm oder ihr reden können.

Gute-Laune-Technik

Beim nächsten Seminar tun Sie etwas für Ihre Psychohygiene. Versuchen Sie es mit vier Gute-Laune-Techniken.

▶ Erste Gute-Laune-Technik
Wenn Sie morgens in den Spiegel schauen, lächeln Sie sich an.

In seinem schönen Gedichtband, den mir Dieter Ulich, ein guter Freund, geschenkt hat („Lied vom Harlekin", Verlag Literareon), findet sich ein Poem, das wunderbar zum morgendlichen Blick in den Spiegel passt:

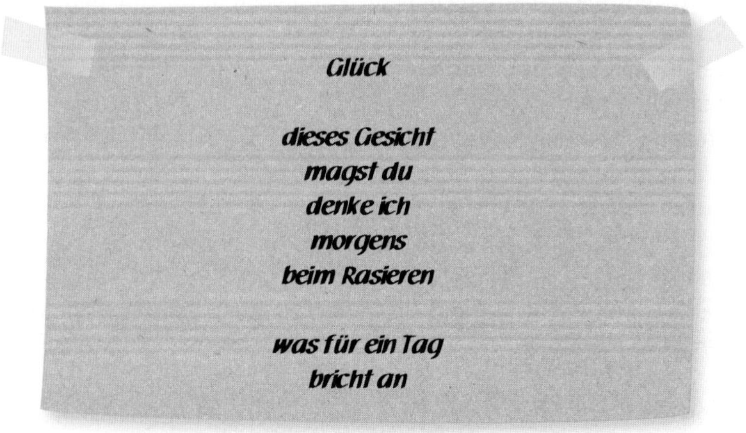
Glück

dieses Gesicht
magst du
denke ich
morgens
beim Rasieren

was für ein Tag
bricht an

▶ Zweite Gute-Laune-Technik
Sagen Sie im Laufe des Tages jedem Teilnehmer etwas Positives, vor der Gruppe oder unter vier Augen. Ein Satz reicht. Es muss nicht zwingend etwas mit dem Seminar zu tun haben. Aber es muss natürlich ehrlich gemeint sein.

▶ **Dritte Gute-Laune-Technik**
Sammeln Sie Glücksmomente, die Sie an diesem Tag erleben. Das können Kleinigkeiten sein wie die Sonne draußen, das perfekte Croissant beim Frühstück, das Lächeln der Dame an der Rezeption, die Freude eines Teilnehmers, als ihm ein Licht aufgeht, das gelungene Poster einer Arbeitsgruppe, das Gespräch in der Pause, der Espresso nach dem Mittagessen usw. Es kommt nur auf zwei Dinge an: Erkennen Sie einen solchen Glücksmoment und genießen Sie ihn bewusst.

▶ **Vierte Gute-Laune-Technik**
Vor dem Einschlafen holen Sie sich gute Momente des Tages auf Ihren Bildschirm und sagen – wem auch immer – „Danke".

Stopp-Befehl

Sie warten, bis sich im Seminar etwas ereignet, das Sie auf die Palme bringt. Sei es ein Teilnehmer, die Gruppe, die Technik, das Hotelpersonal oder etwas anderes. Diesmal fressen Sie aber den Ärger nicht in sich hinein oder machen ihm unverhohlen oder mit Sarkasmus Luft. Stattdessen üben Sie Ärgermanagement in zwei Schritten. Als erstes setzen Sie den Stoppbefehl für Ihre Gefühle: Sie zählen innerlich langsam bis zehn und versuchen, nur an das Zählen zu denken. Der zweite Schritt ist „Umstrukturieren": Sie versuchen herauszufinden, welche Chance in der Ärgersituation steckt. Sie wissen ja, dass jedes Ding zwei Seiten hat.

Beispiel

Vielleicht triezt Sie ein Teilnehmer mit sturem Widerstand, ohne Gründe dafür zu nennen. Genau hierin könnte für Sie die Chance liegen: „Das ist ja spannend: Wie tickt dieser Mensch?" und „Wunderbar, er schenkt mir die Gelegenheit zu lernen, wie ich mit Widerstand umgehe".

Anstelle eines „Warum muss das jetzt mir passieren?" machen Sie einen Kopfstand, sehen die Situation neu und sagen: „Danke, eine Chance!"

Tagesgeschichte

Sie lesen den Teilnehmern jeden Tag (mindestens) eine kurze Geschichte zum Nachdenken vor. Im Internet und in der Trainerliteratur finden Sie eine große Auswahl. Ich mag Zen-Geschichten am liebsten, weil sie knapp und unspektakulär daherkommen, dann aber lange und intensiv nachwirken. Sie werden fast zu jedem Thema eine passende Geschichte entdecken.

Tipp: Gewinnen Sie jedes Mal einen anderen Teilnehmer als Vorleser oder Vorleserin.

Hier vier Beispiele als Appetithappen:

▶ **Zum Thema „Scheinwissen und Voreingenommenheit"**

Beispiel

Ein hoch angesehener Professor besucht den Zen-Meister, weil er sich von ihm ausbilden lassen will. Der Meister serviert Tee. Er füllt die Tasse seines Gastes bis zum Rand und gießt weiter Tee hinein. Der Professor sieht, wie die Tasse überläuft. Schließlich kann er nicht mehr an sich halten: „Meister, die Tasse ist voll. Sie läuft ja über." Der Zen-Meister setzt die Teekanne ab, schaut den Professor ruhig an und sagt: „Wie diese Tasse bist auch du übervoll mit Wissen, Meinungen und Überzeugungen. Wie kann ich dich Zen lehren, bevor du deine Tasse geleert hast?"

▶ **Zum Thema „Konzentration"**

Beispiel

Zu einem alten Zen-Meister kommen drei Geschäftsleute, die von ihm lernen wollen, wie man ein glückliches Leben führt. Sie fragen: „Meister, was tust du, um glücklich und zufrieden zu sein? Wir wären auch gerne so glücklich wie du." Der Alte antwortet lächelnd: „Es ist so einfach. Wenn ich liege, dann liege ich. Wenn ich aufstehe, dann stehe ich auf. Wenn ich gehe, dann gehe ich und wenn ich esse, dann esse ich." Die Geschäftsleute schauen betreten. Einer nimmt sich den Mut und sagt: „Bitte, treibe keinen Spott mit uns. Was du sagst, tun wir doch auch. Wir schlafen, essen und gehen. Aber wir sind nicht glücklich. Was also ist dein Geheimnis?" Vom Meister kommt wieder die gleiche Antwort: „Wenn ich liege, dann liege ich. Wenn ich aufstehe, dann stehe ich auf. Wenn ich gehe, dann gehe ich und wenn ich esse, dann esse ich."

Doch da der Meister die Unruhe und den Unmut der Suchenden spürt, fügt er nach einer Weile hinzu: „Sicher liegt auch ihr und ihr geht auch und ihr esst. Aber während ihr liegt, denkt ihr schon ans Aufstehen. Während ihr aufsteht, überlegt ihr, wohin ihr geht. Und während ihr geht, fragt ihr euch, was ihr essen werdet. So sind eure Gedanken ständig woanders und nicht da, wo ihr gerade seid. In dem kleinen Moment zwischen Vergangenheit und Zukunft findet das wahre Leben statt. Lasst euch auf diesen Augenblick ganz ein. Dann habt ihr die Chance, wirklich glücklich und zufrieden zu sein."

Beispiel

▶ Zum Thema „Zuhören"

Zum Zen-Meister kommt ein Mann, um dessen Ehe es nicht gut steht und der verzweifelt einen Rat sucht. Der Meister sagt: „Gehe nach Hause und lerne einen Monat lang, deiner Frau zuzuhören." Nach einem Monat kommt der Mann wieder und berichtet dem Zen-Meister stolz: „Ich habe jetzt gelernt, auf jedes Wort meiner Frau zu hören." Da sagt der Meister: „Jetzt gehe wieder nach Hause und höre ein Jahr lang auf jedes Wort, das sie nicht sagt."

Beispiel

▶ Zum Thema „Lernarbeit im Seminar"

Ein Zen-Mönch und Meisterhandwerker im alten China erhält vom Kaiser den ehrenvollen Auftrag, einen Schrank für dessen Schlafzimmer herzustellen. Die Spione des Kaisers sehen heimlich zu, wie der Mönch geschlagene fünf Tage nur da sitzt und nichts tut. Danach macht er sich an die Arbeit und fertigt in drei Tagen den außergewöhnlichsten Schrank, den man je gesehen hat.

Der Kaiser ist so überwältigt, dass er den Mönch zu sich kommen lässt und ihn fragt, was er während der fünf Tage vor der Arbeit gemacht hat. Der Zen-Mönch antwortet: „Den ersten Tag verbrachte ich damit, jeden Gedanken an Versagen, an Furcht, an Bestrafung, falls meine Arbeit dem Kaiser missfallen sollte, loszulassen. Den zweiten Tag verbrachte ich damit, jeden Gedanken an Unangemessenheit und jeden Glauben, dass mir die Fertigkeiten fehlen würden, einen dem Kaiser würdigen Schrank zu fertigen, loszulassen. Den dritten Tag verbrachte ich damit, jede Hoffnung und jedes Verlangen nach Ruhm, Glanz und Belohnung, falls ich einen Schrank fertigen sollte, der dem Kaiser gefallen würde, loszulassen. Den vierten Tag verbrachte ich damit, den Stolz, der in mir wachsen könnte, falls ich in meiner Arbeit erfolgreich sein sollte und das Lob des Kaisers empfangen würde, loszulassen. Und den ganzen fünften Tag verbrachte ich damit, im Geist die klare Vorstellung dieses Schrankes zu betrachten, in der Gewissheit, dass sogar ein Kaiser ihn sich wünschte, so wie er jetzt vor Ihnen steht."

Lassen Sie die Teilnehmer nach einer Denkpause erzählen, was die Geschichte mit ihnen macht.

Halten wir abschließend fest: Um sich als Trainer selbst zu überraschen, bedarf es manchmal nur eines kleinen, aber konsequenten Ausbruchs aus der Routine. Vielleicht finden Sie ja auch an folgenden Vorschlägen Gefallen:

- Sie buchen privat einen Tag zusätzlich, bevor das Seminar beginnt oder im Anschluss an das Seminar. Sie verbringen diese Zeit aber nicht mit Arbeit.

- Sie wählen aus diesem Buch drei Ideen aus, die Sie in Ihrem nächsten Seminar zum ersten Mal ausprobieren werden.

- Sie erweitern diese Aufzählung von Möglichkeiten, sich selbst zu überraschen, um weitere Ideen, wie Sie als Trainer oder Trainerin Neues ausprobieren können.

  Wenn Ihnen das schwerfällt: Wie wäre es, wenn Sie etwas für Ihre Kreativität tun? Lernen Sie doch einen Monat lang jeden Tag eine neue Kreativitätsmethode. Damit wird es Ihnen zunehmend leichter fallen, gute Ideen zu finden, um Ihr Seminar immer wieder rundzuerneuern. Die eine oder andere Kreativitätsmethode können Sie auch Ihren Teilnehmern zeigen, wenn diese im Rahmen einer Aufgabenstellung Ideen entwickeln sollen.*

Den letzten Satz dieses Buches leihe ich mir von Oscar Wilde. Es sieht so aus, als habe er ihn eigens für dieses letzte Kapitel verfasst:

> ***„Sich selbst zu überraschen,***
> ***macht das Leben lebenswert.“***

* In meinem „Handbuch Kreativität“ im Beltz-Verlag finden Sie übrigens die dreißig besten Kreativitätsmethoden sowie Fallbeispiele zum Üben. Die dreißig Methoden passen genau in einen Monat.

Anhang

Suchen Sie eine Methode?

Update 7: Aktivieren

Stichwortverzeichnis

Praxis-Know-how, wie es im Buche steht

Stefanie Große Boes, Tanja Kaseric
Trainer-Kit
Die wichtigsten Trainings-Theorien, ihre Anwendung im Seminar und Übungen

6. Aufl. 2014, 304 Seiten
ISBN 978-3-936075-45-8
49,90 Euro

Petra Nitschke
Trainings planen und gestalten

2. Aufl. 2013, 288 Seiten
ISBN 978-3-941965-16-4
49,90 Euro

durchgehend vierfarbig!

Jörg Wendorff
Das LEHRbuch
Trainerwissen auf den Punkt gebracht

2. Aufl. 2012, 336 Seiten
ISBN 978-3-936075-89-2
49,90 Euro

Jörg Friebe
Reflexion im Training
Aspekte und Methoden der modernen Reflexionsarbeit

2. Aufl. 2012, 312 Seiten
ISBN 978-3-941965-08-9
49,90 Euro

1. Publikationspreis der intern. Fachtagung „Erleben und Lernen 2010"